INSTAND-Schriftenreihe Band 9

Institut für Standardisierung und Dokumentation im Medizinischen Laboratorium e. V. (INSTAND) Düsseldorf

Springer
Berlin
Heidelberg
New York
Barcelona
Budapest
Hongkong
London
Mailand
Paris
Santa Clara
Singapur
Tokio

Wolfgang Vogt (Hrsg.)

Das wirtschaftliche Krankenhauslaboratorium

Leistung und Kosten

Mit Beiträgen von

S. Appel, S. L. Braun, J. Dessauer, W. Ehret, H. J. Giebitz, O. Henker, W. Hinsch, N. Petersen, W. Stein, G. Weidemann, M. Zluhan

Mit 163 Abbildungen und 24 Tabellen

Springer

Reihenherausgeber
Dr. med. Friedrich da Fonseca-Wollheim
Krankenhaus Zehlendorf, Gimpelsteig 3–5, D-14165 Berlin
für
INSTAND, Institut für Standardisierung und Dokumentation im
Medizinischen Laboratorium e. V., Johannes-Weyer-Straße 1, D-40225 Düsseldorf

Bandherausgeber
Prof. Dr. Wolfgang Vogt
Deutsches Herzzentrum München des Freistaates Bayern
Institut für Laboratoriumsmedizin
Lazarettstr. 36, D-80636 München

Die Deutsche Bibliothek – CIP-Einheitsaufnahme

Das **wirtschaftliche Krankenhauslaboratorium** : Leistung und
Kosten ; mit 24 Tabellen / Wolfgang Vogt (Hrsg.). Mit Beitr.
von A. Appel ... – Berlin ; Heidelberg ; New York ; Barcelona ;
Budapest ; Hongkong ; London ; Mailand ; Paris ; Santa Clara
; Singapur ; Tokio : Springer, 1997
(INSTAND-Schriftenreihe ; Bd. 9)
ISBN-13: 978-3-642-64427-6
NE: Vogt, Wolfgang [Hrsg.]; Appel, Siegfried; Institut für
Standardisierung und Dokumentation im Medizinischen Laboratorium:
INSTAND-Schriftenreihe

ISBN-13: 978-3-642-64427-6 e-ISBN-13: 978-3-642-60486-7
DOI: 10.1007/978-3-642-60486-7

Softcover reprint of the hardcover 1st edition 1997

Datenkonvertierung: Zechnersche Buchdruckerei, D-67346 Speyer
Herstellung: PRO EDIT GmbH, D-69126 Heidelberg
Umschlag: E. Kirchner, D-69121 Heidelberg
SPIN: 10542070 27/3136-543210 – Gedruckt auf säurefreiem Papier

Vorwort der Reihenherausgeber

Wie alle anderen Bereiche, muß sich heute auch die labormedizinische Versorgung im Krankenhaus aus ökonomischen Gründen einer kritischen Überprüfung stellen. Diese Überprüfung ist notwendig, weil das Gesundheitswesen und seine Einrichtungen trotz ständig erweiterter Behandlungsmöglichkeiten und zusätzlicher gesetzlicher Auflagen finanzierbar bleiben müssen.

Nach der in den vergangenen Jahrzehnten erfolgten Automation wird von Außenstehenden vielfach im Laboratorium des Krankenhauses ein hohes, bisher nicht genutztes Einsparpotential vermutet. Hierbei wird oft in simplifizierender Weise die Leistung des Laboratoriums nach den jährlichen Untersuchungszahlen und die Qualität nach der Erfolgsquote bei Vergleichsprüfungen (Ringversuchen) bemessen. Bei dieser eingeengten Betrachtung besteht die große Gefahr, daß die Dienstleistungsfunktion des Laboratoriums in ihrer Komplexität und Zeitabhängigkeit unterschätzt und die zahlreichen Fehlerquellen der Labordiagnostik außerhalb des analytischen Teilschrittes nicht berücksichtigt werden. Diese Aspekte müssen deswegen immer wieder vom Laborleiter im Dialog mit den mehr oder weniger fachfremden Ökonomen überzeugend dargelegt werden, um bei „angedachten" Strukturänderungen Fehlentscheidungen zu Lasten der Versorgungsqualität zu vermeiden.

Selbstverständlich sollte der Laborleiter auf der anderen Seite auch ohne äußeren Druck alle Möglichkeiten nutzen, den von ihm vertretenen Bereich ökonomisch unter Wahrung der Versorgungsqualität zu optimieren. Die hierbei für nachhaltige Erfolge notwendigen betriebswirtschaftlichen Kenntnisse und Daten dürfen bisher aber keineswegs als gegeben vorausgesetzt werden, zumal ein umfassendes und allgemein anerkanntes Standardwerk, das diesen Wissensstoff speziell für den Bereich des medizinischen Laboratoriums darstellt, bisher im deutschen Sprachraum fehlte. Auch die für die Kostenkontrolle notwendigen „Werkzeuge" wie PC-Arbeitsblätter und -Datenbanksysteme stehen den Laborabteilungen in den meisten Fällen noch nicht zur Verfügung.

Verdienstvollerweise haben sich ausgewiesene Laborleiter aus verschiedenen labordiagnostischen Disziplinen, gefördert von ihren jeweiligen wissenschaftlichen Fachgesellschaften, in der Sektion „Kostenermittlung" der Gemeinsamen Arbeitsgruppe „Laboratoriumsmanagement" zusammengefunden, um den gesamten Themenkomplex – von der Darlegung des Versorgungsauftrages über die Qualitätssicherung bis zur praktischen Durchführung der die Wirtschaftlichkeit verbessernden Maßnahmen – gemeinsam mit Betriebswirten und unter Einbeziehung juristischen Sachverstandes zu erarbeiten.

Nach der sehr positiven Aufnahme der von *K. Osburg* (1984) und *R. Haeckel* (1992) in der INSTAND-Schriftenreihe herausgegebenen Buchpublikationen über

Personalbedarfsermittlung und Kosten im medizinischen Laboratorium darf erwartet werden, daß dem vorliegenden hochaktuellen und dringend erwarteten Werk von *W. Vogt* und seinen Mitautoren ein großer Erfolg beschieden sein wird. Möge sich dies nicht nur in den Verkaufszahlen ausdrücken (was wir dem Verlag sehr wünschen), sondern vor allem in einer signifikanten Verbesserung der Wirtschaftlichkeit unserer Krankenhauslaboratorien.

Düsseldorf und Berlin, im Oktober 1996

H. Reinauer F. da Fonseca-Wollheim

Vorwort des Bandherausgebers

In den letzten Jahren hat sich die finanzielle Basis der Krankenhäuser in der Bundesrepublik Deutschland deutlich verändert. Wesentlichen Einfluß hatte vor allem das Inkrafttreten der Verordnung zur Regelung der Krankenhauspflegesätze (Bundespflegesatzverordnung – BPflV) vom 26. September 1994, die den Selbstkostendeckungsgrundsatz aufhob und durch eine an der Beitragsatzstabilität orientierte leistungsgerechte Vergütung ersetzte. Tendenzen hierzu waren bereits Ende der 80er Jahre erkennbar.

1992 wurde eine aus Mitgliedern der Arbeitsgruppe „Analysenzeitermittlung" der Deutschen und Österreichischen Gesellschaften für Klinische Chemie bestehende Sektion „Kostenermittlung" ins Leben gerufen, die sich durch Betriebs- und Volkswirte sowie an dieser Thematik besonders interessierte Kollegen verstärkte und von Beginn an darauf Wert legte, daß auch die anderen mit der Laboratoriumsdiagnostik befaßten wissenschaftlichen Fachgesellschaften eingebunden wurden. So besteht heute diese Sektion der Arbeitsgruppe „Labormanagement" aus Mitgliedern der Deutschen Gesellschaften für Klinische Chemie, für Laboratoriumsmedizin, für Hygiene und Mikrobiologie sowie für Transfusionsmedizin und der Österreichischen Gesellschaft für Klinische Chemie. Mitglieder dieser Arbeitsgruppe schlossen sich 1994 im Institut für Qualitätsmanagement in medizinischen Laboratorien (INQUAM) e. V. zu einer Gütegemeinschaft zusammen, die es sich zum Ziel gesetzt hat, die in den Arbeitsgruppen der wissenschaftlichen Fachgesellschaften mit großem persönlichem und finanziellem Aufwand erarbeiteten Standards in der Krankenversorgung verpflichtend umzusetzen. Die österreichischen Kollegen gründeten zum gleichen Zeitpunkt die Österreichische Gesellschaft für Gute Analysen- und Laborpraxis (GALP) e. V.

Die Sektion „Kostenermittlung" versucht mit diesem Buch, betriebswirtschaftliches Denken in der Laboratoriumsmedizin an den Krankenhäusern und Wissen um die Besonderheiten dieser Disziplin in den Administrationen zu fördern und Interesse zu wecken. Das Buch wendet sich gleichermaßen an Fachkollegen und unsere Partner in den Verwaltungen, sei es in den Krankenhäusern oder bei den Krankenhausträgern.

Das Buch ist das Ergebnis einer intensiven gemeinsamen Arbeit. Deshalb wurde der vielleicht ungewöhnliche Weg gewählt, Kapitelzuordnungen zu einzelnen Personen zu vermeiden und als „Autorenkollektiv" aufzutreten.

Besonderer Dank gilt Herrn Dr. F. da Fonseca-Wollheim, der mit großer Akribie das Manuskript durchsah und eine Reihe wichtiger Ergänzungen vorschlug. Dem Springer-Verlag sei für die sorgfältige Drucklegung gedankt.

Im Januar 1996 W. Vogt, stellvertretend für alle Autoren

Autorenverzeichnis

Dr.med. Siegfried *Appel**+, Institut für Klinische Chemie und Immunologie, Städt. Krankenhaus München-Neuperlach, Oskar-Maria-Graf-Ring 51, 81737 München

Dr. med. Siegmund Lorenz *Braun*+, Institut für Laboratoriumsmedizin, Deutsches Herzzentrum München des Freistaates Bayern – Klinik an der Technischen Universität München –, Lazarettstr. 36, 80636 München

Dr. jur. Johannes *Dessauer*, LL.M. (Harvard), Mühltalstr. 123b, 69121 Heidelberg

Prof. Dr. med. Dr. rer. nat. Werner *Ehret**+, Institut für Laboratoriumsmedizin, Zentralklinikum, Stenglinstr. 2, 86156 Augsburg

Dr. med. Hans Jörg *Gibitz**, Elsenheimstr. 13, A-5020 Salzburg

Dipl.-Kfm. Otto *Henker**, HCR Henker Consulting Gesellschaft für Management- und Unternehmensberatung in der Medizin mbH, Hegwiesenstr. 10, 72764 Reutlingen

Prof. Dr. rer. nat. Wilhelm *Hinsch**, Zentrallaboratorium, Reinhard-Nieter-Krankenhaus, Friedrich-Paffrath-Str. 100, 26389 Wilhelmshaven

Dr. med. Nils *Petersen**, Institut für Blutspendewesen der Städtischen Kliniken, Alexanderstr. 30, 44123 Dortmund

Prof. Dr. med. Dr. rer. nat. Wolfgang *Stein**+, Abteilung für Laboratoriumsmedizin und Klinische Chemie, Allgemeines Krankenhaus St. Georg, Lohmühlenstr. 3, 20099 Hamburg

Prof. Dr. med. Wolfgang *Vogt**+, Institut für Laboratoriumsmedizin, Deutsches Herzzentrum München des Freistaates Bayern – Klinik an der Technischen Universität München –, Lazarettstr. 36, 80636 München

Dr. med. Gerhard *Weidemann**, Institut für Klinische Chemie und Laboratoriumsmedizin, Klinikum der Stadt Nürnberg, Flurstr. 17, 90419 Nürnberg

Dipl.-Kfm. Mark *Zluhan*, Henker Consulting Reutlingen GmbH, Hegwiesenstr. 10, 72764 Reutlingen

* Mitglieder der Sektion „Kostenermittlung" der Gemeinsamen Arbeitsgruppe „Laboratoriumsmanagement" der Deutschen Gesellschaften für Klinische Chemie, für Laboratoriumsmedizin, für Transfusionsmedizin und Immunhämatologie sowie Hygiene und Mikrobiologie

\+ Mitglieder des Instituts für Qualitätsmanagement in medizinischen Laboratorien (INQUAM)

Inhaltsverzeichnis

1 Einführung

Angesichts des Kostenanstiegs bei weiter steigenden Qualitätsansprüchen ist die Forderung nach wirtschaftlichem Denken und Handeln in allen Bereichen des Gesundheitswesens unabweisbar. Dies gilt in besonderem Maß, seit mit dem Gesundheitsstrukturgesetz von 1992 (GSG '92)[1] ein Gesetz in Kraft getreten ist, das auch im Krankenhaussektor die Ausgaben nach oben begrenzt.

Wirtschaftliche Denk- und Handlungsweise ist demnach in jedem Bereich des Gesundheitswesens, d. h. auch im medizinischen Krankenhauslaboratorium dringend geboten.

Auch der bei oberflächlicher Betrachtung relativ gering erscheinende Anteil der Laboratoriumskosten von ca. 3–5% an den Gesamtbetriebskosten der Krankenhäuser (1989 DM 40,9 Mrd. im Bereich der gesetzlichen Krankenversicherung) ist, absolut betrachtet, mit insgesamt ca. 2 Milliarden ein Betrag, den man nicht vernachlässigen darf.

Entsprechend dem ökonomischen Prinzip setzt sich Wirtschaftlichkeit immer aus zwei Komponenten zusammen (s. Abschn. 5.1.1) und kann folglich auch über zwei Variable beeinflußt werden. Bislang hat man sich im Gesundheitswesen ausschließlich auf die eine Seite, die des Minimal- oder Sparprinzips, beschränkt. Mehr Wirtschaftlichkeit wird gleichgesetzt mit weniger Kosten. Diese Sicht ist einseitig, nur am negativen Aspekt ausgerichtet und hat nicht den gewünschten Erfolg gebracht.

Diese Einseitigkeit wurde auch durch das GSG '92 nicht beseitigt, im Gegenteil! Bis Ende 1995 gilt wie im ambulant-niedergelassenen Sektor schon seit langem nun auch im Krankenhaus die „unlogische" Prämisse

- Deckelung der Kosten, d. h. feste Budgetobergrenzen bei den Kosten,
- keine Budgetierung bei den Leistungen, d. h. freie und steigende Nachfrage nach medizinischen Leistungen, sowohl quantitativ als auch qualitativ.

Zu fordern ist daher eine stärkere Orientierung an der (medizinischen) Leistung, die bei vertretbaren Kosten einen größtmöglichen Nutzen bringen soll (Maximalprinzip). Eine solche Umorientierung bei der Problemlösung hätte nicht zuletzt deshalb wesentlich größere Chancen als andere Ansätze, weil sie sich an einem positiven Zielaspekt ausrichtet und dadurch eine ungleich höhere Motivation bei den Beteiligten hervorrufen kann.

[1] Gesetz zur Sicherung und Strukturverbesserung der gesetzlichen Krankenversicherung (Gesundheits-Strukturgesetz), BGBl, Teil I, 1992, 2266-2334.

Leider bestehen aber gerade bezüglich der Leistungsbeschreibung und -definition in der Medizin allgemein und auch in der Laboratoriumsmedizin deutliche Defizite. Somit reduziert sich der (Wirtschaftlichkeits-) Vergleich verschiedener Leistungserbringer lediglich auf die Gegenüberstellung von Kosten. Höhere Kosten können aber als Folge ärztlich notwendiger, höherer Leistung (Qualität im weitesten Sinne) aufs Ganze gesehen wirtschaftlicher sein als niedrigere bei unzureichender Leistung (s. Abb. 1-1). Gegebenheiten eines Krankenhauses, wie die Art der bettenführenden Abteilungen, die Liegezeitdauer, der Anteil an Intensivbetten u.ä., spielen z.B. hinsichtlich der Leistungsanforderungen und somit der Kosten eine wesentliche Rolle.

Das selbständige, fachlich geleitete medizinische Krankenhauslaboratorium und das Krankenhaus sind in ein mehrstufiges, ineinander verschachteltes System der Krankenhaus- und Gesundheitsversorgung eingebunden (s. Abb. 1-2). Die Systemtheorie und die mit ihr engverwandte Kybernetik nennen dies eine Hierarchie von Regelkreisen. Die einzelnen Subsysteme müssen sich jeweils den Belangen und Vorgaben (Zielwerten) des übergeordneten (Haupt-)Systems unterordnen. Besonders wichtig dabei ist, daß sich das einzelne Krankenhaus und seine Abteilungen, darunter auch das Laboratorium, als mikroökonomische Einheiten verstehen. Die reale IST-Situation der einzelnen mikroökonomischen Einheiten muß gesondert erhoben und berechnet werden.

Das Subsystem Laboratorium muß sich im Rahmen der Vorgaben des übergeordneten Systems Krankenhaus selbst zielgerichtet steuern und regeln.

Die notwendigen Vorgaben von den darüber liegenden Instanzen müssen allerdings in Zukunft konkreter, verbindlicher und damit operativer und meßbarer wer-

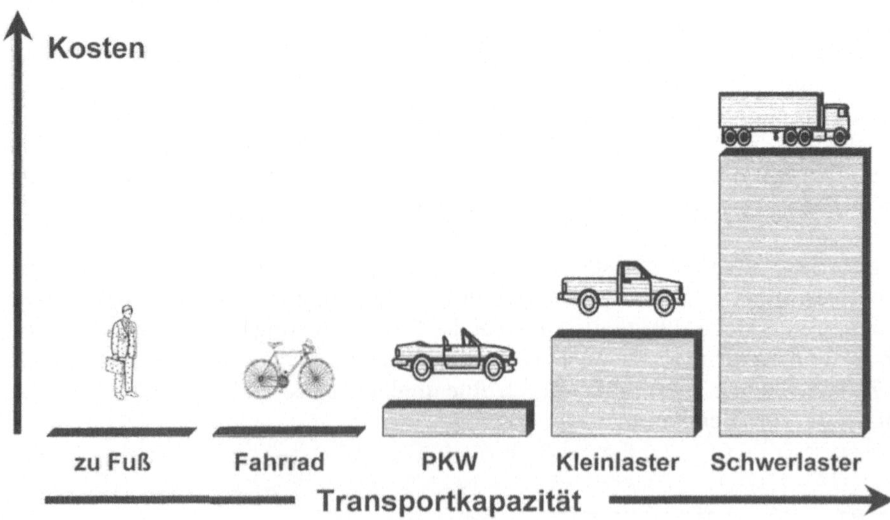

Abb. 1-1

Abb. 1-2. Beziehungen zwischen Mikro- und Makroökonomie

den, wenn sie als Voraussetzung für eine wirtschaftlich orientierte Steuerung (Controlling) dienen sollen.

Ein großer Teil der Krankenhauslaboratorien bietet wegen der seit Jahren realisierten Leistungserfassung und dem verbreiteten Einsatz der elektronischen Datenverarbeitung die Möglichkeit, harte Zahlen für ökonomische Analysen zu liefern. Dabei kommt den Krankenhauslaboratorien eine Pionierrolle für Wirtschaftlichkeitsoptimierung im Krankenhaus zu.

Bisher ist es üblich, im Krankenhaus ein medizinisches Laboratorium zu unterhalten, das entweder einer bettenführenden Abteilung zugeordnet ist oder als selbständige Einrichtung funktioniert. In jüngster Zeit werden zunehmend Stimmen laut, die mit mangelnder Wirtschaftlichkeit (gemeint sind vermeintliche oder tatsächliche hohe Kosten) der Krankenhauslaboratorien argumentieren und eine Überprüfung dieses Konzepts fordern.

Die Begründungen zur Änderung von Strukturen der Krankenhauslaboratorien sind jedoch bisher ausnahmslos monetär geprägt. Sie lassen das betriebswirtschaftliche Faktum außeracht, daß Wirtschaftlichkeit eine Relation zwischen erforderlicher Leistung und den hierfür aufzuwendenden Kosten darstellt, indem unzulässigerweise Kosten und Wirtschaftlichkeit begrifflich gleichgesetzt werden. Sie basieren nicht auf fundierten Kostenanalysen. Sie stellen Meinungsäußerungen oder unzulässige Schätzungen und Hochrechnungen dar.

2 Zielsetzung und methodischer Ansatz

2.1 Ziel des Buches

Es sollte heute keinen Zweifel mehr darüber geben, daß das Gesundheitswesen vor außerordentlichen Herausforderungen steht, bezahlbar bleiben muß und somit auch nach wirtschaftlichen Kriterien zu gestalten ist und daß hierbei die Wirtschaftswissenschaften (Gesundheitsökonomie) stärker als bisher zu Rate zu ziehen sind.

Dieses Buch soll die Basis für sachbezogene Diskussionen und ökonomisch vertretbare Handlungen im Krankenhauslaboratorium schaffen.

Ziel ist es deshalb,
- Kostenbewußtsein und betriebswirtschaftliches Denken zu wecken,
- zu vermitteln, daß Wirtschaftlichkeit als relative und nicht als absolute Größe zu verstehen ist,
- in die Kosten- und Leistungsrechnung einzuführen und somit
- dazu beizutragen, wirtschaftlich sinnvolle, rationale Entscheidungen im Bereich des medizinischen Laboratoriums im Krankenhaus zu erleichtern.

Das Buch behandelt inhaltlich drei große Themenkomplexe:
1. Leistungs- und Qualitätsmerkmale des Krankenhauslaboratoriums (Kapitel 3),
2. Einführung in die betriebswirtschaftliche Thematik, Kosten- und Leistungsrechnung (Kapitel 4, 5 und 8) und
3. Wege zur Wirtschaftlichkeitsverbesserung (Kapitel 6 und 7).

2.2 Klarstellungen zum Begriff „betriebswirtschaftlich"

Der Begriff „betriebswirtschaftlich" wird oft benutzt, aber sehr oft auch mißverstanden. Der Begriff wird dann subjektiv wertend mit negativen Inhalten belegt. Er wird gleichgesetzt mit Gewinnmaximierung, Profitstreben, kapitalistisch und antisozial. Betriebswirtschaftliches Handeln sei deshalb mit dem ärztlichen Berufsethos unvereinbar, weil sich ärztliche Tätigkeit nur am Patienten orientieren dürfe.

Die Betriebswirtschaftslehre (BWL) ist jedoch nach vorherrschender Lehrmeinung in erster Linie eine wertneutrale, deskriptiv-erklärende und erst in zweiter Linie eine normativ-empfehlende Wissenschaft. Gegenstand betriebswirtschaftlicher Forschung sind die Grundlagen, Abläufe und Auswirkungen menschlicher Entscheidungen in allen Funktionsbereichen und auf allen hierarchischen Ebenen einer

Betriebswirtschaft. Betriebswirtschaften sind Sozialgebilde, auch sozio-technische Systeme genannt, die zur Erstellung und Verwertung von Leistungen bestehen. Dabei muß eine Betriebswirtschaft nicht immer auf Gewinnerzielung ausgerichtet sein, sondern kann auch andere Zielsetzungen verfolgen.

Die moderne BWL beschränkt sich deshalb auch nicht auf Unternehmen der freien (Markt-)Wirtschaft, sondern untersucht auch mikroökonomische Einheiten in anderen Systemen, wie z. B. in der Planwirtschaft oder eben auch im öffentlichen Bereich.

Für die über dem Krankenhaus liegenden, makroökonomischen Regelkreise (s. Abb. 1-2) ist die *Volkswirtschaftslehre*, für das Krankenhaus, und innerhalb dessen für das Laboratorium, ist dagegen die *Betriebswirtschaftslehre* zuständig.

Zur Wirtschaftlichkeitsmessung, -beurteilung und -optimierung sind die dafür zuständigen *Wirtschaftswissenschaften* heranzuziehen. Im konkreten Fall heißt also die Frage nicht ob, sondern wie und welche betriebswirtschaftlichen Ansätze gewählt werden.

Ein Krankenhaus stellt eine Betriebswirtschaft dar und strebt je nach Rechtsform und Träger unterschiedliche Zielsetzungen an. Ein öffentliches Krankenhaus hat in der Regel einen sozialen Versorgungs- und Sicherstellungsauftrag. Konfessionelle Einrichtungen sind vornehmlich aus humanitären Überlegungen heraus entstanden und nehmen ebenfalls am Versorgungsauftrag teil. Private Kliniken haben unter anderem auch Gewinnerzielungsabsicht.

Das Krankenhauslaboratorium hat bei allen drei Trägerformen im Kern die gleiche Funktion: Es ist Dienstleister für die bettenführenden Abteilungen und die Ambulanzen. Das Krankenhauslaboratorium ist ein Subsystem des Gesamtkrankenhauses und als solches als eine eigenständige Betriebswirtschaft zu sehen.

Der Begriff „betriebswirtschaftlich" kann in unterschiedlicher Ausprägung verstanden werden:

Betriebswirtschaftlich im weiteren, übergeordneten Sinne

Unter diesem erweiterten Begriff ist alles, was zum Management eines Betriebes gehört, zu subsumieren. Dazu gehören die Gegenstände der Gebiete

- Allgemeine Betriebswirtschaftslehre
- Industrie- und Handelsbetriebslehre
- Absatzwirtschaft und Marketing
- Personalwesen und Arbeitswissenschaft
- Rechnungswesen, Kosten- und Leistungsrechnung.

Hierzu zählen auch die eng verwandten Disziplinen, wie z. B.

- die Managementlehre,
- die Organisationstheorie sowie
- das Controlling,

die speziell in den USA und in Japan im Vordergrund der mikroökonomischen Betrachtung stehen.

Jedes Krankenhaus und jedes Krankenhauslaboratorium müssen nach betriebswirtschaftlichen Regeln geführt werden. Dabei sind betriebswirtschaftliche Methoden und Managementregeln/-werkzeuge einzusetzen, wie

- Controlling nach innen,
- Marketing nach außen,

- zeitgemäße Personalführung und -entwicklung,
- zielgerichtete Aufbau- und Ablauforganisation.

Der Begriff „betriebswirtschaftlich" ist z. B. dann im weiteren Sinne zu verstehen, wenn davon die Rede ist, daß eine Führungsperson wirtschaftlich verantwortlich ist.

Betriebswirtschaftlich im engeren Sinne
Bei dieser in Deutschland häufig noch anzutreffenden engen Definition beschränkt sich der Begriff im wesentlichen auf die Funktionsbereiche
- betriebliches Rechnungswesen,
- Controlling und speziell auf die
- Kosten- und Leistungsrechnung, unter die auch die Kalkulation, d. h. genaugenommen die sogenannte Kostenträgerstückrechnung zu subsumieren ist.

Wenn im folgenden von betriebswirtschaftlicher Kostenrechnung die Rede ist, so wird der Begriff eher im engeren Sinne und zur Abgrenzung zu den betriebswirtschaftlich nicht fundierten „Eigenbau"modellen benutzt.

2.3 Bisherige Ansätze zur Kostenermittlung

Grundsätzlich ist zunächst festzustellen, daß man dem Thema „Wirtschaftlichkeitsmessung und -optimierung" im angelsächsischen Sprachraum und besonders in den USA anders, in der Regel offener und unvoreingenommener gegenübersteht als in Deutschland[2, 3]. Die in der englisch-sprachigen Literatur und dort im Medizin-Bereich seit langem eingesetzten Direct-costing-Methoden wurden im vorliegenden Buch berücksichtigt.

Auch im deutschsprachigen Raum hat man sich im Laboratorium schon lange und sehr viel früher mit dieser Thematik befaßt als in anderen Bereichen des Krankenhauses (z. B. [4, 5, 6]). Die Laboratoriumsuntersuchung als Laboratoriumsleistung ist in sich geschlossen und somit leicht zählbar. Auch ist die EDV-Unterstützung im Laboratorium weit fortentwickelt. Leider hat sie sich bisher zu sehr auf die Leistungsseite beschränkt. Bis heute enthält keines der am Markt befindlichen Labor-EDV-Systeme ein Kostenrechnungsmodul.

[2] Travers EM (1989) Managing Costs in Clinical Laboratories. McGraw-Hill, New York

[3] National Committee for Clinical Laboratory Standards: Cost accounting in the clinical laboratory; proposed guideline. NCCLS publication GP11-P, Villanova, PA, 1990.

[4] Gibitz HJ (1983) Cost account in the EDP-supported chemical central laboratory. J. Automatic Chemistry 5:79–82

[5] Henker O, Walker M (1987) Struktur- u. Wirtschaftlichkeits-Analyse im medizinischen Laboratorium. In: Osburg K (Hrsg.) Personalbedarf und Kosten im medizinischen Laboratorium. INSTAND-Schriftenreihe Bd. 1, 3. Auflage, Springer, Berlin, S 233–283

[6] Gibitz HJ (1987) Personalzeiten und -kosten toxikologischer Screeninguntersuchungen im Notfall-Laboratorium eines großen Krankenhauses. In: Geldmacher-von Mallinckrodt M, Maes RAA (Hrsg.) Klinisch-toxikologische Analytik – Gegenwärtiger Stand und Forderungen für die Zukunft, VCH, Weinheim, S 75–87.

Ein Teil der deutschsprachigen Publikationen ist unter dem Gesichtspunkt der Personalbedarfsermittlung entstanden (s. vor allem [7]).

Zu Zeiten des Selbstkostendeckungsprinzips im Krankenhaus war die Zielrichtung der objektivierbaren Ermittlung des Personalbedarfs von zentraler Bedeutung. Seitdem aber mit dem GSG '92 die Kostenbudgetierung und die leistungsorientierte Vergütung gelten, ist diese Thematik nachrangig geworden.

Neben diesem Ansatz gab es in der Vergangenheit sowohl im Krankenhaus als auch im niedergelassenen Laboratorium Initiativen zur Kostenrechnung (siehe z.B. [8, 9]), teilweise unter Beteiligung von Industrie- und Beratungsunternehmen. Diese „Eigenbau"modelle waren vorwiegend aus subjektiven Motiven und Zielsetzungen heraus entstanden. Im Krankenhaus, mit dem bis vor kurzem vorherrschenden Selbstkostendeckungsprinzip, stand bei diesen Versuchen verständlicherweise immer das Ziel im Vordergrund, Kosten nachzuweisen und zu rechtfertigen, mitunter auch schönzurechnen.

Fast alle diese von Nicht-Betriebswirtschaftlern erarbeiteten Modelle haben aber gemeinsam, daß die vorhandenen Grundregeln der betriebswirtschaftlichen Kostenrechnung zu wenig oder nicht beachtet wurden. Wegen der uneinheitlichen Strukturierungen und der verwendeten unterschiedlichen Methoden erhielt man somit zwangsläufig keine vergleichbaren Ergebnisse.

So wichtig diese Bemühungen auch waren, über eine gewisse Resonanz im internen Kreis der (Laboratoriums-)Medizin blieb ihnen aber dort, wo es besonders wichtig gewesen wäre, nämlich bei den Krankenhausträgern und -verwaltungen sowie bei den Krankenkassen zwangsläufig die gewünschte Anerkennung versagt.

Die zur Kosten- und Leistungsrechnung im Laboratorium angewandte Methode muß demnach von jedem Fachmann nachvollziehbar sein und demselben Anspruch genügen, der auch an eine betriebliche Kosten- und Leistungsrechnung im Gesamtkrankenhaus zu stellen ist. Der methodische Ansatz darf deshalb betriebswirtschaftlich nicht anfechtbar sein. Künftig darf nicht mehr über den Weg, sondern ausschließlich nur noch über das Resultat diskutiert werden. Im Dialog mit den jeweiligen Verhandlungspartnern wie Verwaltung, Krankenhausträger, Kostenträger usw. kann es zukünftig also nur noch sachbezogen um die Höhe der ermittelten Ergebnisse und allenfalls deren Datengrundlagen gehen, nicht mehr jedoch um die Methode, weil diese den wissenschaftlichen Anforderungen der Betriebswirtschaftslehre gerecht wird. Sie muß die Anforderungen des dualen Finanzierungssystems erfüllen, aber auch eine betriebswirtschaftliche Gesamtsicht erlauben.

Die Besonderheit des in diesem Buch vorgestellten Modells besteht darin, daß sowohl die Belange der Krankenhausverwaltung als auch die der Laboratoriumsleitung gleichermaßen Berücksichtigung finden. Es muß deshalb „zweisprachig" arbeiten. Sowohl die Laboratoriumsleitung, als auch die Verwaltung müssen mit dem Modell umgehen können und die Ergebnisse akzeptieren.

[7] Haeckel R (1990) Methoden zur Ermittlung des Personalbedarfs in klinisch-chemischen Laboratorien. Klinische Chemie – Mitteilungen 21:84–88

[8] Haeckel R, Weinrich A (1982) Modell einer vollständigen Kostenrechnung für das medizinische Laboratorium. GIT Lab. Med. 5:199–211

[9] Wüst H, Kirov A, Schwab W, Weinstock N (1990) Kosten- und Leistungsrechnung im Krankenhauslaboratorium. Ein rechnerunterstütztes Programm. Lab. med. 14:277–282

2.4 Betriebswirtschaftliche Kostenrechnung

Die betriebswirtschaftlichen Methoden zur Kostenrechnung wurden zunächst vor allem für die industrielle Produktion entwickelt. Ihre Anfänge liegen am Beginn des 20. Jahrhunderts[10]. Im Laufe der Zeit wurden diese Verfahren weiterentwickelt, verfeinert und auf andere Bereiche ausgedehnt.

Das allgemein gültige Kostenrechnungsverfahren gibt es nicht. Die verschiedenen Ansätze haben jeweils ihre Vor- und Nachteile, die je nach Zielsetzung und Kalkulationsobjekt unterschiedlich zu bewerten sind. Detaillierter wird auf diese Problematik in Kapitel 5 eingegangen.

Die Kosten- und Leistungsrechnung dient zwei elementaren Zielen:
1. Sie erlaubt, die Wirtschaftlichkeit zu messen und transparent zu machen, um diese durch Planung, Steuerung und Kontrolle einer Organisationseinheit optimieren zu können.
2. Sie dient der Kalkulation von Selbstkosten und/oder von Preisen.

Sie bietet des weiteren eine fundierte Grundlage für „make-or-buy“ Entscheidungen und hilft, Fehlentwicklungen aufzudecken und die wichtigsten „Kostentreiber“ zu identifizieren.

Eine der zentralen Zielsetzungen des Buches ist die Übertragung der betriebswirtschaftlichen Kostenrechnungsverfahren auf die Gegebenheiten des Krankenhauslaboratoriums. Durch deren einheitliche Anwendung soll Kostentransparenz und ein aussagefähiger Interlaboratoriumsvergleich möglich werden, da dann die quantitativen Daten mit der gleichen Methode erhoben werden. Dadurch werden Daten erhalten, die auch für Dritte nachvollziehbar und somit glaubwürdig sind.

Es wurde darauf geachtet, daß dieses Verfahren im Krankenhauslaboratorium auch praktikabel und unter einem angemessenen Kosten-Nutzen-Verhältnis anwendbar ist.

Bei der hier vorgestellten betriebswirtschaftlichen Kosten- und Leistungsrechnung handelt es sich um eine **ganzheitliche, dreistufige IST-Kostenrechnung.**

Das bedeutet:

Ganzheitlich statt partiell

Die partielle Kalkulation einer einzelnen Laboratoriumsleistung, d.h. der Versuch, deren Kosten von unten nach oben, teilweise indirekt anhand von Reagenzienkosten aus Preislisten und anderen Faktoren zu berechnen, kann zwar plausibel aufgebaut sein. Ein auf diese Weise ermittelter Wert ist aber nicht überzeugend. Die Übereinstimmung mit der Wirklichkeit (IST-Kosten) wäre eher zufällig.

Die Berechnung muß deshalb ganzheitlich erfolgen, d.h. die gesamten Kosten einer Betriebswirtschaft werden von oben nach unten (top-down-approach) heruntergebrochen.

---

[10] Schmalenbach E (1956) Kostenrechnung und Preispolitik. 7. Auflage, Leske, Köln und Opladen

Dreistufig

Der richtige Weg führt ausgehend von den gesamten Kosten der betrachteten Einheit über die dreistufige betriebswirtschaftliche Kostenrechnung von oben nach unten, nämlich über die

1. Kostenartenrechnung und
2. Kostenstellenrechnung zur
3. Kostenträgerrechnung.

IST-Kostenrechnung statt „Wunsch"-Kostenrechnung

Die real vorhandenen Kosten- und Leistungsstrukturen des jeweiligen Laboratoriums werden ermittelt. Die in der betrachteten mikro-ökonomischen Einheit erstellten IST-Leistungen und die dafür verbrauchten IST-Kosten werden erfaßt und zueinander in Beziehung gesetzt.

Die Laboratoriumsuntersuchung ist betriebswirtschaftlich als Kostenträger zu sehen. Die IST-Kosten dieser einzelnen Leistung können deshalb nur in der 3. Stufe ermittelt werden, nachdem die Stufen davor korrekt durchlaufen sind.

Auf die genannten Zusammenhänge wird in den Kapiteln 5 und 6 genauer eingegangen.

3 Das Krankenhauslaboratorium – Auftrag, Gegenwärtige Strukturen, Organisationsformen und Abläufe

Die Medizin ist in ihrer Ausprägung als Krankenversorgung eine angewandte oder praktische Wissenschaft. Sie ist somit zweckorientiert. Ziel ist die Hilfe für den Patienten. Es stellt sich demnach bei allen Entscheidungen und Handlungen die Frage „wozu“, also die Frage nach der ärztlichen Notwendigkeit im Hinblick auf die Behandlung eines Patienten. Dies gilt in gleicher Weise für die zu wählenden Organisationsformen des Medizinbetriebes. Die Laboratoriumsmedizin ist als eines der zentralen, diagnostischen Fächer von dieser Zieldefinition nicht ausgenommen.

3.1 Versorgungsstufe und -auftrag eines Krankenhauses

Die stationäre Patientenversorgung wird in der Bundesrepublik Deutschland durch das Krankenhausfinanzierungsgesetz (KHG) [11] definiert.

Zweck dieses Gesetzes ist die allgemeine wirtschaftliche Sicherung der Krankenhäuser, um eine bedarfsgerechte Versorgung der Bevölkerung mit leistungsfähigen, eigenverantwortlich wirtschaftenden Krankenhäusern zu gewährleisten und zu sozial tragbaren Pflegesätzen beizutragen. Zur Verwirklichung der Ziele des KHG stellen die Länder Krankenhauspläne und Investitionsprogramme auf und passen sie der Entwicklung an. Diese Krankenhauspläne haben den Stand und die vorgesehene Entwicklung der für die Versorgung der Bevölkerung erforderlichen Krankenhäuser, insbesondere nach Standort, Versorgungsstufe, Bettenzahl, Fachrichtung, Versorgungsauftrag und Trägerschaft im Detail auszuweisen (z. B. [12]).

In den Krankenhausplan werden alle Betten aufgenommen, die für die Versorgung der Bevölkerung erforderlich sind oder erforderlich sein werden. Dabei ist die Vielfalt der Krankenhausträger zu beachten. Ein Rechtsanspruch zur Aufnahme in den Krankenhausplan und die Investitionsprogramme besteht für Krankenhäuser nicht; sie können aber auch ohne Aufnahme in den Krankenhausplan als sogenannte Vertragskrankenhäuser gemäß § 108 SGB V [11] an der Versorgung sozialversicherter Patienten teilnehmen.

Für Krankenhäuser, die in den Krankenhausplan aufgenommen sind, fördern die Länder auf Antrag des Krankenhausträgers Investitionen, bewilligen sonstige För-

[11] Neubert D, Robbers J (Hrsg.) (1994) Krankenhausrecht, Deutsche Krankenhaus Verlagsgesellschaft mbH, Düsseldorf

[12] Behörde für Arbeit, Gesundheit und Soziales (Hrsg.) (1990) Hamburger Krankenhausplan '95 BAGS, Hamburg

dermittel und fördern die Wiederbeschaffung kurzfristiger Anlagegüter. Ziel der Krankenhauspläne der Länder ist es, eine breitbasige Allgemeinversorgung und eine flächendeckende Not- und Unfallversorgung sicherzustellen.

3.1.1 Versorgungsstufen

Die Allgemeinversorgung wird durch ein wohnortnahes Netz von Krankenhäusern der Grund- und Regelversorgung gewährleistet. Die Krankenhäuser der Schwerpunkt- und Zentralversorgung sind nicht auf den durch den Standort vorgegebenen Einzugsbereich beschränkt. Sie sind unter den Aspekten der fachlichen Anforderung, des Bedarfs sowie der Wirtschaftlichkeit regional tätig.

- Grund- und Regelversorgung (Stufen I und II): Diese Krankenhäuser bieten neben den Kernfächern Chirurgie und Innere Medizin auch ergänzende Leistungen in der geburtshilflichen/gynäkologischen, radiologischen und/oder intensivmedizinischen Versorgung an. Medizinisch-technische Großgeräte sind im allgemeinen nicht vorhanden. Die Krankenhäuser beteiligen sich in der Regel an der Not- und Unfallversorgung.
- Schwerpunktversorgung (Stufe III): In dieser Versorgungsstufe befinden sich Krankenhäuser mit umfassender Abteilungsdifferenzierung, das gesamte Spektrum der klinischen Medizin wird jedoch nicht angeboten. Sie verfügen in der Regel über medizinisch-technische Großgeräte und nehmen an der Not- und Unfallversorgung teil.
- Zentralversorgung (Stufe IV): Dieser Stufe gehören die sogenannten Hochleistungskrankenhäuser und Universitätskliniken an. Fast alle medizinischen Teilgebiete sind vertreten, ihre Austattung an medizinischen Großgeräten ist hervorragend, sie nehmen an der Not- und Unfallversorgung teil.
- Fachkrankenhäuser: Hier handelt es sich um Krankenhäuser, die sich nicht diesen Stufen zuordnen lassen, weil eine typische Abteilungsdifferenzierung fehlt.

Es fällt auf, daß eindeutige medizinische und technische Kriterien, die die Krankenhäuser vor einer Aufnahme in den Krankenhausplan zu erfüllen haben, fehlen: sie sollen lediglich über einen durchgehenden ärztlichen und pflegerischen Dienst verfügen. Die baulichen Voraussetzungen sollen eine medizinisch zweckmäßige und ausreichende Versorgung der Patienten ermöglichen [12].

3.1.2 Versorgungsauftrag

In den einzelnen Versorgungsstufen können den Krankenhäusern spezielle Versorgungsaufträge zugewiesen werden, um Versorgungsschwerpunkte zu bilden. Solche Planungen für Geburtshilfe, Neonatologie, Geriatrie und Rehabilitation sind nicht zuletzt bedingt durch die demographische Entwicklung in der Diskussion. Auf die Zuweisung detaillierter Leistungskataloge wurde allerdings bisher verzichtet.

In Österreich und in der Schweiz gelten andere Regelungen.

3.2
Versorgungsauftrag des Krankenhauslaboratoriums

Der Versorgungsauftrag eines Krankenhauslaboratoriums hängt selbstverständlich eng mit dem des zu versorgenden Krankenhauses zusammen. Er besteht, allgemein formuliert, in der zeitgerechten Erbringung der für die Krankenversorgung erforderlichen, fachgerechten, qualitativ hochwertigen Laboratoriumsergebnisse sowie der Befundung und der Konsiliartätigkeit, letztere sofern das Laboratorium unter fachärztlicher Leitung steht. Auskünfte zu Fragen der Indikationsstellung und Präanalytik sowie gegebenenfalls zur antimikrobiellen Chemotherapie und Resistenzsituation bakterieller Krankheitserreger, der Versand von Proben zu Speziallaboratorien und die Kontrolle der eingehenden Fremdbefunde (und Rechnungen!) gehören ebenfalls zu den Aufgaben eines leistungsfähigen, ärztlich geleiteten Laboratoriums.

3.2.1
Analytische und medizinische Qualität von Laboratoriumsuntersuchungen für Krankenhauspatienten

Laboratoriumsbefunde stellen einen wesentlichen Beitrag zur Krankenhausleistung dar, die nach Art und Schwere der Krankheit für die medizinisch zweckmäßige und ausreichende Versorgung der Patienten erbracht wird. Deshalb müssen an die Laboratoriumsbefunde eines jeden Krankenhauspatienten entsprechend hohe, unabweisbare Anforderungen an die medizinische und organisatorische Qualität sowie an die Bearbeitungszeit, die sich an der medizinischen Notwendigkeit zu orientieren hat, gestellt werden (s. Abb. 3-1 bis 3-3).

Der Grund hierfür liegt vor allem darin, daß im Krankenhaus aus Laboratoriumsbefunden in der Regel akut diagnostische und therapeutische Schlüsse zu ziehen sind, die oftmals folgenschwere, ärztliche Interventionen zur Folge haben.

Des weiteren nimmt der ökonomische Druck zu, eine möglichst kurze Verweildauer der Patienten zu erreichen. Das hat die Konsequenz, möglichst keine Zeit bei Diagnostik und therapeutischer Handlung zu verlieren. Da Fallkosten wesentlich nur durch Verkürzung der Liegezeiten gesenkt werden können, wird allgemein - auch bei Routineuntersuchungen - Schnelligkeit immer mehr zu einem vorrangigen Ziel.

Unabweisbare Anforderungen an Laboruntersuchungen für Krankenhauspatienten

- **medizinische Qualität**
- **organisatorische und zeitliche Qualität (Prozeßqualität)**

Abb. 3-1

Medizinische Qualität

- Prä- und postanalytische Qualität
  - Validierung
  - ärztliche Befundung
  - Beratung und Konsil
  - Wahl einer der klinischen Fragestellung adäquaten Methodik
- Analytische Qualität
- Gestufter Einsatz qualifizierten Personals

Abb. 3-2

Organisatorische und zeitliche Qualität

- Aufbauorganisation
- Ablauforganisation
- Materialtransport
- Befundübermittlung
- EDV-Unterstützung
- Direkte Probenidentifikation
- gestufte Dringlichkeit der Abarbeitung (z.B. Notfall- und Eiluntersuchungen)
- Häufigkeit der Untersuchungsdurchführung

Abb. 3-3

3.2.2 Zeitliche Qualität

Eine zeitgerechte Erstellung von Befunden impliziert die essentiellen Fragen nach der Notwendigkeit von Notfalluntersuchungen und der ärztlich erforderlichen Bearbeitungsgeschwindigkeit des Laboratoriums auch für Routineuntersuchungen.

3.2.3 Konsiliartätigkeit

Das in der Laboratoriumsmedizin vorhandene detaillierte Fachwissen zur Beantwortung von Fragen zu Prä- und Postanalytik, zur Interferenz von Arzneimitteln, zur Indikationsstellung und zur Interpretation der Befunde wird im Rahmen der Konsiliartätigkeit allen anderen Fachgebieten zugänglich. Es besteht daher die Notwendigkeit zur Kommunikation zwischen den Ärzten der verschiedenen Fachrichtungen. Diese Kommunikation ist einerseits fallbezogen und muß daher rund um die Uhr möglich sein. Sie entspricht damit der klassischen Definition des Konsils als Besprechung mehrerer Ärzte zur Klärung eines Krankheitsfalles[13].

Andererseits muß eine überwiegend generell wirkende Kommunikation etabliert sein, die nicht auf den Einzelfall bezogen ist: sie bestimmt allgemeine Verfahrensrichtlinien zur laboratoriumsmedizinischen Diagnostik und Therapiekontrolle und begleitet deren Durchführung im Sinne einer Controlling-Funktion.

3.2.4 Formale Ansätze zur Standardisierung der Qualität

> *Quality is never an accident; it is always the result of an intelligent effort.*
> *John Ruskin*

Die Festlegung von unverzichtbaren Qualitätsstandards in der Medizin durch Ärzte und die Garantie für deren Einhaltung ist gerade in Anbetracht der Kostendiskussion im Gesundheitswesen von zunehmender Bedeutung. Das muß auch für die Laboratoriumsmedizin gelten. In der Industrie und jetzt auch in der Medizin werden Qualitätssicherungsverfahren entwickelt, die über die zur Zeit obligatorischen Qualitätsstandards weit hinausgehen. Diese Standards sollen neben der Struktur auch die Prozeß- und die Ergebnisqualität (§ 137 SGB V)[11] umfassen.

In der Laboratoriumsmedizin existieren bereits seit mehr als 20 Jahren gesetzliche Regelungen für die Qualitätskontrolle. Zur Zeit sind die Richtlinien der Bundesärztekammer vom 16.1.1987 und 16.10.1987[14] und ihre Ergänzungen[15] gültig.

3.2.4.1 Qualitätsmanagement

Qualitätsmanagement stützt sich auf folgende Hauptelemente:
- Patientenorientierung: Der Patient, hier in der Rolle des Kunden, steht im Mittelpunkt.
- Qualitätsbewußtsein: Es muß von innen heraus wachsen und darf nicht von außen übernommen werden: „Qualität als Unternehmensziel".
- Qualitätsverbesserungen: Sie sind ein kontinuierlicher Prozeß, der nicht primär der Kosteneinsparung dient. Sie sind Aufgabe für alle Mitarbeiter.
- Kontrolle: Überprüfungen, ob die eingesetzten Qualitätsmanagementsysteme wirkungsvoll sind, sind unverzichtbar.

Die Werkzeuge, mit denen diese Ziele erreicht werden können, sind die Qualitätsmanagementsysteme oder -programme.

---

[13] Pschyrembel Klinisches Wörterbuch (1990), 256. Auflage, Walter de Gruyter, S 885

[14] BÄK (1988) Qualitätssicherung der quantitativen Bestimmungen im Laboratorium. Dt. Ärztebl. 85: C449–C464

[15] BÄK (1994) Ergänzungen der „RiLi der BÄK zur Qualitätssicherung in medizinischen Laboratorien". Dt. Ärztebl. 91: B175–B177

3.2.4.2
Qualitätsmanagementsysteme

Qualitätskontroll- und Qualitätssicherungssysteme existieren seit Jahren und haben sich prinzipiell in der Praxis bewährt. In der Medizin sind solche Systeme bisher jedoch nur für einzelne Gebiete im praktischen Einsatz (z. B. Richtlinien der Bundesärztekammer zur Qualitätssicherung in medizinischen Laboratorien). Umfassendere Systeme werden in der Industrie seit längerem mit Erfolg eingesetzt, sind aber zur Zeit für eine Anwendung in der Medizin noch nicht entwickelt bzw. verabschiedet.

3.2.4.2.1
Richtlinien der Bundesärztekammer (RiliBÄK)

Die Minimalanforderungen an die Qualität eines medizinischen Laboratoriums sind in den Richtlinien der Bundesärztekammer (RiliBÄK) aus dem Jahre 1988 [14] als Konsequenz des Eichgesetzes und der Eichordnung niedergelegt. Weitergehende verbindliche Richtlinien gibt es noch nicht. Die Richtlinien der BÄK, die bisher nur geringfügig modifiziert wurden, nennen aus dem breiten Spektrum laboratoriumsmedizinischer Untersuchungen nur 48(!) Meßgrößen, für die eine Verfahrenskontrolle vorgeschrieben ist. Aus verschiedenen Gründen (z. B. Ausnahmegenehmigungen) unterliegen bis heute vitale Meßgrößen wie Hämoglobin, Glukose, Gerinnungsuntersuchungen, K, Na oder Blutgase nicht konsequent dieser Richtlinie.

3.2.4.2.2
GLP (Gute Labor-Praxis) bzw. GAP (Gute Analytische Praxis), EN 45001 und ISO 9001

In Tabelle 3-1 sind die drei Qualitätsmanagementsysteme GLP für den gesetzlich geregelten Bereich und die Normenreihen EN 45001 sowie ISO 9001 für den nicht geregelten Bereich synoptisch einander gegenübergestellt.

3.2.4.2.3
Bestehende Defizite

> *Quality is free. It is not a gift, but it is free. What costs money are the unquality things – all the actions that involve not doing jobs right the first time*
>
> *Philip B. Crosby*

Im Bereich des medizinischen Laboratoriums ist bisher nur die gesetzlich vorgeschriebene Qualitätskontrolle etabliert. Sie stellt eine im Prinzip leicht zu erfüllende Mindestanforderung dar. Um jedoch die heute erwartete, weil medizinisch notwendige Zuverlässigkeit von Laboratoriumsbefunden gewährleisten zu können, ist eine deutlich größere Zahl von Maßnahmen zur Sicherung der Qualität als in den Richtlinien der Bundesärztekammer (RiliBÄK) gefordert, Voraussetzung. So müssen auffällige Ergebnisse durch Wiederholungsuntersuchungen oder durch Bestätigung mit einer anderen Untersuchungsmethode abgesichert werden können. Daraus resultiert eine höhere Aufwandsrelation für die jeweiligen Laboratoriumsuntersuchungen.

Tabelle 3-1. Vergleich verschiedener Qualitätssicherungssysteme

DACH: Deutsche Akkreditierungsstelle Chemie GmbH
DAP: Deutsches Akkreditierungssystem Prüfwesen GmbH
ZLG: Zentralstelle der Länder für Gesundheitsschutz bei Medizinprodukten

	Gute Labor-Praxis	DIN EN 45001	DIN ISO 9001
Geltungsbereich:	Gesetzlich geregelter Bereich	Nicht geregelter Bereich	Nicht geregelter Bereich
Ziel:	GLP-Zertifikat = Bescheinigung, daß eine Prüfeinrichtung Prüfungen nach den OECD-Grundsätzen durchführt	Akkreditierung = Bestätigung, daß ein Laboratorium für die Ausführung bestimmter Untersuchungen kompetent ist	Zertifizierung = Maßnahme durch einen unparteiischen Dritten, die bestätigt, daß ein Erzeugnis, ein Verfahren oder eine Dienstleistung in Übereinstimmung mit einer Norm ist
Grundlage:	▪ Chemikaliengesetz zur Prüfung von Stoffen und Medikamenten (Arzneimittelgesetz).	Allgemeine Kriterien zum Betreiben von Prüflaboratorien (in dieser Nomenklatur ist ein medizinisches Laboratorium ein Prüflaboratorium).	Modell zur Darlegung der Qualitätssicherung und Elemente zum Aufbau eines Qualitätssicherungssystems.
Wesentliche Merkmale:	▪ Fachliche Leitung des Laboratoriums. ▪ Qualitätssicherungsbeauftragte	Fachliche Leitung des Laboratoriums. Qualitätssicherungsbeauftragte	Fachliche Leitung des Laboratoriums. Qualitätssicherungsbeauftragte
Qualitätssicherungs-programm:	▪ Erstellung eines Qualitätsmanuals. Überprüfung, Aktualisierung und Kontrolle der Einhaltung der Standardarbeitsvorschriften (SOP) ▪ ▪ Überprüfung der Archivierung, Dokumentation und Validierung ▪ Spezielle Qualifikation des Personals nur bei leitenden Mitarbeitern. ▪ Maßnahmen zur Fehlererkennung und Fehlerbeseitigung. ▪ Inspektionen ▪ Keine Ringversuche.	Erstellung eines Qualitätssicherungshandbuchs. Überprüfung, Aktualisierung und Kontrolle der Einhaltung der Standardarbeitsvorschriften (SOP) Überprüfung der Dokumentation. Angemessene Qualifikation der Mitarbeiter Inspektionen Überprüfung und Durchführung interner und externer Qualitätssicherung.	Erstellung eines Qualitätssicherungshandbuchs. Überprüfung, Aktualisierung und Kontrolle der Einhaltung der Standardarbeitsvorschriften (SOP) Überprüfung der verwendeten Geräte. Überprüfung der Dokumentation Keine speziellen Anforderungen hinsichtlich ausreichend qualifiziertem Personal Inspektionen
Überwachungs-institution:	▪ ZLG und GLP-Bundesstelle.	DACH, DAP, ZLG	Deutsche Gesellschaft für Qualitätssicherung u. a.
Bescheinigung:	▪ ▪ ▪ GLP-gerechte Durchführung, keine Bewertung der Verfahren und Ergebnisse.	Formale Anerkennung der Kompetenz.	Bescheinigung über Implementierung eines Qualitätssicherunssystems, keine Überprüfung seiner Funktion Bescheinigung der Fähigkeiten eines Lieferanten Keine Bewertung der Ergebnisse

3.2.4.2.4 Fazit

Ein direkter Vergleich dieser vier Systeme zeigt, daß eine einfache und direkte Übertragung von Vorschriften, die in der Industrie bereits seit längerem angewendet werden, auf das medizinische Laboratorium keine sachgerechte Lösung sein kann. Deshalb müssen die Normen DIN ISO 9001 und DIN EN 45001 für eine Anwendung im medizinischen Laboratorium fachlich und zum Teil formal angepaßt werden. Dieses differenzierte Regelwerk wird in Zusammenarbeit mit mehreren Fachgesellschaften zur Zeit erarbeitet.

Nach wie vor ist der Eindruck nicht unberechtigt, daß die Übertragung dieser (Industrie-)Normen auf das medizinische Laboratorium lediglich formale Aspekte der Qualität berücksichtigt. Qualität in der Medizin muß aber mehr sein als das Ablegen schriftlich fixierter Ordnungen in Ordnern. Weitere, ebenfalls überprüfbare Merkmale der Qualität des medizinischen Laboratoriums spielen eine wesentliche Rolle, die es verstärkt zu beachten gilt:

- Verwendung von anerkannten und, falls vorhanden, standardisierten Methoden.
- Verwendung dafür geeigneter Reagenzien.
- Einsatz von qualifiziertem Personal, eine ausreichende Relation von Fachärzten zu Assistenzärzten, zu medizinisch-technischem Personal und in Bezug zur versorgenden Klinik.
- Berücksichtigung von durch die wissenschaftlichen Fachgesellschaften erarbeiteten Richtlinien zur Qualitätssicherung und insbesondere zur ärztlichen Befundung.

Um eine wirkungsvolle ärztliche, longitudinale und transversale Plausibilitätsbeurteilung und Validierung zum Befund vornehmen zu können, sind

- die Kenntnis der Analytik bezogen auf den vorliegenden Einzelfall,
- ein Zugang zu Vorwerten des Patienten sowie
- die Kenntnis der Befundwahrscheinlichkeiten und der Prävalenz der Erkrankungen im betreffenden Krankenhaus

zwingende Voraussetzung. Ein enger konsiliarischer Kontakt zwischen Laboratorium und Station muß deswegen gegeben sein.

Diese medizinisch begründeten, zwingenden Vorgaben müssen kostengünstig umgesetzt werden. Sie können allerdings zunächst zu einer Steigerung der Kosten im einzelnen Laboratorium führen. Es ist jedoch zu erwarten, daß verbesserte Befundqualität Mehrkosten wegen unnötiger Folgediagnostik und Fehltherapie in den anderen Bereichen des Krankenhauses (Station, Ambulanz, Operationssaal) reduziert. Leider steht gegenwärtig noch kein Instrumentarium zur Abschätzung solcher Kosten zur Verfügung.

3.3 Strukturen, Organisationsformen und Bedarf

Üblicherweise wird die Mehrzahl der Laboratoriumsuntersuchungen für Krankenhauspatienten in krankenhausinternen Laboratorien durchgeführt.

Die Vergabe von bestimmten Untersuchungen an Laboratorien außerhalb des betreffenden Krankenhauses ist jedoch unabdingbar und immer schon gängige Praxis, da keine Einrichtung sämtliche anfallenden Untersuchungen fachlich kompetent und wirtschaftlich erbringen kann. Diese Untersuchungen werden an Stellen versandt, die aufgrund einer besonderen Aufgabenstellung derartige Untersuchungen zentralisiert vornehmen und über besondere Erfahrungen auf diesem Gebiet verfügen.

3.3.1 Organisation der Krankenhauslaboratorien

Die Leistungsfähigkeit eines Krankenhauslaboratoriums muß selbstverständlich eng an die Versorgungsstufe des Krankenhauses gekoppelt sein.

– Grund- und Regelversorgung (Stufen I und II): Die kleineren Krankenhäuser dieser Kategorie besitzen selten ein fachlich geleitetes Krankenhauslaboratorium. Medizinisch-technische Laboratoriumsassistent(inn)en sind für den Ablauf des Laboratoriumsbetriebs zuständig. Deshalb sind, auch wenn das Laboratorium wie üblich nebenher durch einen nicht fachkundigen Arzt der bettenführenden Abteilungen betreut wird, häufig Defizite in laboratoriumsmedizinisch-fachlicher und wirtschaftlicher Hinsicht zu beobachten.

Modelle, um diese Defizite zu überwinden, sehen einerseits die Kooperation mehrerer Krankenhauslaboratorien unter der Leitung eines Facharztes, oder andererseits die Kooperation zwischen Krankenhaus und niedergelassenem Facharzt vor (s. Abschn.6.3.2).

– Schwerpunktversorgung (Stufe III) und Zentralversorgung (Stufe IV): Für diese Krankenhäuser ist ein fachlich geleitetes Krankenhauslaboratorium notwendig, das rund um die Uhr im Einsatz ist. Je nach Größe des Hauses können die laboratoriumsmedizinischen Untersuchungen in einem Institut zusammengefaßt oder auf bis zu drei Institute (Laboratoriumsmedizin/Klinische Chemie, Mikrobiologie/Krankenhaushygiene, Transfusionsmedizin/Blutbank) verteilt sein. Diese Organisationsformen allein gewährleisten die für die Krankenversorgung notwendige zeit- und fachgerechte Erstellung der erforderlichen Routine- und Notfall-Laboratoriumsbefunde und ermöglichen darüberhinaus die notwendige Konsiliartätigkeit. Sie schaffen auch die Basis für eine wirtschaftliche Betriebsführung. Im nicht-universitären Bereich haben sich diese Organisationsformen weitgehend durchgesetzt.

Dezentrale, selbständige Laboratorien, die gleichzeitig und konkurrierend tätig sind, arbeiten wirtschaftlich und organisatorisch nachteilig. Ursachen sind ein kompliziertes Regelwerk der Zuständigkeit im Einzelfall, aufwendige Transportdienste im Hause und unnötig hohe Personalkosten. Diese Situation bieten vielfach auch heute noch Universitätskliniken, wenn die notwendige Abgrenzung zwischen Routine- und Forschungsaufgaben noch nicht gelungen ist.

– Fachkrankenhäuser: In hochspezialisierten Fachkrankenhäusern sind ähnlich den Häusern der Stufen III und IV Fachlaboratorien mit 24-h-Präsenz notwendig. Das trifft nicht zu, wenn die Patienten dieser Fachkrankenhäuser (z. B. psychiatrische Kliniken) keinem höheren Risiko für eine ärztliche Notsituation als zu Hause unterliegen.

3.3.2 Vorgaben für die Erbringung von Laboratoriumsuntersuchungen in Krankenhäusern der Versorgungsstufen III und IV sowie in bestimmten Fachkrankenhäusern

Zu den festen Vorgaben gehören die Größe und Abteilungsstruktur des Krankenhauses. Ebenso sind bauliche und kommunikative Gegebenheiten nur bedingt veränderbar.
Variable Vorgaben sind

- die Anzahl der zu versorgenden Patienten pro Zeiteinheit,
- Umfang und Schweregrad der zu behandelnden Erkrankungen, aus denen die Vorhalteleistungen des Laboratoriums resultieren und
- die Leistungsdynamik der bettenführenden Abteilungen, sowie deren Anspruch an die Versorgung mit Laboratoriumsuntersuchungen für Diagnose, Therapie und Verlauf.

Diese Vorgaben bedingen das Spektrum und die Mengen der für das jeweilige Krankenhaus zu erbringenden Laboratoriumsuntersuchungen sowie die Organisationsform des Laboratoriums.

3.3.2.1 Bauliche Vorgaben

Ein wesentlicher Einfluß auf die Organisation und die Arbeitsbedingungen eines Krankenhauslaboratoriums geht von baulichen Gegebenheiten aus, die in der Regel auch mittelfristig nicht veränderbar sind. Die baulichen Gegebenheiten des jeweiligen Krankenhauses und des Krankenhauslaboratoriums bedingen in nicht unerheblichem Maß die Betriebskosten des Laboratoriums. Die Organisation muß sich zwangsläufig an funktional schlecht durchdachte oder den heutigen Bedingungen nicht mehr entsprechende Architektur anpassen. So ist die zentralisierte Erbringung von Notfalluntersuchungen bei weitläufig gestalteten Krankenhäusern ohne entsprechende Probentransport- und Befundübermittlungsmöglichkeiten (z. B. Laborprobenrohrpost, Rohrpost) außerordentlich erschwert. Die Einrichtung von Satellitenlaboratorien des Zentrallaboratoriums nahe den bettenführenden Funktionseinheiten (z.B. Intensivstationen, OP-Abteilung), die in derartigen Fällen wegen der medizinisch notwendigen kurzen Bearbeitungszeiten erforderlich ist, führt zu einer personal-, geräte- und raumaufwendigeren und somit weniger kostengünstigen Lösung als ein zentrales Notfallaboratorium. Auch Aufsicht und Weisung gegenüber solchen dezentralen Bereichen sowie die Anbindung an EDV-Systeme sind weniger leicht möglich. Wegen der langen Wege ist ein gut funktionierender Hol- und Bringedienst unumgänglich, der, weil personalintensiv, zu einem beträchtlichen Kostenfaktor wird. Es liegt auf der Hand, daß Untersuchungen in diesen kleinen Einheiten höhere Kosten verursachen.

3.3.2.2 Kommunikationsmittel

Für hausinternen Proben- und Befundversand sind Kommunikationsmittel wie Probenrohrpost, Kassettenförderanlage, Briefrohrpost, Telefax, EDV-Ausgabedrucker auf den Stationen oder ein Krankenhauskommunikationssystem hilfreich und können Kosten senken.

3.3.2.3 Organisatorische Vorgaben

Die Zentralisierung von Laboratoriumsuntersuchungen im Krankenhauslaboratorium ist Voraussetzung für deren wirtschaftliche Erbringung.
Im weiteren wird ein Zentrallaboratorium als gegeben vorausgesetzt.

3.3.3 Arten von Laboratoriumsuntersuchungen

Bezüglich der Dringlichkeit werden zwei Arten von Laboratoriumsuntersuchungen unterschieden:
- Notfall- und Eiluntersuchungen sowie
- Routineuntersuchungen.

3.3.3.1 Notfall- und Eiluntersuchungen

Der Begriff der Notfalluntersuchung ist unscharf und beinhaltet laboratoriumsmedizinische Untersuchungen mit besonderer Dringlichkeit nicht nur bei akuten Notfällen, sondern auch solche im Rahmen der medizinischen Überwachung von Patienten (z.B. regelmäßige Kontrolluntersuchungen bei Intensivpflegepatienten) (Eiluntersuchungen) sowie solche außerhalb des Regeldienstes[16]. Üblicherweise wird bei diesen Notfall- oder Eiluntersuchungen das Ergebnis innerhalb einer Stunde erwartet, bei Untersuchungen mit der Dringlichkeit „Lebensgefahr" unter Umständen innerhalb von wenigen Minuten. Letztgenannte Untersuchungen sind solche, bei denen die sofortige Verfügbarkeit des Untersuchungsergebnisses zwingende Voraussetzung für die Abwendung der akuten Lebensgefährdung eines Patienten ist.

Die Zielsetzung und somit die nach den Regeln der ärztlichen Kunst notwendigen Erfordernisse eines bestimmten Krankenhauses bedingen die Notwendigkeit der Vorhaltung von Notfalluntersuchungen. Ob in einem definierten Krankenhaus unabweisbar Notfalluntersuchungen vorgehalten werden müssen, hängt demnach zunächst ausschließlich davon ab, wie rasch und zu welchen Tageszeiten Laboratoriumsbefunde den bettenführenden Abteilungen zur Verfügung gestellt werden müssen.

---

[16] Unter Regeldienst ist diejenige regelmäßige Arbeitszeit zu verstehen, während der der überwiegende Teil der Mitarbeiter im Laboratorium anwesend ist (z.B. Montags bis freitags von 07.00 bis 16.00 Uhr) und die dienstplanmäßig so festgelegt wird.

Ist für den Patienten ein im Vergleich zur Situation außerhalb des Krankenhauses erhöhtes Risiko gegeben, zu dessen Abwendung Laboratoriumsuntersuchungen zwingend erforderlich sind, so ist das Vorhalten von Notfalluntersuchungen in einem im Krankenhaus angesiedelten Laboratorium unabweisbar.

Versorgt ein Krankenhaus (z. B. eine Kurklinik) jedoch Patienten, deren Risiko für eine ärztliche Notsituation ähnlich niedrig ist wie außerhalb des Krankenhauses, kann auf eine besondere Notfallorganisation hinsichtlich des Laboratoriums verzichtet werden.

3.3.3.1.1 Eignung verschiedener Organisationsformen

Zur Abwendung von medizinischen Notsituationen muß, wie bereits ausgeführt, die Möglichkeit zu Untersuchungen mit einer besonders kurzen Bearbeitungszeit gegeben sein. Grundsätzlich kann man zwischen Notfalluntersuchungen innerhalb und außerhalb des Regeldienstes unterscheiden.

Notfalluntersuchungen während des Regeldienstes
Notfalluntersuchungen können entweder in räumlich abgetrennten Einheiten (Notfall-Laboratorien) oder – in die Routineorganisation integriert – an den Arbeitsplätzen für die normale Tagesroutine abgearbeitet werden. Bei räumlicher Trennung führen diese Untersuchungen ein eigener Mitarbeiterstab, bei integrierter Abarbeitung entweder die für die Routineaufgaben eingesetzten medizinisch-technischen Laboratoriumsassistent(inn)en (im Folgenden MTLA) oder aber eigens für diesen Zweck eingesetzte Springer- oder Notfall-MTLA durch.

Notfalluntersuchungen außerhalb des Regeldienstes
Außerhalb des Regeldienstes unterscheidet man Spätdienste und Nachtdienste sowie Wochenend- und Feiertag-Tagdienste, die zur Notfallorganisation zählen. Beim Spätdienst handelt es sich meist um einen verschobenen oder verlängerten Tagdienst. Der Nachtdienst kann als Volldienst, als Bereitschaftsdienst oder als Rufbereitschaft abgeleistet werden. Die Organisationsform ist von der Inanspruchnahme dieses Dienstes und den medizinisch erforderlichen Bearbeitungszeiten für die angeforderten Untersuchungen abhängig.

3.3.3.1.2 Umfang des Untersuchungsspektrums

Das zur Patientenversorgung erforderliche Notfalluntersuchungsspektrum ist ebenfalls vom Versorgungsauftrag des Krankenhauses und seinen Abteilungen abhängig. Es beinhaltet üblicherweise hämatologische, hämostaseologische, klinisch-chemische einschließlich toxikologischer, immunhämatologische sowie mikrobiologische Untersuchungen. Dieses Spektrum ist kleiner als für die Routineanalytik erforderliche Untersuchungsprogramm.

In Krankenhäusern der Stufen III und IV reicht es künftig nicht mehr aus, das Routinespektrum nur während des Regeldienstes anzubieten. Da die Versorgung der schwerkranken Patienten zunehmend in einem 24-h-Stunden Rhythmus erfolgt und für die Therapiekontrolle dieser Patienten mehrfach am Tage Untersuchungen notwendig sind, muß das Laboratorium diesen Anforderungen gerecht werden können. Üblicherweise werden diese Untersuchungen organisatorisch mit dem Untersuchungsspektrum zusammengefaßt, das für die ärztlichen Notfälle vereinbart wurde. Dies erklärt den allgemein zu beobachtenden Trend zu immer umfangreicheren Untersuchungsspektren und steigenden Untersuchungszahlen für die Notfalluntersuchungen.

Ein typisches, über 24 Stunden verfügbares Untersuchungsspektrum für die Therapiekontrolle und den Notfall beinhaltet:

Elektrolyte: Kalium, Natrium, Kalzium.
Blutgase
Substrate und Metabolite: Glukose, Laktat, Eiweiß, Kreatinin, neonatales Bilirubin, Porphobilinogen.
Enzyme: CK, CK-MB, ALT, Lipase/Amylase.
Proteine: CRP
Hormone: Schwangerschaftstest, ß-HCG.
Gerinnung: Quick, PTT, Fibrinogen, AT III, D-Dimere.
Hämatologische Untersuchungen: Erythrozyten, Leukozyten, Thrombozyten, Hämoglobin, Hämatokrit, morphologische Differenzierung des Blutausstrichs, Malariadiagnostik.
Immunhämatologische Untersuchungen: Blutgruppenbestimmungen, Kreuzproben, Coombs-Test.
Mikrobiologie/Infektionsserologie: HIV, Hepatitis, Ziehl-Neelsen-, Gramfärbung.
Toxikologie/Drug monitoring: Digoxin/Digitoxin, Aminoglykoside, Theophyllin, Methotrexat, Cyclosporin, Lithium, CO-Hb, Met-Hb. Ethanol, sonstige lokal bedeutsame Drogen und Gifte.
Liquordiagnostik: Zellzahl, Protein, Glukose, Laktat, evtl. lösliche Bakterienantigene.
Urinstatus.
nach besonderer Vereinbarung: z. B. morphologische Differenzierung des peripheren Blutes, Albumin, Chlorid, Osmolalität, CHE, LDH, Gamma-GT, Harnsäure, Harnstoff, Thrombinzeit, Einzel-Gerinnungsfaktoren, fT4, CMV, EBV, u. a.

In Krankenhäusern einer niedrigeren Versorgungsstufe und in Fachkrankenhäusern kann das Methodenspektrum schmaler bzw. modifiziert sein.

Ein Minimalspektrum umfaßt folgende Untersuchungen:

Kalium, Natrium, Glukose, Laktat, Kreatinin, Harnstoff, Blutgase, CK, CK-MB, ALAT, Lipase/Amylase, Schwangerschaftstest, Quick, PTT, Fibrinogen, AT III, Blutbild, Blutgruppenbestimmungen, Kreuzproben, Liquordiagnostik, Urinstatus.

3.3.3.1.3 Personalbedarf

Ist in einem Krankenhaus eine Notfalldiagnostik im Laboratorium erforderlich, so erfüllt die Organisationseinheit Laboratorium zeitlich ihre Aufgaben lediglich zu 27% (45 von 168 Stunden pro Woche) als Regeldienst, zu 73% jedoch in Form von Bereitschaftsdienst. Das bedingt für die Beschäftigten im Laboratorium ähnlich wie in anderen Bereichen der Patientenversorgung den häufigen Einsatz zu ungünstigen

Zeiten (nachts, Wochenende, feiertags). Auch hier gilt, daß derartige Dienste in einer Freizeitgesellschaft bei nur geringer Mehrvergütung nicht beliebt sind. Ähnlich wie im Pflegebereich weichen nicht dienstbereite MTLA in Bereiche aus (z.B. Forschungslaboratorien), in denen Dienste zu ungünstigen Zeiten nicht anfallen. Üblicherweise werden nicht mehr als ein Wochenenddienst pro Monat und ein bis zwei Nachtdienste pro Woche toleriert. Zudem legen arbeitsrechtliche Vorschriften (BAT, Sonderregelungen 2a, Nr. 6) maximale Häufigkeiten von Diensten fest, z.B. nicht mehr als sechs Bereitschaftsdienste der Stufen C oder D im Kalendermonat.

Laut § 9 MTA-Gesetz dürfen derartige Tätigkeiten nur MTLA ausführen, da nachts nicht davon ausgegangen werden kann, daß die Bedingungen der Ausnahmeregelungen (10 Nr. 6) gegeben sind[17]. Das neue Arbeitszeitgesetz[18] sieht die maximale Länge des Schichtdienstes bzw. der Anwesenheitsbereitschaft vo und enthält eine entsprechende Pausenregelung innerhalb der Arbeitszeit und zwischen den Schichten.

Wegen der in dringlichen Fällen medizinisch erforderlichen, sehr kurzen Bearbeitungszeiten ist ein Dienst mit Rufbereitschaft selbst bei nahegelegener Unterkunft der MTLA nicht zu empfehlen.

Bei den Tätigkeiten einer MTLA im Bereitschaftsdienst handelt es sich um vorgehaltene Arbeitsbereitschaft. Die Personalkosten sind also vom tatsächlichen Probenanfall weitgehend unabhängig.

Besteht die unabweisbare Notwendigkeit, ein ständig besetztes Notfallaboratorium in einem Krankenhaus einzurichten, so ist eine Mindestzahl von MTLA allein aus tarif- und arbeitsrechtlichen Gründen de facto vorgegeben.

Ein Beispiel soll der Verdeutlichung dienen: Geht man von einer minimalen Besetzung (nämlich nur jeweils eine MTLA im Laboratorium anwesend) aus, und unter der Annahme, daß der Nachtdienst von 16.30 bis 01.00 Uhr und der Bereitschaftsdienst Stufe D von 01.00 bis 07.30 dauert sowie die Nacht-, Wochenend- und Feiertagsdienste durch Freizeitausgleich abgegolten werden, so ergeben sich:

Nachtdienst

Aus den Vorgaben resultieren für das Jahr 259–515 Minuten entsprechend 2,8 MTLA-Stellen[19].

Wochenend- und Feiertagsdienste

Bei im Durchschnitt 52 Wochenenden und 11 Feiertagen pro Jahr ergeben sich bei einer Tagdienstdauer von 8 Stunden insgesamt 55 200 Arbeitsminuten entsprechend 0,6 MTLA-Stellen.

Regeldienst

Während des Regeldienstes an 250 Arbeitstagen fallen 120.000 Arbeitsminuten (8-Std.-Arbeitstag) an, das entspricht 1,3 MTLA-Stellen.

[17] Gesetz über technische Assistenten in der Medizin (MTA-Gesetz – MTAG), BGBl. I, 1993, 1402–1406

[18] Arbeitszeitgesetz (ArbZG), BGBl. I, 1994, 1171–1177

[19] Die Zahl der Arbeitsminuten pro Jahr pro MTLA beträgt von Bundesland zu Bundesland unterschiedlich 90 000 bis 95 000 Arbeitsminuten. In dieser Zahl sind Ausfallzeiten (Urlaubs- und Krankheitstage) berücksichtigt

In der Summe ergibt sich demnach für ein personell minimal ausgestattetes Notfall-Laboratorium ein Bedarf von 4,7 oder aufgerundet 5 MTLA. Unter dieser Zahl ist ein Notfall-Laboratorium nicht zu betreiben.

Kalkuliert man die üblicherweise tolerierten maximalen Diensthäufigkeiten mit ein, so sind mindestens sechs MTLA erforderlich.

3.3.3.1.4 Räumlicher Minimalbedarf

Zur Durchführung eines minimalen Notfalluntersuchungsprogramms werden folgende laufende Labortischmeter benötigt:

- Probenannahme	2,0 m
- hämatologische und mikrobiologische Untersuchungen	3,0 m
- hämostaseologische Untersuchungen	1,5 m
- blutgasanalytische Untersuchungen	1,5 m
- klinisch-chemische Untersuchungen	3,0 m
- immunhämatologische Untersuchungen	3,0 m
- toxikologische Untersuchungen	2,0 m
Summe	16,0 m

zuzüglich 2 m^2 Stellfläche für zwei Zentrifugen und Kühlschrank.
(Der Stellplatz für eine gegebenenfalls vorhandene Labor-EDV-Anlage und die Datenendgeräte ist nicht berücksichtigt).

In Raumeinheiten umgesetzt bedeutet das z. B:

zwei einachsige Laboratoriumsräume (5,4 m × 4,2 m) mit je 23 m^2. Hinzu kommt noch ein Nachtdienstzimmer mit etwa 13 m^2.

3.3.3.1.5 Apparativer Minimalbedarf

Selbst ein Krankenhaus der Versorgungsstufe I benötigt folgende Minimalausstattung an Geräten, dabei wurden bereits Möglichkeiten der Mehrfachnutzung berücksichtigt:

- Probenannahme
  2 Zentrifugen
- Hämatologische Untersuchungen
  1 Meßgerät für hämatologische Untersuchungen (Hämoglobin, Hämatokrit, Erythrozyten, Leukozyten, Thrombozyten),
  1 Mikroskop,
  Färbeeinrichtung für morphologische Differenzierung des Blutausstrichs und mikrobiologische Akutdiagnostik
- Hämostaseologische Untersuchungen
  1 Untersuchungsgerät für hämostaseologische Untersuchungen
- Blutgasanalytik
  1 Blutgasanalysegerät
- Allgemeine klinisch-chemische Untersuchungen
  1 Gerät für die Durchführung klinisch-chemischer Untersuchungen (nach Möglichkeit ein kleines, diskret arbeitendes Mehrkanalanalysengerät)

1 Photometer
1 Elektrolytmeßgerät
- Immunhämatologische Untersuchungen
1 Zellwaschzentrifuge
Das Mikroskop (hämatologische Untersuchungen) kann erforderlichenfalls mitbenutzt werden
- Toxikologische Untersuchungen
1 Gerät für toxikologische Untersuchungen
Da die Möglichkeit zu Notfalluntersuchungen permanent gegeben sein muß, ist eine entsprechende Back-Up-Ausstattung erforderlich.

3.3.3.1.6 Material- und Reagenzienbedarf

Der für die Notfallversorgung erforderliche Reagenzien- und Materialeinsatz hängt ab von

- dem Untersuchungsspektrum,
- den Untersuchungsmengen,
- der Aufwandsrelation,
- den Reagenzienverfallszeiten und
- den eingesetzten Geräten und deren Mechanisierungsgrad.

Werden Untersuchungen wegen geringer Serienlänge manuell durchgeführt, sind die verbrauchten Reagenzmengen im Schnitt um den Faktor 2 bis 3 höher als bei mechanisierten Untersuchungen. Liegen die Untersuchungszahlen niedrig, ist auch mit einem höheren Anteil an Reagenzverfall zu rechnen. Auch die Aufwandsrelation steigt wegen des höheren Anteils an Qualitätskontrollen.

3.3.3.2 Routineuntersuchungen

Routineuntersuchungen sind solche Untersuchungen, die während des Regeldienstes mit der üblichen Dringlichkeit bearbeitet werden. Unter üblicher Dringlichkeit wird verstanden, daß die Ergebnisse innerhalb eines Tages oder - abgesehen von seltenen Spezialuntersuchungen - innerhalb weniger Tage nach Eintreffen der Probe im Laboratorium bei dem anfordernden Arzt eintreffen. Routineuntersuchungen lassen sich ihrer Abarbeitung nach in täglich durchgeführte und nicht täglich durchgeführte Routineuntersuchungen unterteilen.

Täglich durchgeführte Routineuntersuchungen fallen in großer Zahl an.

Nicht täglich durchgeführte Routineuntersuchungen fallen üblicherweise in nur relativ geringer Zahl an. Art und Anzahl der Untersuchungen hängen von der Abteilungsstruktur des betrachteten Krankenhauses ab. Die Proben werden gesammelt, bis eine ausreichende Serienlänge oder ein Zeitlimit erreicht ist.

Das Spektrum an erforderlichen Routineuntersuchungen wird wesentlich vom Versorgungsauftrag eines Krankenhauses und den dort eingerichteten Abteilungen beeinflußt. Grundsätzlich werden klinisch-chemische, immunhämatologische und mikrobiologische Laboratoriumsuntersuchungen vorgehalten (s. Abb. 3-4).

Eine einmal getroffene Auswahl des Methodenspektrums und der Festlegung, wie häufig Untersuchungen im Laboratorium durchgeführt werden, ist keine Entscheidung auf Dauer, sondern ein Prozeß, der immer wieder optimiert werden muß. Diese Entscheidungen sind einerseits unter Beachtung der Versorgungsstufe des Krankenhauses und der durchschnittlichen Liegedauer der Patienten sowie andererseits unter Kostengesichtspunkten zu fällen. Die Untersuchungen müssen deshalb im Laboratorium so häufig durchgeführt werden, daß die Liegedauer nicht durch Warten auf Ergebnisse verlängert wird oder daß Befunde nicht mehr berücksichtigt werden, weil der Patient bereits entlassen wurde. Höhere Untersuchungskosten wegen kleinerer Serienlängen können durch die Einsparungen bei der Liegedauer ausgeglichen werden.

Spektrum der Laboratoriumsuntersuchungen

Untersuchungen von

- **Hämatologischen Meßgrößen**
- **Hämostaseologischen Meßgrößen**
- **Substraten/Enzymen/Elektrolyten**
- **Spurenelementen**
- **Vitaminen**
- **Giften, Arzneimitteln**
- **Proteinen**
- **Hormonen**
- **Immunhämatologischen Meßgrößen**
- **Genetischem Material**
- **Antikörpern gegen Krankheitserreger**
- **Krankheitserregern**

Abb. 3-4

4 Betriebswirtschaftliche Grundlagen

Während bei der klassischen Betriebswirtschaftslehre (BWL) noch der Einsatz, die Kombination und die Bewertung von Produktionsfaktoren im Vordergrund standen, entwickelte die moderne BWL verhaltenswissenschaftliche Ansätze, die unter Einbeziehung von entscheidungs- und vor allem informationstheoretischen Überlegungen die Handlungsweisen einer Betriebswirtschaft erklären können.

Zwischen der (Laboratoriums-) Medizin und der modernen BWL gibt es Parallelen. In beiden Disziplinen beschäftigt man sich mit Informationsgewinnungs- und Informationsverarbeitungsprozessen. Die Information dient in beiden Fällen als Basis für Entscheidungen. Die Diagnosefindung, die Therapieentscheidung und deren Überwachung mittels laboratoriumsmedizinischer Untersuchungen hat große Ähnlichkeiten mit der Strategie- und Entscheidungsfindung eines Managers oder eines Geschäftsführers mit Hilfe von Controlling.

Die Informationstheorie sollte nicht zuletzt aus diesen Gründen in der (Laboratoriums-)Medizin stärkere Beachtung finden.

4.1 Rechnungswesen

Gegenstand des betriebswirtschaftlichen Rechnungswesens ist die systematische Erfassung und Auswertung aller quantifizierten und quantifizierbaren Vorgänge innerhalb einer Betriebswirtschaft. Es bildet das ökonomische Geschehen ab und stellt Daten zur Entscheidungsfindung für die Leitung eines Betriebes zur Verfügung (s. Abb. 4-1 nach [20]). Deshalb wird das betriebswirtschaftliche Rechnungswesen auch treffenderweise als „Nachrichtendienst" eines Betriebes bezeichnet.

Die Aufgaben des Rechnungswesens liegen zum einen darin, die Betriebsführung zu informieren und ihr somit Grundlagen für Entscheidungen zu liefern sowie die laufende Betriebskontrolle zu ermöglichen. Zum anderen hat es die Aufgabe, die Außenwelt über die Situation des Betriebes zu informieren. Demzufolge gibt es eine klare Trennung zwischen internem und externem Rechnungswesen, d. h. zwischen internen und externen Adressaten.

Das externe Rechnungswesen hat vornehmlich das Finanzamt und die Gläubiger (z. B. Banken) als Adressaten. Im Krankenhaus sind es die Krankenkassen und die Krankenhausträger.

[20] Gabler-Wirtschafts-Lexikon (1984), 11. Aufl., Gabler, Wiesbaden

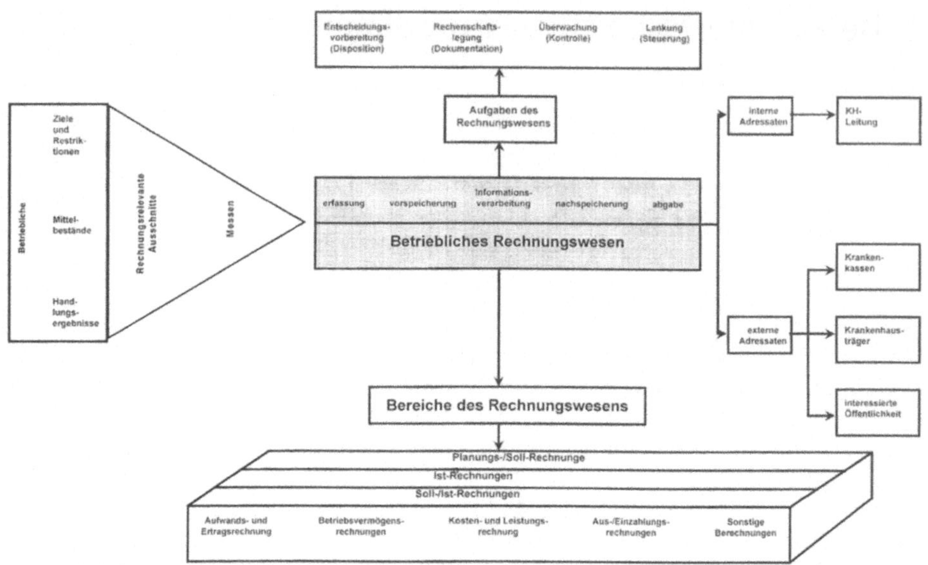

Abb. 4-1. Aufbau und Aufgaben des betrieblichen Rechnungswesens

Das interne Rechnungswesen dient der Krankenhaus- oder der Laboratoriumsleitung zur Steuerung der jeweiligen Einheit. Für Überwachungs- und Steuerungsaufgaben ist demzufolge ausschließlich das interne Rechnungswesen tauglich und zuständig, das in mittleren und großen Betrieben einen höheren Stellenwert hat und weit mehr Personal erforderlich macht als das externe Rechnungswesen.

4.1.1 Externes Rechnungswesen

Das externe Rechnungswesen – oftmals auch unter den Begriffen Finanz- oder Geschäftsbuchhaltung bekannt – dient der sogenannten Rechnungslegung. Die Finanzbuchhaltung mündet in den Jahresabschluß, das eigentliche Instrument der externen Rechnungslegung (s. Abb. 4-1). Den Jahresabschluß und damit auch die Ausgestaltung der Finanzbuchhaltung gibt es als

- Bilanz mit Gewinn- und Verlustrechnung
  Diese Form ist für fast alle Unternehmen, mit Ausnahme von Kleinbetrieben, vorgeschrieben und dient der steuerlichen Gewinnermittlung. Man spricht dabei auch von Gewinnermittlung durch Bestandsvergleich. In Krankenhäusern ist diese Form vorherrschend.
  Laborgemeinschaften und sehr große laboratoriumsmedizinische Institute im niedergelassenen Bereich verwenden die Bilanzierung als Abschlußform.
- Einnahmen-/Überschußrechnung
  Die Einnahmen-/Überschußrechnung kommt bei Kleinunternehmen und Freiberuflern zur Anwendung. Alle Arztpraxen, und demzufolge auch niedergelassene Laboratoriumsarztpraxen oder -institute, verwenden diese Form zur steuerlichen Gewinnermittlung.

Beide Abschlußformen und speziell die ihnen zugrunde liegenden Finanzbuchhaltungen haben primär externe und dabei vorrangig auch steuerliche Zwecke. Sie sind folglich als Führungsinformationen für das Management nur wenig geeignet. So verfolgt das externe Rechnungswesen z. B. das Ziel, möglichst geringe Steuerbelastungen zu erreichen. Die Bilanz wird deshalb im Rahmen des rechtlichen Spielraums entsprechend gestaltet.

Ein Krankenhauslaboratorium braucht, solange es als hauseigene Abteilung betrieben wird, keinen externen Jahresabschluß zu erstellen. Es wird im Rahmen des internen Rechnungswesens als Kostenstelle geführt.

Dies ändert sich bei Verselbständigungen, Kooperationen oder Auslagerungen, wenn das Laboratorium als rechtlich eigenständige Gesellschaft, z. B. als GmbH, firmiert.

4.1.2 Internes Rechnungswesen

Wie oben bereits angedeutet, dient das interne Rechnungswesen in erster Linie dazu, der verantwortlichen Leitung, d. h. dem Management, die richtigen Führungs- und Steuerungsinformationen zu liefern. Das interne Rechnungswesen muß deshalb die Daten korrekt, vollständig und ungeschönt vorlegen.

Das Kernstück des internen Rechnungswesens ist die Kosten- und Leistungsrechnung (s. Abb. 4-1), die in Kapitel 5 detailliert erläutert wird.

4.2 Controlling

Das Controlling ist hierarchisch eine Stufe über dem internen Rechnungswesen angesiedelt und basiert auf den Daten aus der Kosten- und Leistungsrechnung (s. Abb. 4-2 und 4-3). Ziel des Controllings ist die Unterstützung der Steuerung des Betriebes/Krankenhauses/Laboratoriums durch Information.

Das Controlling hat u. a. die Verantwortung für die erstmalige oder erneuernde Strukturierung [18]

- des Rahmens der Informationsprozesse (Erfassung, Aufbereitung, Speicherung/Verarbeitung, Ausgabe/Weiterleitung),
- der gesamtzielorientierten Planung (Planungsrahmen, vorwiegend zur Zieldetaillierung und Mittelplanung, gegebenenfalls auch zur Zielplanung)
- der Kontrolle (insbesondere der Grade der Zielerreichung).

Im Rahmen des Informationsverarbeitungsprozesses beinhaltet Controlling eine laufende, dreifache Koordination des Datenflusses:

- vertikal
  Detaillierung und Verdichtung der Daten durch die Betriebsebenen,
- horizontal
  gesamtzielorientierte und zwangsläufige Zusammenführung der Daten auf der obersten Führungsebene,
- zeitlich
  Terminierung der Datenverarbeitungsaktivitäten zur Planerstellung und IST-Kontrolle während einzelner Zeitabschnitte über die Zeitabschnitte hinweg.

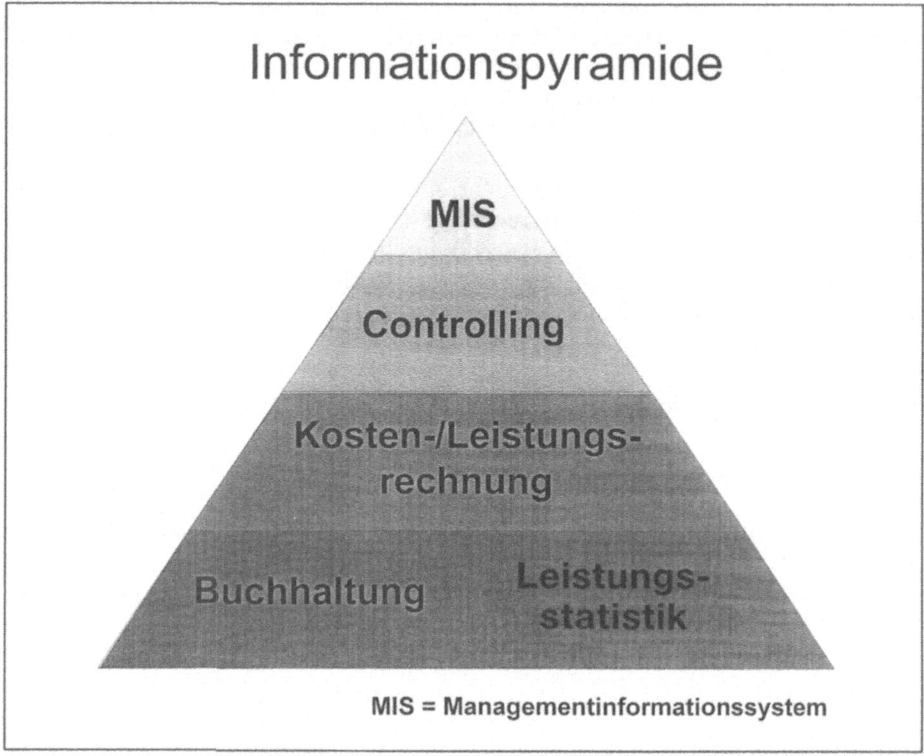

Abb. 4-2

Leider findet man in der Praxis oftmals Controlling im engeren Sinne als reine Stabsaufgabe und Assistentenfunktion verstanden. Diese Art des Controllings mag zwar betriebswirtschaftlich kompetent sein, hat aber aufgrund der mangelnden Durchsetzungs- und Umsetzungsfähigkeit in vielen Betrieben und speziell in Krankenhäusern lediglich Alibifunktion. Von den drei Funktionen des Controllings – Planung, Steuerung und Kontrolle – kann dieser Controller allenfalls die Vorbereitungsarbeit leisten. Welche Konsequenzen sich daraus ergeben, hängt letztendlich von der obersten Führungsebene ab.

Controlling läßt sich nach zwei wesentlichen Unterscheidungskriterien differenzieren. Zum einen nach der Fristigkeit bzw. dem Zeithorizont (strategisch versus operativ) und zum anderen nach der Ebene des Controllings (zentral versus dezentral) (s. Abb. 4-4).

Hauptinstrument des Controllers ist das interne Rechnungswesen, d. h. in der Regel die Kosten- und Leistungsrechnung. Diese wird sogar häufig mit Controlling im engeren Sinn gleichgesetzt. Neben dem Rechnungswesen, das die aktuellen IST-Zahlen liefert, arbeitet der Controller eben auch im Planungsbereich im Sinne von „rechnerische Vorbereitung".

In der freien Wirtschaft haben sich eindeutig diejenigen Unternehmen besser behauptet, die Controlling im weiteren Sinne als eine der ureigensten Management-

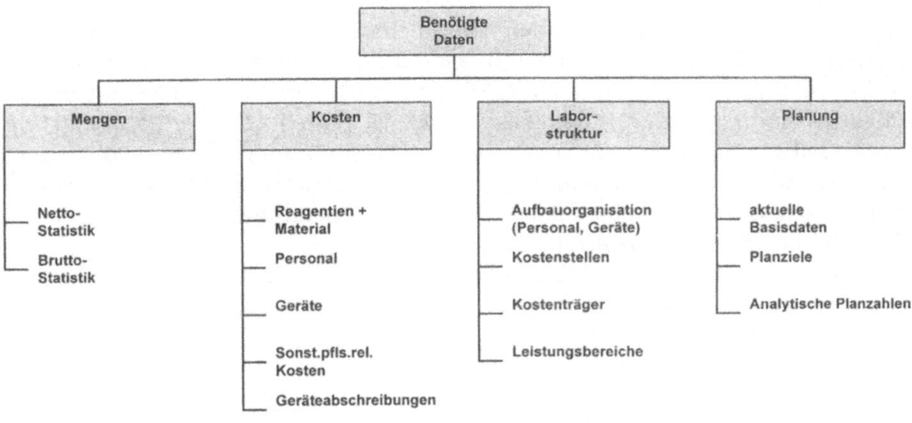

Abb. 4-3

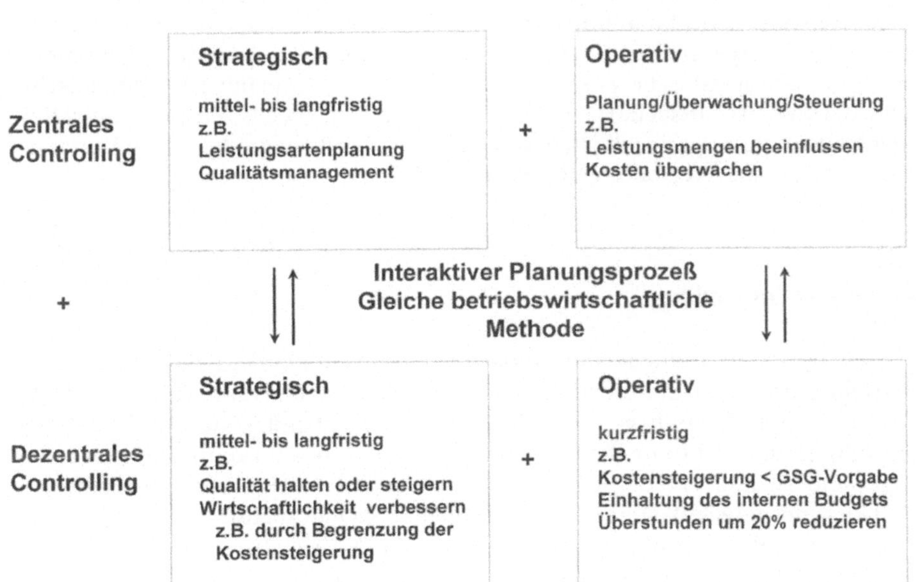

Abb. 4-4. Controlling: zentral/dezentral und strategisch/operativ

Aufgaben, vom Top-Management bis zu den einzelnen Bereichs- und Abteilungsverantwortlichen, verstehen und praktizieren.

Den zukünftigen Anforderungen, speziell durch die Umsetzung des GSG, werden die Krankenhäuser am besten gewachsen sein, die Controlling als übergeordnete Management-Aufgabe verstehen und umsetzen. Selbstverständlich darf dies nicht nur auf Krankenhausträger und Verwaltung beschränkt sein, sondern muß alle Führungspersonen, also die Ärzte, den Pflegedienst und die sonstigen Verantwortlichen, umfassen. Diese müssen dazu mit den richtigen Informationen versorgt werden d.h. sie müssen Transparenz über die von ihnen veranlaßten Leistungen und die dadurch verursachten Kosten haben. Nur dann werden sie in der Lage sein, ihre Bereiche selbst zu steuern und zu optimieren. Dabei muß man sich von der bisher vorherrschenden Vollkostenrechnung und von der Auffassung verabschieden, daß Controlling ausschließlich eine Zentralaufgabe der Verwaltung sei.

Der künftige Ansatz muß also heißen:

Dezentrales Controlling, soweit wie möglich, mit einheitlichen betriebswirtschaftlichen Methoden, die dem Zentralcontrolling jederzeit einen Gesamtüberblick verschaffen können.

4.2.1
Zentrales Controlling

Das zentrale Controlling ist im Krankenhaus in der Regel in der Verwaltung angesiedelt. Dort wird das mit den Kassen vereinbarte externe Budget in ein internes Budget transformiert und auf die einzelnen Kliniken, Abteilungen und Funktionsbereiche heruntergebrochen. Zusätzlich werden oftmals Kostenartenbudgets eingerichtet, mit deren Hilfe die wesentlichen Sachkosten (Arzneimittel, medizinischer Sachbedarf, Wirtschaftsbedarf etc.) überwacht werden. Da das zentrale Controlling in der Verwaltung angesiedelt ist, bestehen häufig Berührungsängste und Voreingenommenheiten der „verwalteten Bereiche“.

4.2.2
Dezentrales Controlling

Es ist zwingend, die ärztliche, medizinisch-technische und pflegerische Seite in den Controlling-Prozeß einzubinden, da nur sie die fachlichen Notwendigkeiten beurteilen und direkt beeinflussen können. Dies geschieht mit Hilfe des dezentralen Controllings, das nicht nur die medizinische Seite aktiv am Controllingprozeß beteiligt, sondern aufgrund der Informationstiefe auch eine wesentliche Verfeinerung der Steuerungsmöglichkeiten in den einzelnen Bereichen zuläßt.

Das dezentrale Controlling steht in diesem Buch zweifelsfrei im Vordergrund. Die im folgenden entwickelte Kosten- und Leistungsrechnung für das Krankenhauslaboratorium ist ein elementarer Bestandteil des dezentralen Controllings des Krankenhauses. Analog der Vorgehensweise im Laboratorium muß selbstverständlich in allen bettenführenden Abteilungen und in den anderen Funktionsbereichen ebenfalls eine Kosten- und Leistungsrechnung eingeführt werden, wenn man ein modernes, zukunftsträchtiges Krankenhausmanagement anstrebt.

Die Ziele des dezentralen Controllings stehen keineswegs im Widerspruch zu denen des zentralen Controllings. Vielmehr sind beide komplementär zu sehen, zentrales und dezentrales Controlling sind möglichst eng zu verzahnen (s. Abb. 4-4).

Die Laboratoriumsleitung wird durch das dezentrale Controlling aktiv in den Controllingprozeß eingebunden und kann somit ihre Kompetenz in Wirtschaftlichkeitsfragen unter Beweis stellen. Das dezentrale Controlling liefert fundierte Daten sowohl für die Laboratoriumsleitung als auch für die Verwaltung und unterstützt damit qualifizierte Entscheidungen von beiden.

4.2.3
Operatives Controlling

Das operative Controlling hat in der Regel einen Planungshorizont von einem Jahr. Es beinhaltet die Detailplanung der konkreten Leistungs- und Finanzplanungen innerhalb bestehender oder modifizierter Strukturen. Vornehmlich werden im Rahmen des operativen Controllings die Leistungsarten, die Leistungsmengen und die Kosten geplant und gesteuert. Die operative Planung wird durch permanente Soll-Ist-Vergleiche überwacht.

Das operative Controlling hat somit die kurzfristig orientierte, wirtschaftliche Steuerung zur Aufgabe und soll vor allem kurzfristig auftretende Fehlentwicklungen identifizieren, um gegebenenfalls möglichst rasch reagieren zu können. Daraus folgt, daß für ein wirkungsvolles, operatives Controlling die zeitnahe Abwicklung essentiell ist. Liegen Daten erst mit monatelanger Verzögerung vor, sind steuernde Eingriffe nicht mehr möglich.

Beispiele hierfür sind in Abb. 4-4 aufgeführt.

4.2.4
Strategisches Controlling

Für die langfristige Sicherung der Wirtschaftlichkeit ist das strategische Controlling von besonderer Bedeutung. In der freien Wirtschaft ist dies – zumindest in Großunternehmen – schon weit verbreitet, in öffentlichen Krankenhäusern bisher noch selten. Unter den Bedingungen von Gesundheitsstrukturgesetz '92 und Bundespflegesatzverordnung '94 wird das strategische Controlling aber auch in den Krankenhäusern zunehmend an Bedeutung gewinnen.

Das strategische Controlling beinhaltet eine mittel- bis langfristig orientierte Planung, die einen Zeitraum von 2–5 Jahren umfassen sollte. Es handelt sich überwiegend um eine Grobplanung, die nach gewissen Zeitabständen entsprechend der Änderung der realen Situation modifiziert werden muß. Das strategische Controlling basiert auf dem langfristigen Zielsystem des Krankenhauses bzw. des Laboratoriums, das mit allen Führungspersonen gemeinsam zu erarbeiten ist.

Strategisches Controlling gibt es sowohl im zentralen als auch im dezentralen Controlling, d. h. strategische Überlegungen sind sowohl auf Krankenhaus- als auch auf Laboratoriumsebene anzustellen. Die Aufgabe der strategischen Planung besteht darin, Erfolgspotentiale zu suchen, aufzubauen und zu erhalten. Die strategische Planung sollte demnach als langfristige Orientierungshilfe für alle Verantwortlichen im Krankenhaus bzw. im Laboratorium dienen. Im Gegensatz zur operativen beinhaltet die strategische Planung auch die Veränderung bestehender Strukturen, was die Bereitschaft und die Fähigkeit hierzu voraussetzt. Sie versucht auch die Veränderungen der Umwelt sowohl in wirtschaftlicher, technologischer und politischer Hinsicht zu antizipieren und ins Kalkül zu ziehen.

Allerdings darf man nicht davon ausgehen, daß es sich bei der strategischen Planung um eine Überführung von „unternehmerischer“ Unsicherheit in Gewißheit und somit um eine eindeutige, „richtige“ Vorhersage künftiger Realität handelt, sondern um objektivierte Handlungshinweise für die Gegenwart, um trotz Unsicherheit der Daten und Entwicklungen die angestrebten Ziele zu erreichen.

Abb. 4-4 enthält Beispiele für strategisches Controlling.

4.3 Planung/ Budgetierung

Die Planungsfunktion wird in den Krankenhäusern bislang nach relativ festen Regeln, aber mit unterschiedlicher Intensität wahrgenommen. Ein Krankenhausbudget umfaßt die betragsmäßige Darstellung von geplanten Kosten und Erlösen auf der Grundlage geplanter Leistungen für einen bestimmten Zeitraum. Der Budgetbegriff im Pflegesatzrecht (externes Budget) ist nicht identisch mit dem Budgetbegriff der internen Budgetierung.

1. Als externes Budget waren in der Vergangenheit die auf der Grundlage der Leistungsdaten zwischen Krankenhaus und Krankenkassen für einen Pflegesatzzeitraum vorausgeschätzten Kosten und die daraufhin vereinbarten Erlöse anzusehen.
   Ab 1995 wahlweise, ab 1996 verpflichtend umfaßt das externe Budget den zwischen Krankenhaus und Kostenträgern vereinbarten krankenhauseinheitlichen Basispflegesatz, die einzelnen Abteilungspflegesätze, die extern vorgegebenen Sonderentgelte und Fallpauschalen sowie eventuell darüber hinaus vereinbarte zusätzliche Sonderentgelte, teilstationäre Pflegesätze, Vergütung für ambulantes Operieren und für vor- und nachstationäre Behandlung.
2. Das externe Budget dient als Ausgangsbasis für das interne Gesamtbudget. Dieses muß dann in Teilbudgets auf die einzelnen Abteilungen heruntergebrochen werden.

Auf den übergeordneten Ebenen im Krankenhaus sind Planung und auch Kontrolle relativ weit ausgebildet. Plan-/IST-Abweichungen hatten allerdings bisher keine allzu großen Konsequenzen. Deshalb ist auch die Funktion des (Gegen-) Steuerns bisher eher unterentwickelt. Selten erfolgte eine detaillierte Information der medizinischen Bereiche über die durch sie verursachten Kosten.

Ein aktives Herunterbrechen des Abteilungsbudgets auf die Kostenstellen der Abteilung selbst ist, von einigen wenigen Ausnahmen abgesehen, bisher noch nicht praktiziert worden. Ein aktives Umgehen mit einem zugewiesenen Abteilungsbudget ist demnach bisher nicht möglich gewesen. Somit fehlt es an der Grundvoraussetzung, die Kostenstellenverantwortlichen auch wirklich in die Wirtschaftlichkeitsverantwortung zu nehmen. Diese Voraussetzungen müssen also noch geschaffen werden, damit dann auch ein – wie oben erwähnt – dezentrales Controlling möglich wird und die Vorgaben des GSG ab 1996 erfüllt werden können.

4.4 Management-Informationssysteme

Die höchste Stufe der Informationspyramide (s. Abb. 4-2) bildet ein Management-Informations-System (MIS). Es stellt dem obersten Management die notwendigen Führungsinformationen in verdichteter Form als Chefzahlen leicht verständlich und dynamisch graphisch unterstützt zur Verfügung, so daß der verantwortliche (Labor-) Leiter die großen Entwicklungen erkennen kann und er in seiner dispositiven Management-Aufgabe und in seinen Führungsentscheidungen unterstützt wird (s. Abb. 4-5).

Der Einsatz einer modernen MIS-Software ermöglicht die benutzerfreundliche und effiziente Durchführung des Controllings. Ein derartiges, EDV-gestütztes System bietet ein Fülle von betriebswirtschaftlichen Auswertungen per Knopfdruck, deren manuelle Erstellung zu zeitaufwendig und damit zu teuer wäre. Unter anderem lassen sich Abweichungsanalysen und Plan-Simulationen („was wäre wenn") mit unterschiedlichen Prämissen innerhalb weniger Minuten realisieren. Leistungs- und Kostenverläufe können über verschiedene Datenzeiträume (Monate, Quartale und Jahre) verdeutlicht werden. Spezielle Kostentreiber werden z. B. schrittweise von oben nach unten bis zu ihrer Ursache (drill-down-Funktionen) verfolgt und identifiziert.

Diese Funktionen ermöglichen den kurzfristigen und schnellen Zugriff auf Informationen, die den Entscheidungsprozeß beschleunigen und auf ein qualitativ höheres Niveau transformieren.

Managementinformationssystem

- **Auswertungen und Darstellungen**
  - hinreichend genau
  - komprimiert und kumuliert
  - leicht verständliche Chefzahlen
  - wesentliche Zusammenhänge auf einen Blick
  - dynamische Farbgrafiken

Abb. 4-5

5 Kosten- und Leistungsrechnung im Laboratorium

5.1 Begriffe und Grundlagen

5.1.1 Leistung, Kosten, Abschreibungen, Wirtschaftlichkeit

Leistung

Die Leistung ist im betriebswirtschaftlichen Sinn die Menge oder der Wert der im betrieblichen Prozeß erstellten Wirtschaftsgüter sowie der erbrachten Dienste. Die Erstellung eines Laboratoriumsbefundes ist eine Dienstleistung (s. Abb. 5-1). Die Probe an sich ist wertlos, allein die Information, qualitativ oder quantitativ, über die Meßgrößen in der untersuchten Probe ist für die weitere Behandlung der Patienten von Belang.

Im Laboratorium wird unter Leistung in der Regel die einzelne Untersuchung verstanden, die in ein Ergebnis auf dem Befundbericht mündet.

Kosten

Kosten sind der bewertete Verzehr (= Wert) von wirtschaftlichen Gütern materieller und immaterieller Art zur Erstellung von Gütern und Diensten. Im Laboratorium sind das alle bewerteten Inputfaktoren, die zur Erstellung einer Laboratoriumsleistung eingesetzt oder verbraucht werden (s. Abb. 5-2).

Kosten müssen nicht mit Ausgaben identisch sein und nicht notwendigerweise Zahlungsvorgänge (Auszahlungen) nach sich ziehen. Keine Auszahlungen verursachende Kosten, kalkulatorische Kosten, gibt es einerseits in Form von Anderskosten, d.h. der Betrag ist anders als der Aufwandsbetrag, betrifft aber denselben Inputfaktor. Andererseits gibt es kalkulatorische Kosten als Zusatzkosten, die weder in der Aufwands- und Ertrags- noch in der Einnahmen-/Ausgabenrechnung zum Ansatz kommen.

Leistung

Menge oder Wert aller in einer Periode erzeugten Güter und Dienstleistungen (z.B. Laboratoriumsuntersuchungen)

Abb. 5-1

Kosten

Wert aller in einer Periode verbrauchten Güter und Leistungen zur Erstellung einer betrieblichen Leistung (z.B. Laboratoriumsuntersuchung) und zur Aufrechterhaltung der erforderlichen Betriebsbereitschaft

Abb. 5-2

Typische kalkulatorische Kosten sind

- kalkulatorische Abschreibungen für noch genutzte Geräte, die steuerlich bereits abgeschrieben sind,
- ein sogenannter kalkulatorischer Unternehmerlohn, z.B. in einer Arztpraxis, in der der Inhaber bekanntlich kein Gehalt bezieht,
- die kalkulatorische Miete beim Betrieb eines Laboratoriums in eigenen Räumlichkeiten,
- kalkulatorische Zinsen auf das eingesetzte Kapital.

Abschreibungen

Abschreibungen sind im Laboratorium der bewertete Verzehr von Geräten. Dabei wird zwischen zwei Formen unterschieden

- steuerliche oder bilanzielle Abschreibungen, die auch als Absetzung für Abnutzung (AfA) bezeichnet werden und die im Rahmen der gesetzlichen Möglichkeiten gestaltbar sind, also nicht unbedingt dem tatsächlichen Werteverzehr entsprechen.
- Kalkulatorische Abschreibungen, die in der betriebswirtschaftlichen Rechnung anzusetzen sind, weil sie den tatsächlichen, wirtschaftlichen Verbrauch auf Basis des Wiederbeschaffungswertes eines Gerätes berechnen. Sie bemessen sich ausschließlich an der wirtschaftlichen Nutzungsdauer des Gerätes und nicht an steuer- oder finanzpolitischen Vorgaben.

Wirtschaftlichkeit

In der Vergangenheit wurden bei Diskussionen um Wirtschaftlichkeitsfragen fälschlicherweise einzig und allein die Kosten betrachtet (s. Abb. 5-3). Wirtschaftlichkeit ist jedoch eine Relation aus Leistungen und Kosten. Um die Wirtschaftlichkeit zu verbessern, muß man deshalb auf beide Determinanten Einfluß nehmen (s. Abb. 5-4).

Die Kosten- und Leistungsrechnung führt diese beiden Determinanten zusammen und ist deshalb das Kerninstrumentarium für alle diejenigen, die für Wirtschaftlichkeit verantwortlich sind und diese beeinflussen wollen.

Eine strengen betriebswirtschaftlichen Kriterien genügende Kosten- und Leistungsrechnung gibt es bisher in deutschen Krankenhäusern nur in Ansätzen. In dezentralen Einheiten, wozu auch das Laboratorium zählt, findet man eine Kosten- und Leistungsrechnung nahezu nie.

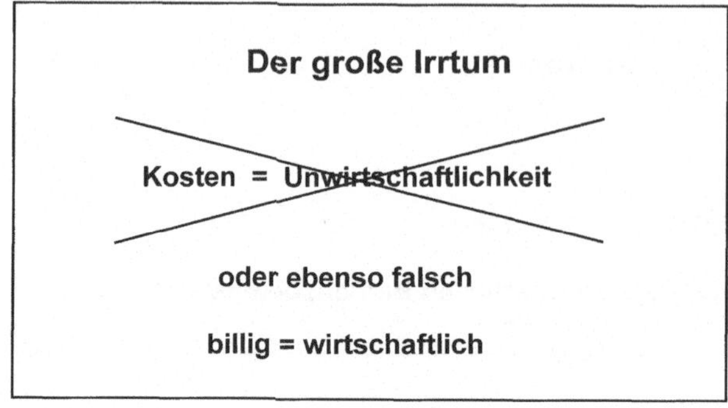

Abb. 5-3

$$\text{Wirtschaftlichkeit} = \frac{\text{Leistungen}}{\text{Kosten}}$$

Abb. 5-4

Der Laboratoriumsleiter, die Klinikdirektoren oder der Krankenhausdirektor stehen wie jeder Manager vor dem gleichen Optimierungsproblem. Da die Ressourcen naturgemäß knapp sind, muß der Einsatz der Mittel optimiert werden. Es muß eine optimale Allokation, d.h. Verteilung der Produktionsfaktoren auf die Bereiche angestrebt werden. Ohne ein geeignetes Instrumentarium kann dies nur subjektiv erfolgen.

Aufgabe des Laboratoriumsleiters ist es, durch geeignete Entscheidungen die Wirtschaftlichkeit seines Laboratoriums über die Leistungen und/oder die Kosten ständig zu optimieren. Dabei kommen zwei verschiedene Optimierungsprinzipien in Betracht.

- Das Minimal- oder Sparprinzip besteht darin, daß ein konstanter, vorgegebener Nutzen, Output oder eine entsprechende Leistungsmenge, mit möglichst geringen Kosten erreicht wird.
- Das Maximalprinzip besteht darin, daß bei konstanten Kosten ein möglichst hoher Nutzen, Output oder eine entsprechende Leistungsmenge angestrebt wird.

In der wirtschaftswissenschaftlichen Theorie ist eine gleichzeitige Optimierung beider Prinzipien nicht möglich. Für den hier gewählten pragmatischen Ansatz ist das ökonomische Prinzip vereinfachend als der Versuch, mit möglichst geringen Mitteln einen möglichst hohen Nutzen zu erreichen, zu beschreiben.

Natürlich macht es nur Sinn, die Leistung und damit das Angebot zu steigern, wenn eine entsprechende Nachfrage besteht. Für den Laboratoriumsleiter kann dies auch heißen, nach zusätzlicher Nachfrage Ausschau zu halten (Stichwort: In-sourcing). Wichtig ist, daß die zusätzliche Nachfrage sinnvoll ist, einen Nutzen stiftet und gegebenenfalls einen Erlös induziert. Damit ist nicht gemeint, daß die Kliniken des eigenen Krankenhauses zu vermehrter, ärztlich nicht begründeter Leistungsnachfrage angeregt werden sollen.

Wirtschaftlichkeitsverbesserung kann aber auch heißen, daß bei konstanten Kosten die medizinisch erforderliche Qualität nachhaltig gesteigert wird.

5.1.2
Abgrenzungen gegenüber ähnlichen Begriffen

Es gibt weitere Begriffspaare, die sich mit den beiden Begriffen Kosten und Leistungen überschneiden, aber nicht deckungsgleich sind (s. Abb. 5-5).

Aufwendungen/Erträge
Aufwendungen und Erträge werden in der Gewinn- und Verlustrechnung eines Betriebes einander gegenübergestellt. Die Differenz aus beiden ist, je nachdem ob positiv oder negativ, der Gewinn bzw. Verlust des Betriebes. Dieser ist betragsmäßig identisch mit dem Bilanzgewinn oder -verlust. Die Gewinn- und Verlustrechnung ist zusammen mit der Bilanz Bestandteil des Jahresabschlusses all derjenigen Unternehmen, die ihre „Gewinnermittlung durch Bestandsvergleiche" durchführen müssen (§ 4, Abs. 1 EStG).

Ein DM-Betrag wird dann zum Aufwand, wenn die Eingangsrechnung gebucht wird. Entsprechend wird ein Betrag zum Ertrag bzw. gleichbedeutend zum Umsatzerlös, wenn die Ausgangsrechnung gebucht wird. Buchen hat noch nichts mit Bezahlen zu tun. Der Unterschied zu Kosten und Leistungen liegt also im Zeitpunkt des Entstehens.

Aufwendungen/Erträge können, müssen aber nicht mit den Ausgaben/Einnahmen des gleichen Zeitabschnitts übereinstimmen. Fallen diese Größen nicht in denselben Zeitraum, stimmen sie zwangsläufig nicht überein.

Es wird in betriebliche und betriebsfremde Aufwendungen/Erträge unterschieden. Betriebliche Aufwendungen/Erträge entstehen bei der Erstellung von Gütern und Dienstleistungen für den Betriebszweck. Betriebsfremde Aufwendungen/Erträge entstehen für andere Zwecke des Betriebes (z. B. Spenden, Zinsen). Ferner kann in betrieblich außerordentliche und ordentliche Aufwendungen/Erträge unterschieden werden. Betriebliche außerordentliche Aufwendungen (z. B. Brand-, Wasserschäden), die nur einmal oder sehr unregelmäßig auftauchen, sind in der Kostenrechnung nicht mit aufzunehmen.

Ausgaben/Einnahmen
Als Ausgabe/Einnahme bezeichnet man einen Zahlungsvorgang der einen Tausch von Geldbeträgen gegen Sachwerte oder Dienstleistungen darstellt. Fallen Aufwendungen/Erträge nicht in dieselbe Periode wie Ausgaben/Einnahmen, stimmen die Periodenergebnisse zwangsläufig nicht überein.

Das folgende Beispiel soll die Zusammenhänge verdeutlichen:

- Eine Reagenzlieferung geht im Dezember ein und wird sofort verbraucht, d. h. die Kosten entstehen im Dezember und müssen in der IST-Kostenrechnung dieses Monats enthalten sein.

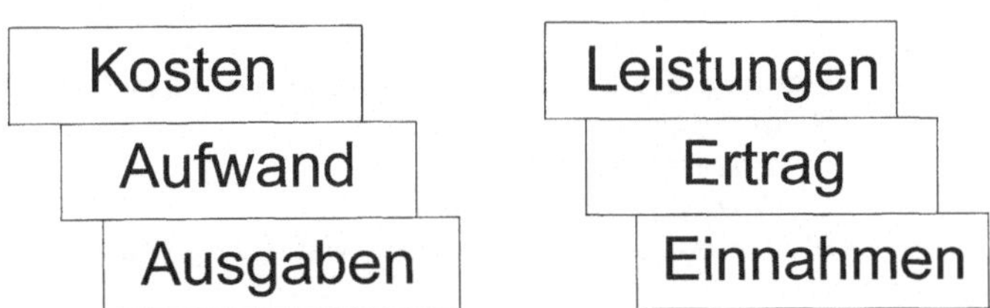

Abb. 5-5

- Die Rechnung zu dieser Lieferung geht erst im Januar ein und wird in der Januar-Buchhaltung als Aufwand verbucht.
- Die Rechnung bleibt ein paar Wochen liegen und wird im Februar bezahlt, d.h. erst im Februar erfolgt die Ausgabe, die anhand des Bank-Konto-Auszuges in der Februar-Buchhaltung als Auszahlung gebucht wird.

Ein und derselbe Betrag fällt als Kosten, Aufwand und Ausgabe in drei verschiedenen Perioden an und ist folglich in drei verschiedenen Periodensummen enthalten.

5.2 Zielsetzung der Kosten- und Leistungsrechnung

Zunächst unterscheidet man zwischen zwei grundsätzlich verschiedenen Zielsetzungen der Kostenrechnung, die nicht vermengt werden dürfen.

Kostenplanung, -steuerung und -kontrolle
Die erste und in der Regel wichtigere Zielsetzung ist die Kostenplanung, -steuerung und -kontrolle zur Wirtschaftlichkeitsoptimierung (s. Abb. 5-6). Dabei sollen vor allem Abweichungen und Fehlentwicklungen identifiziert und hinterfragt werden. Hierfür eignen sich die moderneren Kostenrechnungsverfahren, wie z.B. die Teilkostenrechnung.

Diese primäre Zielsetzung kann sich beziehen

- auf den Gesamtbetrieb und/oder
- auf einzelne Teilbereiche, wie z.B. nach
  - Kostenarten:
    Wie hoch sind die Personalkosten in der Summe und wie verteilen sich diese auf die verschiedenen Dienste? Die Antwort hierauf gibt die Kostenartenrechnung (siehe 5.4.2.1).
  - Kostenstellen:
    Wieviel Kosten insgesamt oder wieviel Personalkosten hat der Arbeitsplatz „mechanisierte Klinische Chemie" verursacht? Die Antwort hierauf gibt die Kostenstellenrechnung (siehe 5.4.2.2).
  - Sparten bzw. Produkt- oder Leistungsgruppen:
    Wie hoch sind die Kosten für die im Vorjahr erstellten Kleinen Blutbilder im Gegensatz zu den Großen Blutbildern oder welche Laboratoriumskosten hat die Klinik x oder die Abteilung y im Vormonat verursacht? Die Antwort kann die Kostenträgerzeitrechnung bzw. die Spartenergebnisrechnung geben.

Zielsetzung der Kosten- und Leistungsrechnung

- Planung, Steuerung und Kontrolle der Wirtschaftlichkeit
  = Kosten-Leistungsvergleich
  Soll-Ist-Vergleich
  Abweichungsanalyse
- Stückkostenermittlung und Preisfindung (Kalkulation)

Abb. 5-6

Kalkulation einer Leistung

Die zweite Zielsetzung verfolgt die Kalkulation eines bestimmten Produkts oder einer Leistung (s. Abb. 5-6). Damit ist die Stückkostenkalkulation eines Produkts oder einer Leistung gemeint, die sich aus der Selbstkostenkalkulation ableitet. Sofern es sich um eine Preiskalkulation handelt, werden die Selbstkosten um einen angemessenen Gewinnzuschlag ergänzt. Zur Kalkulation der Selbstkosten wird herkömmlicherweise die Vollkostenrechnung verwendet. Dies wird im Rahmen der Kostenträgerstückrechnung abgehandelt (siehe 5.4.2.3).

Die Kostenträgerstückrechnung dient also nur dem Zweck, den Wert, d.h. die Selbstkosten einer Leistung zu ermitteln. Diese Kalkulation wird im Zuge des GSG '92 und der Bundespflegesatzverordnung '94 zur internen Leistungsverrechnung von Bedeutung sein.

Es sei an dieser Stelle ausdrücklich nochmals darauf hingewiesen, daß die Wirtschaftlichkeitsüberwachung, -steuerung und -optimierung nicht über die Kalkulation erfolgen können.

Um beiden Zielsetzungen gerecht werden zu können, wird in diesem Buch das Parallelkostenrechnungsverfahren vorgeschlagen.

5.3 Leistungserfassung

Die Kosten müssen quantifizierbaren, eindeutig definierten und zutreffenden Größen zugeordnet, also auf Kalkulationsobjekte bezogen werden (s. Abb. 5-7). Mehrere solcher Bezugsgrößen, die für Industriebetriebe gelten, können analog auf Laboratorien übertragen werden.

Die Zählgröße „Stück" ist das zutreffende Kalkulationsobjekt für die Laboratoriumsuntersuchungen während des Regeldienstes. Sie werden über die Leistungsstatistik erfaßt (s. Abschn. 5.3.1). Anders ist die Situation für reine Vorhalteleistun-

Kalkulationsobjekte

Industrie	Laboratorium
Mitarbeiterstunden Maschinenstd.	Bereitschaftsdienststunden Gerätestunden
Bewegte Tonnen	
Megawatt-Std.	
Stück	Stück (Probe, Untersuchung, Ergebnis)
Betriebsstunden	
Entwicklungsstd.	F & E-Stunden
Hundert Kilometer	
Fertigungsstd.	
CPU-Stunden	

Abb. 5-7

gen wie den Bereitschaftsdienst. Da die Fixkosten den weit überwiegenden Anteil an den Gesamtkosten betragen und unabhängig von der Zahl der Untersuchungen die Kapazitäten vorgehalten werden müssen, empfiehlt sich die Mitarbeiterstunde als Bezugsgröße eher als das Stück. Auch für Arbeitsgruppen, die wissenschaftlich tätig sind, ist die zutreffende Bezugsgröße, wie auch in der Industrie, die Entwicklungsstunde.

Theoretisch wäre in Analogie zur Fertigung für Routineuntersuchungen bei voll ausgelasteten Analysengeräten auch die Gerätestunde denkbar. Da aber bei der Vollkostenrechnung die Umlagen dieser Bezugsgröße zugerechnet werden müßten, der Verursachungszusammenhang aber so nicht gegeben ist, ist die Maschinenstunde als Kalkulationsobjekt in der Laboratoriumsmedizin ungeeignet.

5.3.1 Erfassung der Mengen (Leistungsstatistik)

5.3.1.1 Zweck der Leistungsstatistik

Die Leistungsstatistik ist ein wichtiges Managementinstrument der Laborleitung. Die Erfassung und Bewertung der Leistungen des medizinischen Laboratoriums dienen folgenden Zielen:
- der Leistungsdarstellung des Laboratoriums
- der Leistungs- und Kostenzuordnung zur anfordernden Stelle (interne Leistungsverrechnung)
- der Kosten- und Leistungsrechnung
- der Kapazitätsplanung
- dem Betriebsvergleich.

Die Leistungsstatistik kann ihren Zweck nur erfüllen, wenn sie standardisiert und somit vergleichbar geführt wird. Hierzu müssen die Leistungen eindeutig definiert sein. Das Erfassungs- und Dokumentationsverfahren sollte für die gesamte Laboratoriumsmedizin anwendbar und, EDV-unterstützt, möglichst einfach durchzuführen sein.

Die Leistungsstatistik im medizinischen Laboratorium umfaßt:
- analytische Leistungen (Leistungsstatistik im engeren Sinn)
- nicht-analytische Leistungen

5.3.1.2 Analytische Leistungen

Das traditionelle Zählobjekt für die Leistungsstatistik des medizinischen Laboratoriums sind die analytischen Leistungen. Sie umfassen die Untersuchung körpereigener und körperfremder Substanzen, die Untersuchung körpereigener Zellen sowie Untersuchungen zum Nachweis und zur Charakterisierung von Mikroorganismen.

Die gemeinsame Arbeitsgruppe „Analysenzeitermittlung“ der Deutschen und der Österreichischen Gesellschaften für Klinische Chemie hat Vorschläge zur Erstellung

einer differenzierten Analysenstatistik publiziert[21, 22]. Sie sind zusammen mit einem Vorschlag der Deutschen Gesellschaft für Laboratoriumsmedizin[23] in einen DIN-Entwurf (DIN 13064, Teil 2) für die Führung einer Laborstatistik eingegangen.

Die Vorschläge wurden von der gemeinsamen Arbeitsgruppe inzwischen überarbeitet. Zwar war als Zählobjekt für die Leistungsstatistik die Analyse definiert. Es fehlte bisher jedoch ein Leistungsverzeichnis des medizinischen Laboratoriums, in dem die einzelnen analytischen Leistungen - d. h. die Untersuchungen - eindeutig bezeichnet und das für die Leistungsanforderung und die vergleichbare Leistungserfassung verwendbar ist. Die bisherigen verschiedenen Gebührenordnungen sind wegen der Unvollständigkeit und der fehlenden Systematik hierfür ungeeignet. Außerdem waren die Vorschläge der Arbeitsgruppe speziell für die Leistungserfassung klinisch-chemischer Untersuchungen konzipiert.

Den folgenden Empfehlungen liegt nun ein methodenorientiertes, umfassendes Leistungsverzeichnis des medizinischen Laboratoriums zugrunde (s. Anhang), das die vergleichbare Leistungserfassung wesentlich vereinfacht. Darüber hinaus wurden die Definition der Zählobjekte und das Erfassungs- und Dokumentationsverfahren modifiziert, damit die Vorschläge für die Führung einer Leistungsstatistik auch für die Bereiche Mikrobiologie und Immunhämatologie geeignet sind.

5.3.1.2.1
Zählobjekte für die analytischen Leistungen

Zählobjekte der analytischen Leistungen sind
- die beantragten Untersuchungen
- die durchgeführten Untersuchungen.

In der klinischen Chemie wird die analytische Leistung auch als Analyse bezeichnet und hierunter der (qualitative) Nachweis oder die (quantitative) Bestimmung eines Analyten in einem Untersuchungsmaterial verstanden. Der Begriff „Meßgröße" („quantity") enthält die Angaben: System - Komponente - Meßgrößenart (z. B. Plasma - Kalium - Stoffmengenkonzentration). Für die Erstellung der Leistungsstatistik erscheint der Begriff „Untersuchung" umfassender und für alle Bereiche der Laboratoriumsmedizin, insbesondere die mikrobiologischen Untersuchungen, zutreffender als die Begriffe Analyse und Meßgröße.

Gezählt werden die in einer Zeiteinheit beantragten Untersuchungen. Die Gesamtzahl der beantragten Untersuchungen abzüglich der vom Laboratorium zurückgewiesenen oder weitergeleiteten Untersuchungen (s. Abschn. 8.3.1) ergibt die *Nettostatistik*. Sie wird für die interne Leistungsverrechnung, Einsenderstatistiken und für die Kostenrechnung benötigt (s. Abb. 5-8).

[21] Haeckel R, Bayer PM, Fischer G, Fischer M, Gibitz HJ, Hinsch W, Osburg K, Weidemann G (1986) Vorschlag zur Erfassung von Analysenzahlen der Arbeitsgruppe für Analysenzeitermittlung. Dt. Ges. f. Klin. Chemie -Mitteilungen, 17:61–64

[22] Weidemann G (1992) Analysenstatistik. In: Haeckel R (Hrsg.) Ermittlung des Personalbedarfs – Neues Konzept –, INSTAND-Schriftenreihe Bd. 8, Springer, Berlin, S 5-12

[23] Wüst H (1985) Leistungsstatistik in Klinischen Laboratórien. Definition und Kennzeichnung der Zählobjekte, statistische Leistungszuordnung. Lab. Med. 9:264–266

Zweck der verschiedenen Leistungsstatistiken

- für Pflegesatzverhandlungen
- Interne Leistungsverrechnung
- Kostenrechnung

• **Brutto-Statistik**

- für Personalbedarfsberechnung
- Gerätebeschaffung
- Organisationsplanung
- Kostenrechnung

Abb. 5-8

Die aufgrund der beantragten Untersuchungen im Laboratorium durchgeführten Einfach- und Mehrfachuntersuchungen einschließlich aller Zusatzuntersuchungen, die erforderlich sind, um einen zuverlässigen Befund zu erhalten, ergeben die *Bruttostatistik.* Sie ist die für die Qualitätssicherung, für Personal-, Organisations-, Kapazitätsplanungen und Betriebsvergleiche sowie ebenfalls für die Kostenrechnung relevante Statistik (s. Abb. 5-8).

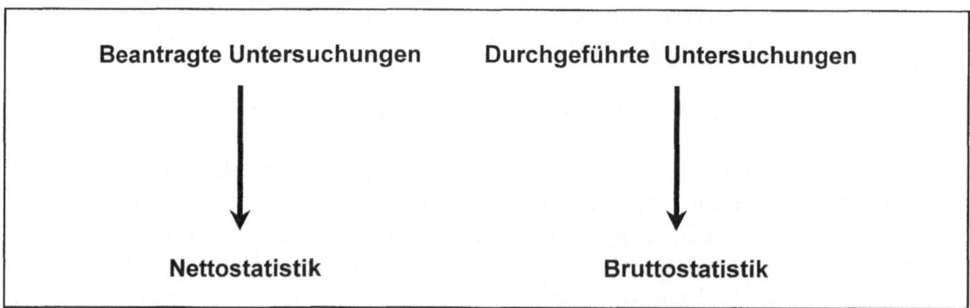

Beantragte Untersuchungen

Im allgemeinen werden die Untersuchungen von laborexternen Einsendern explizit oder über eine Fragestellung beantragt. Untersuchungen können aber auch vom Laboratorium selbst veranlaßt werden. Diese werden als laborinterne Anträge bezeichnet. Sie umfassen

- Folgeuntersuchungen, d.h. ergänzende Untersuchungen, die aufgrund des Ergebnisses einer beantragten Untersuchung für die weiterführende Diagnostik laborintern veranlaßt werden
- Untersuchungen für Ringversuche (externe Qualitätskontrolle)
- Untersuchungen zur Ermittlung von Soll- und Referenzwerten sowie von standardisierten Bezugswerten
- Untersuchungen im Rahmen der Aus-, Weiter- und Fortbildung

- Untersuchungen für Methoden- und Geräteevaluationen
- Untersuchungen für Forschung, Entwicklung und Lehre, die im Rahmen der Routinediagnostik durchgeführt werden.

Durchgeführte Untersuchungen
Die beantragten Untersuchungen werden als Einfach- oder Mehrfachuntersuchungen durchgeführt. Um einen analytisch zuverlässigen Laboratoriumsbefund zu erhalten, müssen zusätzlich weitere Untersuchungen durchgeführt werden. Als Zusatzuntersuchungen werden erfaßt:
- Reagenzienleerwerte
- Kalibrationen
- Kontrolluntersuchungen
- laborinterne Qualitätskontrollen
- Wiederholungsuntersuchungen

5.3.1.3 Nicht-analytische Leistungen

Mit der Netto- und Bruttostatistik werden nur ca. 50% der Arbeitsleistungen des im medizinischen Laboratorium tätigen Personals erfaßt. Neben der analytischen Leistung, d.h. der eigentlichen Durchführung der beantragten Untersuchungen, fallen im Umfeld dieser Tätigkeit entsprechend der Aufbau- und Ablauforganisation des Laboratoriums zahlreiche „nicht-analytische“ Leistungen an. Für die Leistungsdarstellung des Laboratoriums für Kostenrechnungen, Kapazitätsplanungen und Betriebsvergleiche ist die Berücksichtigung der vom ärztlichen und medizinisch-technischen Laborpersonal erbrachten nicht-analytischen Leistungen unerläßlich.

5.3.1.3.1 Zählobjekte für nicht-analytische Leistungen

Zu den nicht-analytischen Leistungen, die den einzelnen Untersuchungen zugeordnet werden können und die im allgemeinen regelmäßig erfaßt werden, zählen z. B.
- die Probengewinnung, wie
  - Kapillar- und Venenblutentnahmen
  - Magensaftgewinnung
  - Abstriche, Speichelgewinnung
- funktionsdiagnostische Maßnahmen, wie
  - oraler Glukosetoleranztest
  - Injektion von radioaktiven Substanzen
- der Probenversand an externe Einrichtungen.
- Führung von Leistungsstatistiken
- Erfassung von Daten, z. B.
  - Einsender stationär/ ambulant
  - eingesandte Probengefäße (Primärgefäße)
  - Untersuchungsanträge
  - eingesandte Untersuchungsmaterialien (Blut, Urin, Stuhl, Sputum u.s.w.)
- Auswertungen der Untersuchungsanforderungen und -ergebnisse z. B. hinsichtlich der

  - klinischen Fragestellungen
  - beantragten Untersuchungen pro Fall
  - Krankheitserreger (Erregerstatistik)
  - Resistenzmuster (Resistenzstatistik)
- Unterhaltung von mikrobiologischen Stammsammlungen (z. B. Referenzstämme)

Zu den nicht-analytischen Leistungen gehören außerdem vielfältige Tätigkeiten, deren Zuordnung zu einer einzelnen Untersuchung nicht immer möglich bzw. zweckmäßig ist, z. B.
- Herstellung und Entsorgung der Reagenzien (soweit sie nicht in die Reagenzienvorbereitung am Arbeitsplatz fällt) und der Nährmedien
- Beseitigung technischer Störungen und Wartung von Analysen- und Laborgeräten
- Erledigung laborinterner und externer Anfragen, Beratung
- Dienstbesprechungen
- Administrative Aufgaben, z. B.
  - Bestellwesen
  - Lagerhaltung
- Qualitätssicherungsmaßnahmen, z. B.
  Organisation der laborinternen Qualitätskontrolle
- Überprüfen von Methoden und Geräten, Testen neuer Verfahren
- Einarbeiten im Rahmen der Rotation der Mitarbeiter
- Fortbildung, regelmäßige Unterrichtung aufgrund gesetzlicher Auflagen
- Konsiliardienst
- Betreuung der Labor-EDV
  - Operatortätigkeiten
  - Systemarbeiten

5.3.1.3.2
Erfassung der nicht-analytischen Leistungen

Eine standardisierte und detaillierte Erfassung sämtlicher nicht-analytischer Leistungen ist wegen des außerordentlichen Aufwandes und der unterschiedlichen Aufbau- und Ablauforganisationen der medizinischen Laboratorien nur eingeschränkt möglich.

Im allgemeinen werden die nicht-analytischen Leistungen im Laboratorium anhand von Strichlisten und Formularen gezählt. In manchen Fällen erscheint es zweckmäßiger, verschiedene nicht-analytische Leistungen, die der einzelnen Untersuchung nicht direkt zuzuordnen sind, als Zuschlag von fixen Prozentsätzen der analytischen Leistungen zu berücksichtigen.

5.3.1.4
Beispiele für die Zählung für Brutto- und Nettostatistik

Zur Veranschaulichung sind im Folgenden typische Beispiele für die Zählung hinsichtlich der Netto- und Bruttostatistik aufgeführt. Sie beziehen sich auf jeweils eine Serie (Tab. 5-1 bis 5-13).

Zählzeitpunkt für die Nettostatistik ist der Tag, an dem das Ergebnis fertiggestellt und als gültig validiert wurde, für die Bruttostatistik das Ende der Serie.

Tabelle 5-1. Elektrolytbestimmung [Flammenemissionsphotometrie mit drei Kanälen (Na, K und Ca)]
40 Patientenseren (davon 38 mit Na, 40 mit K und 21 mit Ca-Bestimmung), alles in Einfachbestimmung, 3 Präzisions- und 1 Richtigkeitskontrollbestimmung, 5 Wiederholungsuntersuchungen zur Bestätigung unerwartet hoher, bzw. niedriger Meßergebnisse eines der drei Analyte in der gleichen Serie

Tabelle 5-1.1. Natrium

Netto		**Brutto**		
Patienten	Einfach-bestimmungen Pat.	Kalibration	Qual. kontr.	Wiederholungs-untersuchungen
38	40 × 1 = 40	2 × 1 = 2	4 × 1 = 4	5 × 1 = 5
38		**51**		
Aufwandsrelation (Brutto : Netto) 51 : 38 = **1,34 : 1**				

Tabelle 5-1.2. Kalium

Netto		**Brutto**		
Patienten	Einfach-bestimmungen Pat.	Kalibration	Qual. kontr.	Wiederholungs-untersuchungen
40	40 × 1 = 40	2 × 1 = 2	4 × 1 = 4	5 × 1 = 5
40		**51**		
Aufwandsrelation (Brutto : Netto) 51 : 40 = **1,28 : 1**				

Tabelle 5-1.3. Calcium

Netto		**Brutto**		
Patienten	Einfach-bestimmungen Pat.	Kalibration	Qual. kontr.	Wiederholungs-untersuchungen
21	40 × 1 = 40	2 × 1 = 2	4 × 1 = 4	5 × 1 = 5
21		**51**		
Aufwandsrelation (Brutto : Netto) 51 : 21 = **2,43 : 1**				

Tabelle 5-2. Elektrophorese (CAF) (fünf Fraktionen)
20 neue Patientenseren, davon 1 mit unbrauchbarem Trennergebnis, 2 Wiederholungsuntersuchungen wegen schlechter Trennergebnisse in der vorhergehenden Serie, alles in Einfachbestimmung, 1 Präzisionskontrolle

Netto		**Brutto**		
Patienten	Einfach-bestimmungen Pat.	Kalibration	Qual. kontr.	Wiederholungs-untersuchungen
20 − 1 + 2 = 21	20 × 1 = 20	keine	1 × 1 = 1	2 × 1 = 2
21		**23**		
Aufwandsrelation (Brutto : Netto) 23 : 21 = **1,1 : 1**				

Tabelle 5-3. Teststreifenuntersuchung im Urin (9-fach-Teststreifen)
25 Patientenurine, alles in Einfachbestimmung, 1 Wiederholungsuntersuchung in der gleichen Serie

Netto		**Brutto**		
Patienten	Einfach-bestimmungen Pat.	Kalibration	Qual. kontr.	Wiederholungs-untersuchungen
25	25 × 1 = 25	keine	keine	1 × 1 = 1
25		**26**		
Aufwandsrelation (Brutto : Netto) 26 : 25 = **1,04 : 1**				

Tabelle 5-4. Candida-Antikörperbestimmung (Hämagglutinationstest)
30 Patientenseren, 7 Titerstufen, alles in Einfachbestimmung, 2 Antigenkontrollen, 1 Qualitätskontrolle, 2 Wiederholungsuntersuchungen aus einer vorhergehenden Serie

Netto		**Brutto**		
Patienten	5 Titerst. Doppelbest. Pat.	Antigen-kontrolle	Qual. kontr.	Wiederholungs-untersuchungen
20 + 2 = 32	30 × 7 × 1 = 210	2 × 1 = 2	1 × 7 = 7	2 × 7 × 1 = 14
32		**233**		
Aufwandsrelation (Brutto : Netto) 233 : 32 = **7,3 : 1**				

Tabelle 5-5. Candida-Antigenbestimmung (Latexagglutination), qualitatives Ausschlußscreening

30 Patientenseren, alles in Einfachbestimmung, 1 positive und 1 negative Kontrolle, 7 Untersuchungen mit positivem Ergebnis.

Die semiquantitative Bestätigung mit Bestimmung der Titerstufe wird beim quantitativen Verfahren gezählt

Netto	**Brutto**			
Patienten	Einfach-bestimmungen Pat.	Antigen-kontrolle	Positive Kontrolle	Wiederholungs-untersuchungen
30 − 7 = 23	30 × 1 = 30	1 × 1 = 1	1 × 1 = 1	keine
23		**32**		

Aufwandsrelation (Brutto : Netto) 32 : 23 = **1,4 : 1**

Tabelle 5-6. Anti-HIV 1 + 2-Antikörperbestimmung (Elisa)

15 Patientenseren in Einfachbestimmung, 1 positive Kontrolle in Doppelbestimmung, 1 negative Kontrolle in Vierfachbestimmung

Netto	**Brutto**			
Patienten	Einfach-bestimmungen Pat.	Positive Kontrolle	Negative Kontrolle	Wiederholungs-untersuchungen
15	15 × 1 = 15	1 × 2 = 2	1 × 4 = 4	keine
15		**21**		

Aufwandsrelation (Brutto : Netto) 51 : 40 = **1,4 : 1**

Tabelle 5-7. Pneumocystis carinii-Antigen Bestimmung

1 Patientenmaterial, alles in Einfachbestimmung, 1 Positivkontrolle, 1 Negativkontrolle, keine Wiederholungsuntersuchungen aus einer vorhergehenden Serie

Netto	**Brutto**			
Patienten	6 Titerst. Einfachbest. Pat.	Positive Kontrolle	Negative Kontrolle	Wiederholungs-untersuchungen
1	1 × 1 = 1	1 × 1 = 1	1 × 1 = 1	0
1		**3**		

Aufwandsrelation (Brutto : Netto) 3 : 1 = **3,0 : 1**

Tabelle 5-8. Mycoplasma pneumoniae-Antikörperbestimmung mit Hämagglutinationstest
5 Patientenseren, 6 Titerstufen, alles in Einfachbestimmung, 1 Serumkontrolle pro Patient, 2 Antigenkontrollen, 1 positive Kontrolle in 6 Titerstufen

Netto	Brutto			
Patienten	6 Titerst. Einfachbest. Pat.	Antigen-kontrolle	Positive Kontrolle	Serum-Kontrollen
5	50 × 6 × 1 = 30	2 × 1 = 2	1 × 6 × 1 = 6	5 × 1 = 5
5		**43**		
Aufwandsrelation (Brutto : Netto) 43 : 5 = **8,6 : 1**				

Tabelle 5-9. Borrelien IgG/IgM-Antikörperbestimmung (indirekter Immunfluoreszenztest)
4 Patientenseren, 3 Titerstufen, alles in Einfachbestimmung, 2 Kontrollen (positiv, negativ)

Netto	Brutto			
Patienten	3 Titerst. Doppelbest. Pat.	Positive Kontrolle	Negative Kontrolle	Wiederholungs-untersuchungen
4	4 × 3 × 1 = 12	1 × 1 = 1	1 × 1 = 1	keine
4		**14**		
Aufwandsrelation (Brutto : Netto) 14 : 4 = **3,5 : 1**				

Tabelle 5-10. EBV-EBNA IgG-Antikörperbestimmung (Elisa)
20 Patientenseren in Einfachbestimmung, 3 Kontrollen (blank, positiv und negativ) in Doppelbestimmung

Netto	Brutto			
Patienten	Einfach-bestimmungen Pat.	Positive Kontrollen	Negative Kontrolle	Blank
20	20 × 1 = 20	1 × 2 = 2	1 × 2 = 2	1 × 2 = 2
20		**26**		
Aufwandsrelation (Brutto : Netto) 26 : 20 = **1,3 : 1**				

Tabelle 5-11. Anti-Cardiolipin-Antikörper (Elisa)

40 Patientenseren in Einfachbestimmung, 1 positive Kontrolle in Doppelbestimmung, Kalibration mit 7 Standards in Doppelbestimmung, 3 Wiederholungsuntersuchungen positiver Seren aus einer vorhergehenden Serie

Netto		**Brutto**		
Patienten	Einfach-bestimmungen Pat.	Positive Kontrolle	Kalibra-tion	Wiederholungs-untersuchungen
40 + 3 = 43	40 × 1 = 40	1 × 2 = 2	7 × 2 = 14	3 × 2 = 6
43		**62**		
Aufwandsrelation (Brutto : Netto) 62 : 43 = **1,4 : 1**				

Tabelle 5-12. Antinukleäre Antikörperbestimmung (indirekte Immunfluoreszenz)

Tabelle 5-12.1. Qualitativ

20 Patientenseren, 1 Titerstufe, alles in Einfachbestimmung, 1 Positivkontrolle, 1 Negativkontrolle, keine Wiederholungsuntersuchungen aus einer vorhergehenden Serie

Netto		**Brutto**		
Patienten	Einfach-bestimmungen Pat.	Positive Kontrolle	Negative Kontrolle	Wiederholungs-untersuchungen
20	20 × 1 = 20	1 × 1 = 1	1 × 1 = 1	keine
20		**22**		
Aufwandsrelation (Brutto : Netto) 22 : 20 = **1,1 : 1**				

Tabelle 5-12.2. Quantitativ

8 Patientenseren, 3 Titerstufen, alles in Einfachbestimmung, 1 Positivkontrolle, 1 Negativkontrolle, keine Wiederholungsuntersuchungen aus einer vorhergehenden Serie

Netto		**Brutto**		
Patienten	7 Titerst. Einfachbest. Pat.	Positive Kontrolle	Negative Kontrolle	Wiederholungs-untersuchungen
8	8 × 3 × 1 = 24	1 × 1 = 1	1 × 1 = 1	keine
8		**26**		
Aufwandsrelation (Brutto : Netto) 26 : 8 = **3,3 : 1**				

Tabelle 5-13. Immunhämatologische Bestimmungen

Tabelle 5-13.1. AB0-Bestimmung

27 Patientenproben, 3 Kontrollen (Anti-A, Anti-B, Anti-AB), keine Wiederholungsuntersuchungen aus einer vorhergehenden Serie, alles in Einfachbestimmung

Netto	**Brutto**		
Patienten	Einfachbestimmungen Pat.	Kontrolle	Wiederholungsuntersuchungen
27	$27 \times 3 = 81$	$3 \times 3 = 9$	keine
27		**90**	

Aufwandsrelation (Brutto : Netto) 90 : 27 = **3,3 : 1**

Tabelle 5-13.2. Bestimmung der AB0-Merkmale einschließlich der Isoagglutinine gegen A1-, A2-, B- und 0-Erythrozyten

27 Patientenproben, 4 Kontrollen (A1, A2, B, 0), 6 Wiederholungsuntersuchungen im Röhrchen wegen ungenügender Reaktionsstärke auf Platte aus einer vorhergehenden Serie, alles in Einfachbestimmung

Netto	**Brutto**		
Patienten	Einfachbestimmungen Pat.	Kontrolle	Wiederholungsuntersuchungen
27 + 6	$27 \times 7 = 189$	$4 \times 7 = 28$	$6 \times 7 = 42$
33		**259**	

Aufwandsrelation (Brutto : Netto) 259 : 33 = **7,8 : 1**

Tabelle 5-13.3. Bestimmung des Rhesusfaktors

20 Patientenproben mit zunächst unbekanntem Ergebnis (eine davon Rh neg, eine weitere D^u), jeweils anti-D inkomplett bzw. monoklonal in Doppelbestimmung und eine Eigenkontrolle in Einfachbestimmung, 2 Kontrollen (Rh pos, rh neg) in Doppelbestimmung,

Ansatz der Rh neg-Patientenprobe auf D^u (D komplett, D inkomplett, Eigenkontrolle) im Röhrchen, dazu eine D^u pos und eine D neg Kontrolle jeweils in Einfachbestimmung, keine Wiederholungsuntersuchungen aus einer vorhergehenden Serie

Netto			**Brutto**		
Patienten			Patienten		
	inkompl. bzw. monokl.	anti-D indir. Coombs	kompl.	anti-CDE	Eigen-kontr.
20	20 × 2 = 40				20 × 1 = 20
				2 × 1 = 2	2 × 1 = 2
		1 × 1 = 1	1 × 1 = 1		1 × 1 = 1

Tabelle 5-13.3. (Fortsetzung)

Netto			**Brutto**		
Patienten			Kontrollen		
	inkompl. bzw. monokl.	anti-D indir. Coombs	kompl.	anti-CDE	Eigen-kontr.
	2 × 2 = 4				2 × 1 = 2
				2 × 1 = 2	2 × 1 = 2
		2 × 1 = 2	2 × 1 = 2		1 × 1 = 1
20			**82**		
Aufwandsrelation (Brutto : Netto) 82 : 20 = **4,1 : 1**					

Tabelle 5-13.4. Rhesusformelbestimmung (C, c, E, e)
20 Patientenproben, jeweils anti-C, anti-c, anti-E, anti-e, 2 Kontrollen (Rh pos, rh neg) in Doppelbestimmung, eine Wiederholungsuntersuchungen für anti-E im Röhrchen wegen ungenügender Reaktionsstärke auf Platte aus einer vorhergehenden Serie, alles in Doppelbestimmung

Netto	**Brutto**					
Patienten	C			c		
	Pat.	Kontr.	Wiederh.	Pat.	Kontr.	Wiederh.
	20 × 2 = 40	2 × 2 = 4		20 × 2 = 40	2 × 2 = 4	

Tabelle 5-13.4. (Fortsetzung)

Netto	**Brutto**					
Patienten	E			e		
	Pat.	Kontr.	Wiederh.	Pat.	Kontr.	Wiederh.
	20 × 2 = 40	2 × 2 = 4	1 × 2 = 2	20 × 2 = 40	2 × 2 = 4	
20	**178**					
Aufwandsrelation (Brutto : Netto) 178 : 20 = **8,9 : 1**						

Tabelle 5-13.5. Kellfaktor-Bestimmung
20 Patientenproben, davon 5 Kellfaktor-positive mit anschließender Aufschlüsselung der Kell-Formel, 2 Kontrollen (Kk, kk), keine Wiederholungsuntersuchung aus einer vorhergehenden Serie, alles in Doppelbestimmung mit Ausnahme der Eigenkontrolle

Netto	**Brutto**							
Patienten	K			k			Eigenkontrolle	
	Pat.	Kontr.	Wiederh.	Pat.	Kontr.	Wiederh.	Pat.	Wiederh.
20	20 × 2 = 40	2 × 2 = 4						
				5 × 2 = 10	2 × 2 = 4		5 × 1 = 5	
20	**63**							
Aufwandsrelation (Brutto : Netto) 63 : 20 = **3,2 : 1**								

Tabelle 5-13.6. Antikörpersuchtest im NaCl-/Enzym-Milieu (2 Testerythrozytenpräparationen)
27 Patientenproben, je eine Eigenkontrolle,
eine Wiederholungsuntersuchungen wegen fraglich positiven Ausfalls aus einer vorhergehenden Serie, alles in Einfachbestimmung

Netto		**Brutto**	
Patienten	Pat.	Eigen-Kontr.	Wiederh.
27	27 × 2 = 54	27 × 1 = 27 1 × 1 = 1	 1 × 2 = 2
27		**84**	

Aufwandsrelation (Brutto : Netto) 84 : 27 = **3,11 : 1**

Tabelle 5-13.7. Antikörpersuchtest im indirekten Anti-Humanglobulin-Test (2 Testerythrozytenpräparationen)
27 Patientenproben, je eine Eigenkontrolle,
keine Wiederholungsuntersuchungen, alles in Einfachbestimmung

Netto		**Brutto**	
Patienten	Pat.	Eigen-Kontr.	Wiederh.
27	27 × 2 = 54	27 × 1 = 27	
27		**81**	

Aufwandsrelation (Brutto : Netto) 81 : 27 = **3,0 : 1**

Tabelle 5-13.8. Kreuzprobe (indirekter anti-Humanglobulin-Test)
42 Konserven für 17 Patienten, 17 Eigenkontrollen,
keine Wiederholungsuntersuchungen, alles in Einfachbestimmung

Netto		**Brutto**	
Patienten	Pat.	Eigen-Kontr.	Wiederh.
17	42 × 1 = 42	17 × 1 = 17	
17		**59**	

Aufwandsrelation (Brutto : Netto) 59 : 17 = **3,47 : 1**

5.4 Kostenrechnung

5.4.1 Kostenkategorien

Da es eine Reihe verschiedener Kostenkategorien gibt, werden im folgenden die wichtigsten Unterscheidungskriterien erläutert (s. Abb. 5-9).
Kostenkategorien gibt es nach der

5.4.1.1 Art der Entstehung oder der verbrauchten Produktionsfaktoren

Nach Art der Entstehung oder nach Art der verbrauchten Produktionsfaktoren bzw. des Mitteleinsatzes unterscheidet man im Laboratorium im wesentlichen fünf Hauptgruppen (s. Abb. 5-10).

Kostenkategorien

Gruppierung nach

- **Produktionsfaktoren**
- **betrieblichen Funktionen**
- **Zurechenbarkeit**
- **Kostenerfassung**
- **Herkunft der Kosten**
- **Verhalten bei Leistungsmengenveränderung**

Abb. 5-9

Kostenarten nach Produktionsfaktoren

- **Materialkosten**
- **Personalkosten**
- **Gerätekosten**
- **Fremduntersuchungskosten**
- **Sonstige Kosten**
  - **Abschreibungen**
  - **Kapitalkosten**
  - **Steuern, Gebühren, Beiträge**
  - **u.a.**

Abb. 5-10

Diese sind wohl am besten bekannt, weil sich diese Gliederungskriterien auch im Krankenhausrechnungswesen und in der Buchhaltung niederschlagen. In der Finanzbuchhaltung sind die genannten Kostenartengruppen auf die einzelnen Kostenkonten aufgesplittet, wobei im Krankenhaus noch die große Zweiteilung in Personal- und Sachkosten vorherrscht. Für die Zwecke der betriebswirtschaftlichen Kosten- und Leistungsrechnung ist dieses Unterscheidungsmerkmal allerdings nur bedingt geeignet.

5.4.1.2
Art der Leistungsmengenänderung

Wichtig für betriebswirtschaftliche Aussagen ist die Unterscheidung, ob sich die Kosten bei Änderungen der Leistungsmengen bzw. der Beschäftigung ändern (s. Abb. 5-11). Die hierzu gehörenden Begriffspaare sind
- variable, mengenabhängige und
- fixe, mengenunabhängige Kosten.

Bei entsprechendem Verlauf werden die variablen Kosten manchmal auch als proportionale Kosten bezeichnet. Die fixen Kosten werden treffenderweise oft auch Betriebsbereitschaftskosten genannt.

Variable, d. h. auf Mengenänderungen reagierende Kosten sind im Laboratorium die Reagenz- und Materialkosten (s. Abb. 5-12).

Kostenarten nach dem Verhalten bei Leistungsmengenveränderung

- **Fixkosten = mengenunabhängige Kosten = Betriebsbereitschaftskosten**
- **Variable = mengenabhängige, meist proportionale Kosten**

Abb. 5-11

Variable Kosten

ändern sich abhängig von der Menge der Leistungen (Auslastung, Kapazitätsnutzung, Beschäftigung)

= proportionale Kosten
= meist Einzelkosten

Beispiele
Reagentien
Probengefäße

Abb. 5-12

Fixkosten

fallen in einer Periode in gleicher Höhe an, unabhängig von der Höhe der Leistungen (Auslastung, Kapazitätsnutzung, Beschäftigung)

= Gemeinkosten
= Betriebsbereitschaftskosten

Beispiele
- **Personal**
- **Laborleitung**
- **Abschreibungen**

Abb. 5-13

Zu den fixen Kosten (s. Abb. 5-13), die über einen gewissen Zeitraum unverändert bleiben, gehören die Personalkosten in Form von Festgehältern, die Raum- und Gerätemieten oder auch die Abschreibungen. Die Fixkosten treten gerade auch im Laboratorium in der besonderen Form der *„sprungfixen Kosten"* auf, d. h. bei einer Erhöhung der Laboratoriumkapazität, sei es personell oder gerätetechnisch, machen die Fixkosten jeweils einen Sprung nach oben und bleiben dann wiederum einen gewissen Zeitraum auf diesem Niveau. Die Wirkung der Serienlänge und deren Rationalisierungseffekt wird am Verlauf der variablen, der fixen und der

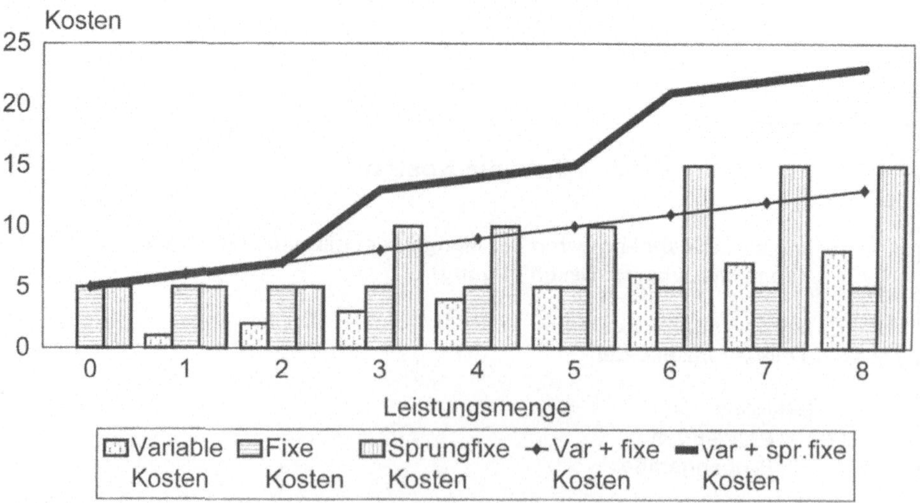

Abb. 5-14

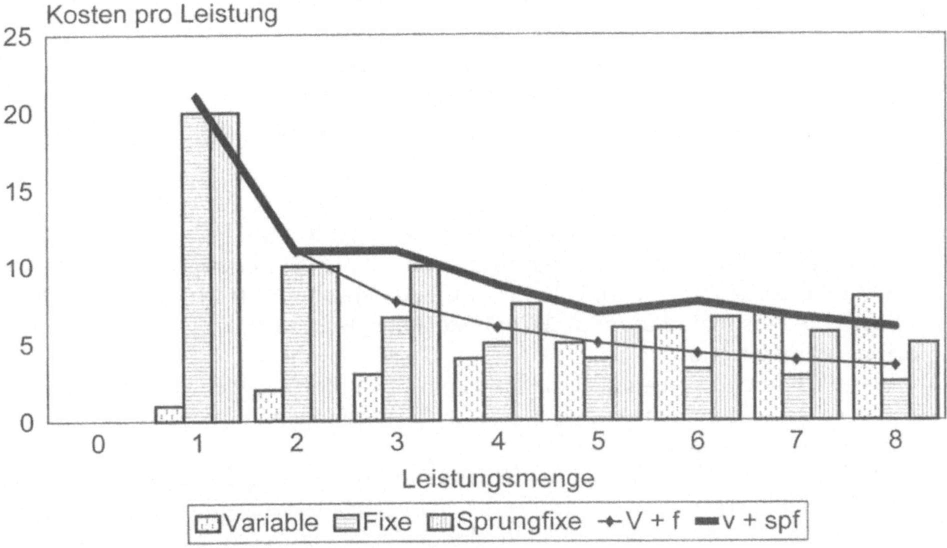

Abb. 5-15

Gesamtkostenkurven, bezogen auf das Laboratorium gesamt und auf die einzelne Laboratoriumsleistung deutlich (s. Abb. 5-14 und 5-15).

Da im Laboratorium der Großteil der variablen auch zugleich Einzel- bzw. direkte Kosten sind und entsprechend die fixen in der Regel mit den gemein- oder indirekten Kosten gleichgesetzt werden können, werden diese Begriffspaare häufig synonym verwendet. Man muß sich aber dabei darüber im Klaren sein, daß sich die beiden Begriffspaare auf unterschiedliche Sachverhalte beziehen, nämlich zum einen auf die Reaktion der Kosten bei Beschäftigungs- bzw. Leistungsmengenänderung und zum anderen auf die Zurechenbarkeit der Kosten auf einen Kostenträger.

5.4.1.3
Art der Zurechenbarkeit auf die einzelne Leistung

Wenn nach Art der Zurechenbarkeit unterschieden wird, findet das Begriffspaar „Einzelkosten" versus „Gemeinkosten" bzw. synonym „direkte" versus „indirekte" Kosten Verwendung (s. Abb. 5-16). Zurechenbarkeit bedeutet, inwieweit Kosten direkt (einzeln) auf den Kostenträger, d.h. das Produkt bzw. die (Laboratoriums-) Leistung zugerechnet werden können. Bei den Einzelkosten ist eine direkte Kostenverursachungsbeziehung zwischen Kostenart und Kostenträger gegeben.

Einzelkosten sind im Laboratorium vor allem die Reagenz- und teilweise die sonstigen Materialkosten. Diese können gemäß den jeweiligen analysenbezogenen Reagenz- und Materialverbräuchen bewertet mit den Einstands(=Einkaufs)preisen direkt auf die einzelne Laboratoriumsleistung (Kostenträger) zugerechnet werden.

Kostenarten nach der Zurechenbarkeit auf die einzelne Leistung

- Einzelkosten (direkte Kosten)
- Gemeinkosten (indirekte Kosten)

Abb. 5-16

Die *Gemeinkosten* können dagegen nur indirekt, z. B. auf dem Umweg über eine Kostenstelle im Wege der Divisionskalkulation auf den Kostenträger umgelegt werden. Zu diesen Kosten, die im Laboratorium den größten Anteil (60 – 70%) haben, gehören die Personal-, Raum- und Gerätekosten sowie sonstige Kosten der Laboratoriumsadministration.

Wenn keine Verursachungsbeziehung zum Kostenträger gegeben ist, wie z. B. bei den Overhead-Gemeinkosten, wird – je nach Kostenrechnungsverfahren – unterschiedlich vorgegangen:

- Die Teilkostenrechnung trägt der fehlenden Verursachungsbeziehung Rechnung und versucht erst gar nicht, die Overhead-Kosten auf das Produkt zuzurechnen.
- Die Vollkostenrechnung unterstellt eine gewisse Verursachungsbeziehung und versucht, durch einen geeigneten Umlageschlüssel die Overhead-Kosten auf das Produkt zuzurechnen.

5.4.1.4 Art der betrieblichen Funktion

Kosten lassen sich auch nach Art der betrieblichen Funktionsbereiche, wie z. B. Beschaffungskosten, Produktionskosten, Vertriebskosten, Verwaltungskosten und EDV-Kosten unterscheiden.

Im Laboratorium kann dementsprechend z. B. zwischen Analytikkosten, präanalytischen Kosten, post-analytischen Kosten, EDV- und Verwaltungskosten unterschieden werden (s. Abb. 5-17).

Diese Gliederung entspricht auch der groben Kostenstellenstruktur des Laboratoriums.

Kostenarten nach betrieblichen Funktionen

- Analytikkosten
- Prä-/Postanalytikkosten
- Verwaltungskosten
- EDV-Kosten
- Management
- Forschung und Entwicklung
- Lehre

Abb. 5-17

Nach dieser Kategorie werden Kosten allerdings nicht erfaßt, sondern allenfalls in Form einer übergeordneten, zusammengefaßten Kostenstellenauswertung betrachtet.

5.4.1.5
Art der Kostenerfassung

Auf die Problematik der unterschiedlichen Art der Kostenerfassung wurde bereits in Abschn. 5.1.2 eingegangen. Aufwandsgleiche bzw. ausgabewirksame Kosten sind sowohl in der Finanzbuchhaltung als auch in der Kostenrechnung betragsmäßig identisch, z. B. Material- und Personalkosten.

Kalkulatorische Kosten finden sich oftmals nicht bzw. in anderer Form oder Höhe (steuerliche Gesichtspunkte) in der Finanzbuchhaltung wieder (s. Abb. 5-18).

Neben den ersteren, die auch oft als Grundkosten bezeichnet werden, ist den letzteren, den kalkulatorischen Kosten, besondere Aufmerksamkeit zu widmen, da sie für eine aussagefähige Kostenrechnung unabdingbar sind.

Kostenarten nach der Kostenerfassung

- aufwandsgleich = Grundkosten
- kalkulatorisch = Zusatz- und Anderskosten

Abb. 5-18

5.4.1.6
Art der Herkunft

Bezüglich der Herkunft wird aus Kostenstellen- bzw. Kostenträgersicht zwischen primären und sekundären Kostenarten unterschieden (s. Abb. 5-19).

Primäre Kosten umfassen den Verbrauch von Produktionsfaktoren, die der Betrieb „von außen" bezogen hat. Sie werden direkt oder indirekt auf die Kostenstellen oder Kostenträger verteilt.

Beispiele hierfür sind die Materialkosten, aber auch fixe Kostenbestandteile, die der Kostenstelle verursachungsgemäß zuzurechnen sind, wie Personal-, Geräte-, Raum- und sonstige Kosten.

Sekundäre Kosten sind solche, die entweder im Wege der innerbetrieblichen Leistungsverrechnung oder per Umlage von allgemeinen, Vor- oder Hilfskostenstellen auf die Hauptkostenstellen zugerechnet werden und dort in einer Summe als sekundäre Kostenart, z. B. „Umlage Verwaltung", erscheinen.

Kostenarten nach der Herkunft

- Primäre Kosten
- Sekundäre Kosten

Abb. 5-19

Dabei ist zu beachten, daß sich eine solche sekundäre Kostenart, die auf der empfangenden Kostenstelle ankommt, in der Regel aus verschiedenen Kostenarten zusammensetzt, wie z. B. Personal, Gerät, Raum usw., die auf der abgebenden Kostenstelle zunächst als primäre Kostenarten angefallen sind.

Im Laboratorium sind unter sekundären Kostenarten die Umlagen der prä- und postanalytischen Kostenstellen sowie der allgemeinen Kostenstellen zu verstehen, die im Wege der Vollkostenrechnung auf die produzierenden Analytikbereiche umgelegt werden.

5.4.1.7
Art der Finanzierung

Betriebskosten können von Investiv-Kosten unterschieden werden (s. Abb. 5-20).

Der im Krankenhaus übliche Terminus „pflegesatz-relevante" Kosten macht aus betriebswirtschaftlicher Sicht keinen Sinn und ist allein in der dualen Finanzierungsform der deutschen Krankenhäuser begründet. Diskrepanzen zwischen der hier vorgeschlagenen betriebswirtschaftlichen Kosten- und Leistungsrechnung und der üblichen Kostenrechnung im Krankenhaus finden jedenfalls hierin ihre Erklärung.

Die Abschreibungen für Geräte und für genutzte Räume werden in der Anlagenbuchhaltung zwar errechnet, erscheinen bislang in der Regel aber nicht in der Kostenstellenrechnung des Krankenhauses, d. h. es werden nur die Betriebskosten (Instandhaltung usw.), nicht jedoch die Investivkosten berücksichtigt.

Die hier vorgestellte betriebswirtschaftliche Kosten- und Leistungsrechnung läßt jedoch die Unterscheidung in pflegesatzrelevante und nicht pflegesatzrelevante Kosten zu und ermöglicht somit einen Abgleich mit dem Krankenhaus-Rechnungswesen.

Kostenarten nach der Finanzierung

- Betriebskosten
- Investivkosten

Abb. 5-20

5.4.1.8
Art des Kostenrechnungsobjekts

Betrachtet man das Objekt, für das die Kosten ermittelt werden sollen, so wird unterschieden nach Gesamtkosten und Stückkosten (s. Abb. 5-21).

Wenn, wie oben bereits erwähnt, die Hauptzielrichtung die Kostenoptimierung, -überwachung und -steuerung, also die Wirtschaftlichkeitsoptimierung ist, stehen die Gesamtkosten im Vordergrund, d. h. die Summe der üblichen Kostenarten. Ebenso gibt es Gesamtkosten eines Teilbereichs des Laboratoriums – und zwar unter dem Blickwinkel sowohl der Kostenstellen- als auch aus Kostenträgersicht.

Kostenarten nach den Kostenrechnungsobjekten

- Gesamtkosten
- Stückkosten

Abb. 5-21

Beispiele hierfür sind Gesamtkosten des Bereichs „Klinische Chemie", Gesamtkosten aller GOT-Bestimmungen in der Periode x (Kostenträgerzeitrechnung) oder Gesamtkosten des Arbeitsplatzes x oder des Geräts y.

Unabhängig davon, welche Bereichssicht interessiert, wird in der Regel die gleiche Kostenartengliederung zugrundegelegt.

Die zweite Zielsetzung, nämlich die Selbstkostenkalkulation eines Produkts oder einer Leistung, ist eine statische Betrachtungsweise, die im Gegensatz zu den Gesamtkosten die Kosten pro Stück ermittelt. Dies geschieht in der dritten Stufe der Kostenrechnung und zwar in der sogenannten Kostenträgerstückrechnung. Man spricht dann von Stückkosten oder Selbstkosten pro Leistung. Auch dies erfolgt in der Regel nach der gleichen Kostenartensystematik; sie setzen sich aus den Teilbeträgen der einzelnen Kostenarten Reagenz, sonstiges Material, Personal, Raum, Geräte usw. zusammen.

5.4.1.9 IST-/SOLL-/Plan-Kosten

Istkosten

Im Rahmen dieses Buches stehen zunächst die IST-Kosten im Vordergrund. Das sind die Kosten, die sich aus den definitiv verbrauchten Inputfaktoren, bewertet mit dem (Einstands-)Preis ergeben. Die IST-Kosten repräsentieren real verbrauchte Kostengüter, die während oder nach Abschluß der Periode in Form von gebuchten Belegen anfallen z. B. als Eingangsrechnungen (Rechnung über eine Gerätereparatur) oder sonst als Buchungs- oder Zahlungsbeleg (Beleg über gezahlte Gehälter) (s. Abb. 5-22).

Zu den IST-Kosten gehören aber auch die kalkulatorischen Kosten (z. B. Geräteabschreibungen), sofern diesen ein echter Werteverbrauch zugrunde liegt.

Istkosten

- liegen nach der Abrechnungsperiode vor
- tatsächlich pro Kostenart auf Kostenstelle oder Kostenträger angefallene Kosten

Abb. 5-22

Von den realen IST-Kosten sind strikt die SOLL- oder Plan-Kosten zu unterscheiden.

Sollkosten
SOLL-Kosten sind nach betriebswirtschaftlicher Definition Plan-Kosten beim IST-Beschäftigungsgrad, man spricht hier auch von Normal-Kosten. Diese sind in der hier vorgestellten Version der (IST-)Kostenrechnung im Laboratorium noch nicht von Belang und können zunächst vernachlässigt werden (s. Abb. 5-23).

Sollkosten

- sind die Plankosten der jeweiligen IST-Beschäftigung
- werden während der Abrechnungsperiode ermittelt
- dabei werden die Ist-Leistungsmengen zugrunde gelegt und die Plankosten auf diese Ist-Leistungsmengen umgerechnet

Abb. 5-23

Plankosten
Plankosten gibt es einerseits in Form von Gesamtkostenkategorien, z. B. die geplanten Kosten oder das Kostenbudget des Gesamtlaboratoriums in einem Jahr. Desweiteren können diese Plankostenbudgets, aufgeteilt nach budgetierten Kostenarten, z. B. Personalkosten pro Periode, entweder für das Gesamtlaboratorium oder auch auf einen einzelnen Teilbereich, bezogen sein. Beim Herunterbrechen des Laboratoriumsbudgets auf die einzelnen Bereiche – im Wege des dezentralen Controllings durch den Laboratoriumsleiter – ist dies von besonderer Bedeutung. Plankosten sind also an der Zukunft orientiert (s. Abb. 5-24).

Plankosten

- liegen vor Beginn der Abrechnungsperiode vor
- sind das Ergebnis der Kostenplanung
- beziehen sich auf den Plan für ein Geschäftsjahr

Abb. 5-24

5.4.2 Dreistufige Kostenrechnung

Die betriebswirtschaftliche, dreistufige Kostenrechnung gliedert sich in die Teilschritte Kostenarten-, Kostenstellen- und Kostenträgerrechnung (s. Abb. 5-25).

Dreistufige Kostenrechnung	
Teilschritte/Teilverfahren	
Welche	Kostenartenrechnung
Wo	Kostenstellenrechnung
Wofür	Kostenträgerrechnung

Abb. 5-25

5.4.2.1
1. Schritt: Kostenartenrechnung – Welche Kosten sind angefallen

Die erste Stufe der Kostenrechnung ist die Kostenartenrechnung, die zum großen Teil bereits in der Finanzbuchhaltung enthalten ist. Es werden dort die Kosten auf die Kostenkonten in der betreffenden Kontenklasse gebucht. Auf die im Laboratorium auftretenden Kostenarten wird im folgenden kurz eingegangen.

5.4.2.1.1
Materialkosten

Die Kostenartengruppe Materialkosten unterteilt sich, wie bereits oben erwähnt, in der Regel in die Kostenarten Reagenzkosten, analysenbezogenes Material, sonstiges Material. Dies wird vereinfacht oft direkt von den Eingangsrechnungen in die Kosten gebucht. Streng genommen ist dies nicht korrekt, denn die Buchung einer Eingangsrechnung, d.h. eines Materialzugangs betrifft eine Bestands- und keine Erfolgsgröße. Sie gehört genau genommen in die Bilanzkonten und nicht in die Kostenrechnung.

Definitionsgemäß fallen Materialkosten exakt erst dann an, wenn das entnommene Material in die Produktion, d.h. in den Verbrauch geht. Erst bei der Materialentnahme bzw. beim Verbrauch des Materials wird der Wert verzehrt und darf deshalb korrekterweise erst zu diesem Zeitpunkt als Kosten angesetzt werden. Die Dokumentation erfolgt üblicherweise über einen Materialentnahmeschein. Dieses betriebswirtschaftlich korrekte Vorgehen ist allerdings aufwendig und zumindest für kleinere Laboratorien kaum vertretbar.

Die aus der unterstellten Gleichsetzung von Material-Einkauf und -verbrauch resultierende Ungenauigkeit kann – zumindest über das ganze Jahr gesehen – hingenommen werden. Dies gilt allerdings nur dann, wenn der tatsächliche Verbrauch wenigstens einmal pro Jahr per Inventurmethode festgestellt wird.

Die Verbrauchsfeststellung kann unterschiedlich erfolgen (s. Abb. 5-26):

Methoden zur Ermittlung des Materialverbrauchs und damit der Kosten

- **Inventurmethode**
- **Retrograde Methode**
- **Skontrationsmethode**

Abb. 5-26

1. Inventurmethode

Am Beginn eines jeden Jahres wird der Bestand an Reagenzien und Material festgestellt. Zu diesem Materialanfangsbestand werden die Zugänge während eines Jahres addiert und der bei der nächsten Inventur ermittelte Restbestand subtrahiert.

Dies ergibt den Materialverbrauch in dem betrachtenden Zeitraum. Nachteilig daran ist allerdings, daß eine körperliche Bestandsaufnahme (Inventur) zu einem definierten Zeitpunkt stattfinden muß, die einen hohen Zeitaufwand bedeutet und deshalb nicht sehr beliebt ist. Werden verschiedene Reagenzien oder Materialien in verschiedenen Kostenstellen eines Laboratoriums eingesetzt, so findet üblicherweise wegen der zentralen Lagerhaltung nur eine summarische Feststellung der Verbrauchsmengen statt. Auch unerlaubte Mitnahme von Material kann mit der Inventurmethode nicht erkannt werden.

Der Herstellkosten-Soll/IST-Vergleich ist somit nur bedingt möglich.

Das Ergebnis liegt erst nach Periodenablauf vor (s. Abb. 5-27).

2. Retrograde Methode

Bei der retrograden Methode werden die in einer Zeiteinheit durchgeführten Untersuchungen mit den in den Arbeitsvorschriften festgelegten Reagenzmengen multipliziert und ergeben so den Materialverbrauch. Dies entspricht allerdings exakt dem Sollverbrauch. Somit ist keine Abweichungsanalyse möglich.

Inventurmethode

Materialverbrauch =
Materialanfangsbestand
+ Zugänge
- Endbestand

Nachteile:
Körperliche Bestandsaufnahme = hoher Zeitaufwand
Regulärer und außerordentlicher Verbrauch nicht zu trennen
Ist- und Sollverbrauch nicht zu differenzieren
Ergebnis liegt erst nach Periodenablauf vor

Abb. 5-27

Retrograde Methode

Materialverbrauch = Produzierte Mengen x Einsatzmengen laut Methodenvorschrift (Istmenge x Sollverbrauch)

Nachteile:
ermittelt Soll- und nicht Ist-Verbrauch

Abb. 5-28

Der Sollverbrauch ist jedoch beim Herstellkosten-Soll/IST-Vergleich zur Ermittlung der Materialabweichung wichtig (s. Abb. 5-28).

3. Skontrationsmethode (Fortschreibungsmethode)
Bei der Entnahme von Reagenzien oder Material aus dem Lagerbestand wird ein Materialentnahmeschein ausgefüllt. Diese aufwendige Erfassung zum Zeitpunkt der Entnahme könnte bei vollmechanisierten Analysengeräten mit Reagenzienfüllstandsmessung deutlich erleichtert werden, wenn die Hersteller dafür sorgen würden, daß geräteintern die Anzahl der eingesetzten vollen Reagenzbehälter protokolliert würde und abrufbar wäre. Eine andere Möglichkeit bestünde in der Einlesung der auf den Reagenzienpackungen aufgebrachten Barcodes bei der Entnahme vom Lager und entsprechende Verarbeitung in der Laboratoriums-EDV.

Die Fortschreibungmethode ist sicherlich das genaueste Verfahren zur Ermittlung des Materialverbrauchs. Für eine nach dem Kostenverursachungsprinzip angelegte Kostenträgerrechnung ist diese Methode besonders wünschenswert. Vorteilhaft ist zudem, daß die körperliche Bestandaufnahme für die einzelnen Reagenzien und Materialien nicht zu einem Stichtag gleichzeitig erfolgen muß, sondern zu frei wählbaren Zeitpunkten während eines Jahres stattfinden kann (sogenannte permanente Inventur) (s. Abb. 5-29).

Da sich im Laufe des betrachteten Zeitraums die Einstandspreise von Reagenz und Material ändern können, andererseits aber noch Altbestände im Lager sind, ist

Skontrationsmethode

Materialverbrauch über direkte Entnahmeerfassung (z.B. über Materialentnahmeschein)

Vorteile:
aktuelle Verbrauchsinformation
korrekte Belastung von Kostenstellen und Kostenträgern
Soll-Endbestand kann mit Inventurbestand verglichen werden

Abb. 5-29

Methoden der Inventurbewertung

- Periodische Durchschnittspreisbildung
- Permanente Durchschnittspreisbildung

Abb. 5-30

es sinnvoll eine gleitende Durchschnitts-Einstandspreismethode einzusetzen (s. Abb. 5-30):

a) Periodische Durchschnittspreisbildung
Hier wird zunächst der Anfangsbestand mit dem Durchschnittspreis der vergangenen Periode bewertet und anschließend über einen längeren Zeitraum eingesetzt. Die Zwischensumme stellt dann den Durchschnittspreis pro Einheit dar, mit dem die Abgänge kostenmäßig bewertet werden (s. Abb. 5-31).
b) Permanente Durchschnittspreisbildung
Nach jedem Materialneuzugang wird ein neuer Durchschnittspreis mit dem Altbestand gebildet, mit dem dann die bis zur nächsten Neuanschaffung anfallenden Verbräuche bewertet werden (s. Abb. 5-32).

Der Vorzug ist hier der zweiten Methode zu geben.

Für Controllingzwecke ist der Ansatz von SOLL-Material-Verbrauchssätzen die Regel, die dann mindestens einmal pro Jahr überprüft und angepaßt werden müssen.

Periodische Durchschnittspreisbildung

	Menge	Wert	Einkaufspreis pro Einheit
Anfangsbestand	100	200.-	2
Zugang 12.01.94	50	120.-	2,4
Zugang 01.09.94	80	180.-	2,25
Zugang 16.12.94	70	175.-	2,5
Zwischensumme	300	675.-	2,25
Summe der Abgänge	240	540.-	2,25
Endbestand	60	135.-	2,25

Abb. 5-31

Permanente Durchschnittspreisbildung

		Menge	Wert	Einkaufspreis pro Einheit
Anfangsbestand	am 1.1.94	100	200	2
Zugang	am 27.1.94	50	120	2,4
Zwischens. 1		150	320	2,13
Abgänge 1		100	213,33	2,13
Bestand 1		50	106,67	2,13
Zugang	am 1.9.94	80	180	2,25
Zwischens. 2		130	286,67	2,21
Bestand 2		60	132,31	2,21
Abgänge 2		70	154,36	2,21
Zugang	am 16.12.94	70	175	2,5
Zwischens. 3		140	329,36	2,35
Abgänge 3		80	188,21	2,35
Endbestand	am 31.12.94	60	141,15	2,35

Abb. 5-32

Eine weitere wichtige Kontrollgröße ist die Einkaufskontrolle. Ist eine zeitlich verbrauchsnahe Verbuchung nicht möglich (wird kein Materialentnahmeschein verwendet), so kann der Materialeinsatz auch über den Einkauf geschätzt werden, allerdings unter Hinnahme einer betriebswirtschaftlichen Unschärfe während des Jahres.

5.4.2.1.2
Personalkosten

Auch die Personalkosten sind eine Kostenartengruppe, die im Detail auf einzelnen Kostenkonten erscheint, wie z. B. Gehälter, Sozialabgaben, vermögenswirksame Leistungen, sonstige Personalnebenkosten usw.

Zeitpunkt des Kostenanfalls ist entweder die Lohnzahlung inklusive Zahlung der anderen Lohnbestandteile oder, genauer, die sogenannte Lohn- und Gehaltsverrechnung, d. h. der periodengerechte Ansatz der Löhne und Gehälter in der Periode, in der auch die Arbeitsleistung erfolgte. Dabei ist es völlig unerheblich, ob die Gehälter noch in der betreffenden Periode oder erst in der nächsten ausbezahlt werden.

5.4.2.1.3
Gerätekosten

In der Kostenartengruppe Gerätekosten gibt es verschiedene Kostenarten, die sich zum Teil deutlich unterscheiden.

Unter Gerätekosten sind zunächst die Kosten für Gerätereparatur sowie Wartung und Instandhaltung zu nennen. Diese fallen zum einen in Form von Eingangsrechnungen über durchgeführte Reparaturen zu IST-Kosten an. Sie können auch in Form von Wartungsverträgen anfallen, wobei diese in der Regel per Dauerauftrag bedient werden und für das Laboratorium keine separate Eingangsrechnung eingeht. Erfolgen Reparaturen durch haus- oder laboratoriumsinterne Werkstätten, so erfolgt die Belastung über die interne Leistungsverrechnung.

Die zweite Kategorie bei den Gerätekosten sind die Investivkosten. Diese sind relativ einfach zu handhaben, wenn sie in Form von ausgabewirksamen Miet- oder Leasingraten anfallen.

Der Kostentransparenz abträglich sind Wartungsverträge, deren Gebühren gleichzeitig auch Abschreibungsäquivalente enthalten. Deshalb sollten die Hersteller- oder Anbieterfirmen aufgefordert werden, die Kostenbestandteile getrennt aufzuführen. Dies gilt im Besonderen für Modelle des „Analysen-Kauf-Systems (AKS)" oder des „Reagent-Rental-Systems", wo investive und konsumtive Kosten zu einem Preis pro Analyse verpackt sind.

Wird konventionell finanziert, d. h. nicht über Miete, Leasing oder AKS, so treten investive Gerätekosten in Form der Abschreibung auf. Betriebswirtschaftlich müssen diese Kosten auf jeden Fall zum Ansatz kommen, weil die Geräte wesentliche Ressourcen für den Laboratoriumsbetrieb darstellen. Selbstverständlich gehören die Investivkosten in eine ganzheitliche betriebswirtschaftliche Betrachtung miteinbezogen, nicht zuletzt auch deshalb, weil oftmals mit freien, niedergelassenen Laboratorien Vergleiche angestellt werden. Bei den niedergelassenen Laboratorien sind alle Investivkosten in Form von Abschreibungen berücksichtigt. Andererseits ist klar, daß bei bisherigen Krankenhausvergleichen immer nur die pflegesatzrelevanten Kosten einbezogen wurden.

Im Krankenhaus müssen wegen der dualen Finanzierungsform eine gesonderte Betrachtung und Behandlung erfolgen:

Sowohl die Geräte- als auch die Gebäudeabschreibungen (siehe Raumkosten) werden zwar in Inventarlisten geführt. Auf dem Kostenstellenblatt des Laboratoriums, erscheinen diese Kosten in aller Regel aber nicht, weil darauf nur die pflegesatzrelevanten Betriebskosten geführt werden.

Dies hat zum einen die Aussagekraft solcher Kostenstellenblätter sicher gemindert und, nachteiliger, zum anderen die Anwendung des Grundprinzips der Rationalisierung und damit der Wirtschaftlichkeitsoptimierung, nämlich Personalkosten im Wege der Mechanisierung und Automatisierung durch Gerätekosten zu substituieren, erschwert.

5.4.2.1.4
Sonstige Kosten

Alle übrigen Kostenarten des Laboratoriums sind unter „Sonstige Kosten" subsumiert. Sie sind allerdings einzeln zu betrachten, da sie zum Teil sehr unterschiedliche Strukturen und Verhaltensweisen zeigen.

Raumkosten

Bei den Raumkosten ist eine weitgehende Analogie zu den Gerätekosten gegeben. Es gibt Kosten für Reparaturen, Umbauten, aber auch für Raumreinigung. Letztere können entweder in Form von Personalkosten, gegebenenfalls als Aushilfslöhne oder auch in Form von Eingangsrechnungen anfallen, wenn z. B. ein externer Reinigungsservice beauftragt ist. Oft sind den Raumkosten auch die Kosten für Gas, Strom, Wasser, d.h. Energiekosten zugerechnet. Im Krankenhaus können diese Kosten aber auch über die Krankenhausumlage auf das Laboratorium zugerechnet sein.

Bezüglich der investiven Raum- bzw. Gebäudekosten gilt das oben bei den Geräteabschreibungen Gesagte analog. Die kalkulatorischen Gebäudeabschreibungen können auch in Form einer kalkulatorischen Miete angesetzt werden.

Wie auch bei den Gerätekosten müssen die kalkulatorischen Bestandteile um eine kalkulatorische Verzinsung für das eingesetzte Kapital ergänzt werden.

Kosten für Fremdvergabe

Bei den Fremdkosten handelt es sich ebenfalls um ausgabenwirksame Kosten, die durch die Vergabe von Untersuchungen an Fremdlaboratorien anfallen. In aller Regel erscheinen diese Kosten jedoch nicht auf dem Krankenhaus-Kostenstellenblatt „Laboratorium". Bei der Betrachtung der in einem Krankenhaus für das Laboratorium aufzuwendenden Kosten sind sie aber miteinzubeziehen, da sich sonst ein unvollständiges Bild ergibt. Es würden sonst nur die vom eigenen Laboratorium verursachten Kosten betrachtet. Oft werden nämlich diese vermeintlich gesenkt, indem vermehrt Untersuchungen nach außen vergeben werden. Dies kann jedoch den gegenteiligen Effekt haben. Die verstärkte Fremdvergabe bewirkt in aller Regel, daß die Stückkosten der im eigenen Laboratorium erbrachten Untersuchungen und die Fremdlaboratoriumskosten ansteigen. Dies ist auf den Einfluß der Fixkosten zurückzuführen.

Fremdleistungen dürfen aber auf keinen Fall das Laboratoriumsbudget belasten.

Kostenstelle Blutprodukte

Diese Kostenstelle ist ähnlich zu behandeln wie die für die Fremdleistungen. Ein Budget ist für diese Kostenstelle gesondert zu erstellen.

Verwaltungskosten

In diese Kategorie gehören eine Reihe von Kostenarten, die z. B. für die Verwaltung, aber auch für allgemeine Laboratoriumszwecke, für Büroeinrichtung, Telefon, Literatur, Büromaterial usw. anfallen. Im einzelnen haben sie zwar keine große Bedeutung, in der Summe können sie aber durchaus erhebliche Beträge ausmachen.

Krankenhausumlagekosten

Bei den Krankenhausumlagekosten handelt es sich aus der Sicht des Gesamtlaboratoriums um sekundäre Kosten (siehe Abschn. 5.4.1.6), die im Wege der Krankenhauskostenrechnung, d. h. über die interne Leistungsverrechnung oder per Umlage in Form einer zusammengefaßten sekundären Kostenart „Krankenhausumlage" auf die empfangende Kostenstelle Laboratorium zugerechnet werden. Dabei werden die weiter unten erläuterten Schwachstellen der Vollkostenrechnung sichtbar. Diese Krankenhausumlagekosten stehen in keiner direkten Verursachungsbeziehung mehr zum Laboratorium und den dort anfallenden Primärkosten.

Für die Wirtschaftlichkeitsanalyse, -überwachung und -optimierung im Laboratorium sind diese Sekundärkosten ungeeignet.

5.4.2.2
2. Schritt: Kostenstellenrechnung – Wo sind die Kosten angefallen

Im zweiten Teilschritt der Kostenrechnung, nämlich der Kostenstellenrechnung erfolgt die Weiterverrechnung der Kostenarten verursachungsgerecht auf den Ort

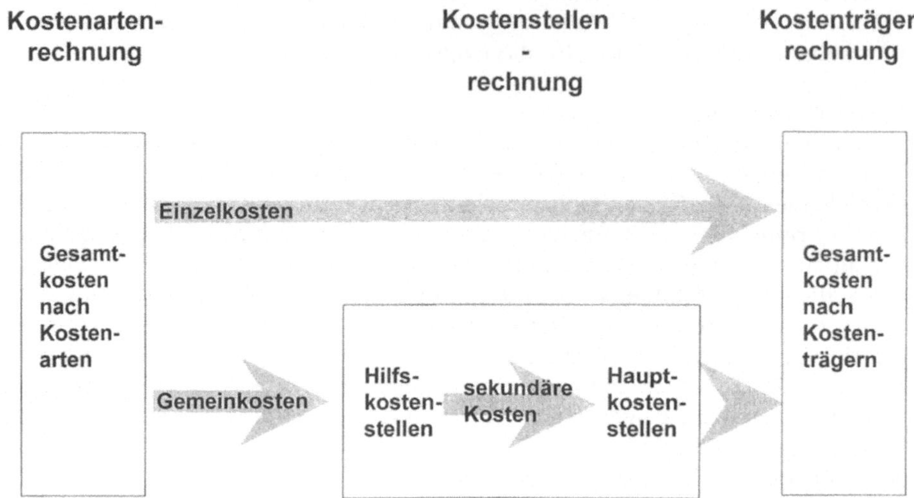

Abb. 5-33

ihrer Entstehung. Besonders wichtig ist bei der Kontierung die Unterscheidung zwischen Einzel- und Gemeinkosten (siehe Abschn. 5.4.1.3). Die Einzelkosten laufen nach der ursprünglichen Kostenrechnungslehre nicht auf die Kostenstelle, sondern direkt auf den Kostenträger. Auf den Kostenstellen werden dagegen die Gemeinkosten bzw. indirekten Kosten gesammelt und aufbereitet, um sie dann im Wege von Bezugsgrößenzuordnungen so verursachungsgerecht wie möglich auf die Kostenträger zuzurechnen (s. Abb. 5-33). Hierbei handelt es sich aber immer, im Gegensatz zur direkten Buchung der Einzelkosten, um eine indirekte Kostenzuordnung aufgrund von Annahmen. Ein Beispiel hierfür sind die Personalkosten, die entsprechend der zeitlichen Inanspruchnahme der einzelnen Mitarbeiter gemäß der zugrundeliegenden zeitlichen Verteilungsrelation auf die einzelnen Kostenstellen (Haupt-, Hilfs- und Allgemeine Kostenstellen) zugerechnet werden.

5.4.2.2.1 Bildung von Kostenstellen

Kostenstellen werden nach den in Abb. 5-34 aufgeführten Grundsätzen gebildet.

Das Laboratorium stellt zunächst aus Sicht des Krankenhausrechnungswesens *eine* Kostenstelle dar, die einen Funktionsbereich repräsentiert. Sie setzt sich aus der Sicht des Laboratoriums jedoch aus einer Vielzahl von Laboratoriumskostenstellen zusammen.

Innerhalb des Laboratoriums hat sich die Dreigliederung in Haupt-, Hilfs-/ Neben- und Overhead- (Allgemeine) Kostenstellen (s. Abb. 5-35) als sinnvoll erwiesen.

Bildung von Kostenstellen

Grundsätze

- **Abgrenzbare Verantwortungs- oder Funktionsbereiche**
- **Homogene Kostenstruktur**
- **Eindeutige und zutreffende Kalkulationsobjekte als Bezugsgrößen**

Abb. 5-34

Art der Verrechnung

als Kriterium für die Bildung von KSt

- **Hauptkostenstellen**
  = primäre Kostenstellen
  - Leistungen können direkt auf das Produkt verrechnet werden
- **Hilfs-, Neben- und Allgemeine (Overhead) Kostenstellen**
  = sekundäre Kostenstellen
  - Leistungen können nicht direkt auf das Produkt verrechnet werden

Abb. 5-35

Hauptkostenstellen
Hauptkostenstellen sind die Arbeitsplätze und/oder Geräte, an denen Untersuchungsergebnisse erzeugt werden (s. Abb. 5-36).

Über die Hauptkostenstellen können die Personalkosten und z. B. gerätebezogenes Verbrauchsmaterial verursachungsgerecht zugerechnet werden.

Hilfskostenstellen
Kosten für Probenannahme/Probenverteilung sowie für medizinische Validierung, ärztliche Befundung usw. (s. Abb. 5-37) werden auf vor- oder nachgelagerten Hilfskostenstellen gesammelt.

Hauptkostenstellen

Beispiele

- **vollmechanisiertes klin.chem. Gerät**
- **Photometer-Handplatz**
- **Knochenmarkdifferenzierung**

Abb. 5-36

Hilfs-/Nebenkostenstellen

Beispiele

- **Prä- und postanalytische Kostenstellen**
  - **Probenannahme/Probenverteilung**
  - **Übergeordnete Befundung**
  - **Medizinische Validierung**
  - **EDV**
- **Bereichshilfskostenstellen**
  - **Nährböden**
  - **Qualitätskontrollaufwand**

Abb. 5-37

Material, gebenenfalls auch Personal, das übergeordnet innerhalb eines Laboratoriumsbereichs verwendet oder eingesetzt wird, wird ebenfalls auf (Bereichs-) Hilfskostenstellen verrechnet und auf die davon betroffenen Hauptkostenstellen umgelegt (s. Abb. 5-33).

Auf diesen, dem eigentlichen Analytikprozeß vor- und nachgelagerten Kostenstellen sollten aber ausschließlich nur die dort verursachten oder anderweitig nicht verursachungsgerecht zurechenbaren Kosten verbucht werden.

Overheadkostenstellen

Als dritte Gruppe verbleiben noch eine oder mehrere Kostenstellen für Materialwirtschaft, Laboratorium allgemein, Verwaltung und für das Laboratoriums-Management, die man als Allgemeine oder auch als Overhead-Kostenstellen bezeichnet (s. Abb. 5-38).

Durch diese Dreigliederung kann auch die in der übergeordneten Krankenhaus-Kostenrechnung vorherrschende Dreistufigkeit
- Primärkostenzuteilung,
- innerbetriebliche Leistungsverrechnung und
- Umlage

analog im Laboratorium Anwendung finden.

Overheadkostenstellen
(Allgemeine Kostenstellen)

Beispiele

- **Management**
- **Verwaltung**

Abb. 5-38

5.4.2.2.1.1
Produktiver Bereich – Analytikbereich

Nach ebenfalls verwendeter Nomenklatur wird der Analytikbereich auch als sogenannter *produktiver Bereich* oder *profit center* bezeichnet. Er untergliedert sich im Krankenhauslaboratorium in
- Bereiche und
- Kostenstellen.

Bereiche und Kostenstellen
Unter Bereichen werden Einheiten des Laboratoriums zusammengefaßt, bei denen vergleichbare Kriterien angewandt werden können, um eine Kostenumlage zu erreichen. Meist lehnt sich diese Gliederung an die Organisationsstruktur eines Laboratoriums an.

Beispielhaft seien hier aufgeführt: Hämatologische, Gerinnungs-, Elektrophorese-, Notfall-, Forschungsarbeitsplätze usw.

Es kann sich in diesem Zusammenhang als zweckmäßig erweisen, größere Organisationseinheiten formal zu teilen, wenn bestimmte indirekte Kosten sich nicht sinnvoll auf entsprechende Arbeitsplätze oder Kostenträger umlegen lassen. Als Beispiel hierfür mag gelten: Die Aufteilung der Gruppe der Gerinnungsarbeitsplätze in eine Gerinnung 1 und 2, wobei bei der Gerinnung 1 all diejenigen Geräte und Methoden zusammengefaßt sind, bei denen teures Kalibrationsmaterial verwendet wird, das in der Gerinnung 2 nicht eingesetzt wird (z. B. bei der Bestimmung der D-Dimere). Es müssen auch nicht die im jeweiligen Laboratorium üblichen Raum- oder Abteilungsbezeichnungen Verwendung finden. Bereiche können selbstverständlich auch lediglich numerisch bezeichnet werden, also Bereich 1, 2, 3 usw.

Ein Bereich (z. B. „Hämatologische Arbeitsplätze“) ist in die Kostenstellen aufgeteilt, die den einzelnen Geräten bzw. Arbeits- oder Teilarbeitsplätzen in diesem Bereich entsprechen, sowie in eine (Bereichs-)Hilfskostenstelle, der allgemeine, bereichsfixe Kosten zugeschrieben werden können.

Beispiele hierfür sind: Zell-Zählgerät, Differenzierplatz usw. Eine möglichst detaillierte Aufteilung ist anzustreben.

5.4.2.2.1.2
Nicht-produktiver Bereich

Wichtig ist aber auch eine klare Strukturierung der prä- und postanalytischen und der allgemein übergeordneten Bereiche, wie z. B. Verwaltung, EDV und ähnliche, in denen keine direkten Laboratoriumsleistungen und damit auch keine Umsätze oder Honorare erwirtschaftet werden, in denen aber sehr wohl, teilweise erhebliche, Kosten anfallen.

Prä- und Postanalytikbereich sowie die Allgemeinen Kostenstellen Management und Administration gehören zu den *nicht-produktiven Bereichen* oder *cost centers.*

Betriebswirtschaftlich gesehen handelt es sich dabei um Hilfskostenstellen.

Hinzu kommt die allgemeine Krankenhausumlage als eigene Position.

Prä- und Postanalytikbereich
Unter dem Begriff Prä- und Postanalytikbereich sind Probennahme, -annahme, -verteilung, Laboratoriums-EDV, ärztliche Validierung und Befundung sowie Beratung zusammengefaßt.

Overheadbereich
Hier werden Aufgaben zusammengefaßt, die Management und Verwaltung des Laboratoriums sowie eine allgemeine Laboratoriumskostenstelle betreffen.

Krankenhausumlage
Die allgemeine Krankenhausumlage sollte, da sie am wenigsten beeinflußbar ist, als eigene Position im Overhead-Bereich definiert werden.

5.4.2.2.2
Verteilung der Kostenarten auf die Kostenstellen

Bei der Verteilung der Kostenarten auf die Kostenstellen gibt es grundsätzlich zwei Möglichkeiten, nämlich die direkte und die indirekte Verteilung.

Direkte Verteilung
Direkte Verteilung heißt, daß direkt bei der Entstehung der Kosten, d. h. bei der Buchung des Kostenbelegs, der Betrag entweder gesamt oder aufgesplittet auf Kostenstellen zu kontieren und zu buchen ist. Abrechnungstechnisch wird dann der Rechnungsbetrag sofort in der betreffenden Periode verursachungsgerecht auf die Kostenstellen verbucht.

Bei einem korrekten zweidimensionalen Verfahren erfolgt also gleich auf dem Kostenbeleg eine zweifache Kontierung, nämlich einerseits auf das Kostenartenkonto, wo der Betrag dann in der Kostenartenrechnung bzw. auch in der Finanzbuchhaltung summiert wird und zum zweiten eine Zuordnung des Gesamt- oder aufgeteilten Betrages auf die Kostenstelle. Dort wird es dann im Kostenstellenblatt oder im Betriebs- (BAB) bzw. Laborabrechnungsbogen (LAB) unter der entsprechenden Kostenart summiert.

Diese Kontierung erfolgt numerisch, d. h. für Kostenart und Kostenstelle wird jeweils lediglich eine Nummer auf dem Beleg angebracht. Die Nummern werden dem Kostenarten- und dem Kostenstellenplan entnommen. Bei diesen Nummernplänen handelt es sich um Tabellen, in denen den Konten oder Kostenstellenbezeichnungen jeweils Nummern zugeordnet sind (s. Tab. 8-1).

Indirekte Verteilung
Die indirekte Verteilung muß immer dann angewandt werden, wenn die direkte Verteilung nicht möglich ist, d. h. in der Regel bei den Gemeinkosten.

Solche Gemeinkosten, die meist auch Fixkostencharakter haben, müssen dann auf dem Umweg einer Verteiltabelle auf die Kostenstellen zugerechnet werden. Die Verteilungstabelle sollte selbstverständlich auch eine möglichst zutreffende Verursachungsrelation widerspiegeln.

Bei der Kostenartenverteilung – direkt oder indirekt – gilt der Grundsatz, dessen Einhaltung die Ergebnisqualität der Kostenrechnung ganz wesentlich beeinflußt:

Es muß immer versucht werden, die Kosten möglichst verursachungsgerecht zu verteilen, also von unten nach oben, vom Kostenträger über die Haupt- zu den Hilfs- und Allgemeinen Kostenstellen. Insofern wird hier dem generellen Ansatz von der relativen Einzelkostenrechnung gefolgt. Erst, wenn dies auf der tiefer gelegenen Stufe nicht mehr geht, kann auf die nächst höhere Stufe übergegangen werden. Damit nimmt aber zwangsläufig die Ungenauigkeit zu.

5.4.2.2.3 Verschiedene Methoden der Personalzeitenerfassung

Betriebsdatenerfassung

Die genaueste Methode ist die sogenannte Betriebsdatenerfassung, die z. B. in der Fertigungsindustrie eingesetzt wird. Der jeweilige Mitarbeiter erfaßt jeweils pro Auftrag (Kostenträger) seine verbrauchten Zeiten pro Arbeitsgang direkt über ein Eingabeterminal am Arbeitsplatz, entweder per Stechkarte oder durch Tastatureingabe.

REFA-Methoden

Eine weitere Methode ist die Zeitmessung in gewissen Intervallen, d. h. nicht ständig und regelmäßig. Diese Methoden werden unter dem Begriff REFA-Methoden subsumiert und sind ebenfalls in der Industrie entwickelt worden, speziell auch zur Ermittlung von Normalzeiten pro Arbeitsgang für die Festlegung von Leistungslöhnen (Akkordlöhnen). Diese Methode ist aus mehreren Gründen nicht unproblematisch, sie ist sehr aufwendig und wird oft als unzulässige Leistungsmessung verurteilt.

Zeiterfassung durch Selbstaufschreibung

Eine weitere, pragmatische Methode, die im Laboratorium gut einsetzbar ist, ist die Zeiterfassung per Selbstaufschreibung. Dies kann entweder als permanentes Verfahren eingeführt werden, wie dies in modernen Dienstleistungsbetrieben praktiziert wird, oder es kann temporär über einen gewissen Zeitraum erfolgen. Im ersten Fall geschieht dies in der Regel mitarbeiterbezogen, d. h. pro Mitarbeiter und Tag werden die verschiedenen Tätigkeiten, gegebenenfalls auch an verschiedenen Arbeitsplätzen, entweder entsprechend dem zeitlichen Tagesablauf (chronologisch) oder als Summe der für die Tätigkeiten aufgewandten Zeiten erfaßt.

Bei der temporären Zeiterfassung kann dies auch mit Hilfe eines geräte- bzw. arbeitsplatzbezogenen Formulars erfolgen, auf dem verschiedene Mitarbeiter ihre Eintragungen machen.

Zeiterhebung durch Befragung

Die vorgenannten Methoden sind alle relativ aufwendig und zudem bei den Mitarbeitern nicht beliebt. Deshalb wurde von einem der Autoren dieses Buches (O. H.) eine pragmatische Methode entwickelt, die weniger Aufwand erfordert und zu annähernd gleich zuverlässigen Ergebnissen führt. Man muß sich dabei auch vor Augen führen, daß die betriebswirtschaftliche Kostenrechnung im Gegensatz zur Finanzbuchhaltung keine Genauigkeit „auf den Pfennig" anstrebt und dies auch nicht leisten kann. Es gilt die ökonomische Grundregel, mit vertretbarem Aufwand eine hinreichende Genauigkeit zu erreichen.

Die Methode ist in Abschn. 8.4.3.2 in einer geringfügigen Modifikation detailliert beschrieben. Hierbei werden für die Massenparameter und die häufigeren Untersuchungen voneinander unabhängig durchgeführte qualifizierte Schätzungen durch mindestens drei Mitarbeiter des Laboratoriums (z. B. Laboratoriumsleitung, leitende MTLA und MTLA am Arbeitsplatz) in einem Viertelstunden-Zeitraster durchgeführt. Bei Untersuchungen mit geringem Mengenaufkommen, die meist als Einzeluntersuchungen durchgeführt werden, sollte die Arbeitszeit jedoch direkt mit Stoppuhr gemessen werden[5]. Durch die Fragen bzw. Festlegungen von oben nach unten nach dem ganzheitlichen Top down-Ansatz ergeben sich eine Reihe von Plausibilitätsprüfungsmöglichkeiten. Diese Befragung von oben nach unten führt zu realistischeren Schätzungen des Zeiteinsatzes verglichen mit den Ergebnissen des Bottom-up-Ansatzes. Letzteres führt in aller Regel zu Werten, die deutlich zu niedrig sind.

SOLL-Personalzeiten wie die für die Ermittlung des Personalbedarfs [24] dürfen auf keinen Fall verwendet werden, weil die IST-Kosten- und Leistungsrechnung den IST-Zustand beschreibt.

Das Ergebnis der Personal-Struktur-Analyse ist eine Tabelle, anhand der die Zeitverbräuche auf die einzelnen Kostenstellen bzw. Arbeitsplätze verteilt sind. Entsprechend dieser Verteilungsrelation wird dann die Summe der Personalkosten auf die Kostenstellen verteilt.

Auch hier gibt es zwei Möglichkeiten:

- Einsetzen eines durchschnittlichen Verrechnungssatzes pro Mitarbeiter- oder Berufsgruppe
- Verteilung individuell nach Personen mit unterschiedlichen Vergütungen. Dies führt zu etwas genaueren Ergebnissen, allerdings nur wenn die unterschiedlichen Vergütungshöhen auch einer am Arbeitsplatz erforderlichen unterschiedlichen Qualifikation entsprechen.

Da im BAT-Gefüge bekanntlich die Vergütungshöhe nicht unbedingt mit der Qualifikation korreliert, ist es einfacher und gerechter, nur mit einem aus der Summe der IST-Personalkosten ermittelten durchschnittlichen Personalkostensatz für jede Berufsgruppe, z. B. pro MTLA, zu arbeiten.

5.4.2.3
3. Schritt: Kostenträgerrechnung – Wofür sind die Kosten angefallen

Der betriebswirtschaftliche Begriff „Kostenträger" hat nichts mit der gleichlautenden Bezeichnung für Institutionen wie die Krankenkassen zu tun.

Die Kostenträgerrechnung ist die dritte Stufe des Kostenrechnungssystems. Die Kostenträgerrechnung nimmt die Einzelkosten direkt aus der Kostenartenrechnung auf. Die Gemeinkosten werden über den Umweg der Kostenstellenrechnung in Form indirekt zugerechneter Kostenarten auf die Kostenträger zugeordnet.

Innerhalb der Kostenträgerrechnung wird noch unterschieden zwischen der Kostenträgerzeitrechnung (s. Abb. 5-39), die auch als Spartenergebnis- oder Deckungsbeitragsrechnung bezeichnet wird und der Kostenträgerstückrechnung, die auch als Kalkulation oder Selbstkostenrechnung bezeichnet wird (s. Abb. 5-40). Letztere hat die Kalkulation zur Zielsetzung, erstere verfolgt die Kostenkontrolle und mehr noch die Ergebniskontrolle. In der Ergebniskontrolle werden den Kosten einer Leistungsgruppe die entsprechenden Erträge gegenübergestellt und daraus das Ergebnis, nämlich die Deckungsbeiträge ermittelt.

Bisher fehlen im Krankenhauslaboratorium mit Ausnahme der DKG-NT-Gebührenwerte Erlösgrößen. Insofern ist die Kostenträgerzeitrechnung als Ergebnisrechnung der einzelnen Laboratoriumssparten oder einzelner Laboratoriumsein-

[24] Haeckel R (Hrsg.) (1992) Ermittlung des Personalbedarfs – Neues Konzept –. INSTAND Schriftenreihe Bd. 8, Springer, Berlin

Kostenträger-Zeitrechnung

- **Ermittlung der Kosten der Summe einzelner oder zu Gruppen zusammengefaßter Untersuchungen in einer Periode gesamt und aufgegliedert nach Kostenarten**

Abb. 5-39

Kostenträger-Stückrechnung (Kalkulation)

- **Ermittlung der Kosten einer einzelnen Untersuchung gesamt und aufgegliedert nach Kostenarten**

Abb. 5-40

sender oder anderer Gruppierungen nicht von entscheidender Bedeutung. Dies könnte sich aber im Laufe der GSG-Realisierung durchaus noch ändern.

Im niedergelassenen Laboratorium ist dagegen die Spartenergebnisrechnung eine sehr wichtige Auswertung zur Steuerung der Rentabilität.

Die sinnvollste Definition eines Kostenträgers bezieht sich herkömmlicherweise auf die Einheit, der ein Preis zugeordnet werden kann. Wie erwähnt, ist der Kostenträger im Laboratorium in aller Regel die einzelne Untersuchung.

Kostenträger im Rahmen der Kosten- und Leistungsrechnung sind z.B.: Harnstoff, Kalium, Kreatinin, Aldosteron, Kleines Blutbild, Elektrophorese, Differential-Blutbild, Teststreifenuntersuchung des Urins, Urinsediment.

Leistungsgruppen (Sparten)

Leistungsgruppen (Sparten), also Zusammenfassungen von Kostenträgern nach übergeordneten Gesichtspunkten, können nach verschiedenen Kriterien gebildet werden, z. B.

- nach (laboratoriums-)medizinischen Teilgebieten (Hämatologische, hämostaseologische, immunologische Untersuchungen usw.)
- nach methodischen Gesichtspunkten (qualitative oder quantitative Methoden),
- nach Einsendergruppen (Klinik für Innere Medizin, Chirurgie usw.),
- nach Organen, Krankheitsbildern, Diagnosegruppen oder sonstigen Gliederungskriterien.

5.4.2.4 Ein- bzw. zweidimensionale Kostenstellen- und Kostenträgerrechnung

Die klassische Lehre der Kostenrechnung besagt, daß von der Kostenartenrechnung ausgehend die Einzelkosten direkt auf den Kostenträger und nur die Gemeinkosten über die Kostenstellen verrechnet werden. Aus der Zwecksetzung „Kalkulation“

dient dieser Schritt dazu, die indirekten Gemeinkosten nicht als Ganzes, d. h. nicht in einer Summe pro Kostenart im Wege der Divisionskalkulation auf die Kostenträger zu verteilen, sondern als Kostenartensumme pro Kostenstelle. Würden die gesamten Personalkosten des Laboratoriums durch die Gesamtanzahl aller Laboratoriumsleistungen dividiert, so wäre der Personalkostenanteil eines Kostenträgers, d. h. einer einzelnen Laboratoriumsleistung, selbstverständlich anders und weniger genau verglichen mit der Situation einer Verteilung über die Kostenstellen.

Viele der früheren Kostenrechnungsansätze im Laboratorium haben dies nicht beachtet und kamen deshalb zu ungenauen und nicht vergleichbaren Werten.

Die klassische Kostenrechnung geht also von einer strikten Trennung von Kostenstellen- und Kostenträgergesichtspunkten aus, die bei der Definition dieser Größen zu berücksichtigen sind.

So werden in der klassischen Industriekostenrechnung auf der Kostenstelle nur Gemeinkosten und eventuell Leistungsmengen zur Bezugsgrößenbildung gebucht, jedoch weder direkte Kosten noch Umsatzerlöse. Somit werden dort auch keine Ergebnisgrößen, sprich Deckungsbeiträge, ermittelt. Ergebnis dieser Rechnung ist der klassische Betriebsabrechnungsbogen (BAB), der aus Sicht der Kalkulation primär dazu diente, die in der Kalkulation verwendeten Zuschlagssätze bzw. die auf den Kostenträger zu verrechnenden Gemeinkostensätze, zu bilden und zu überprüfen (s. Abb. 5-41).

Die zweite Sicht ist die Kostenträger- oder Spartensicht, die sich primär auf das Ergebnis bezieht. Dementsprechend stehen dort zunächst die Absatzmengen, dann die daraus resultierenden Umsatzerlöse im Vordergrund, von denen dann stufenweise zunächst die direkten/variablen Kosten in Abzug gebracht werden, um als wichtiges Zwischenergebnis den Deckungsbeitrag 1 zu erhalten. Diese Größe steht in verschiedenen Wirtschaftsbereichen im Vordergrund der Betrachtung und stellt als Bruttogewinn einer Sparte eine wichtige Steuerungsgröße dar.

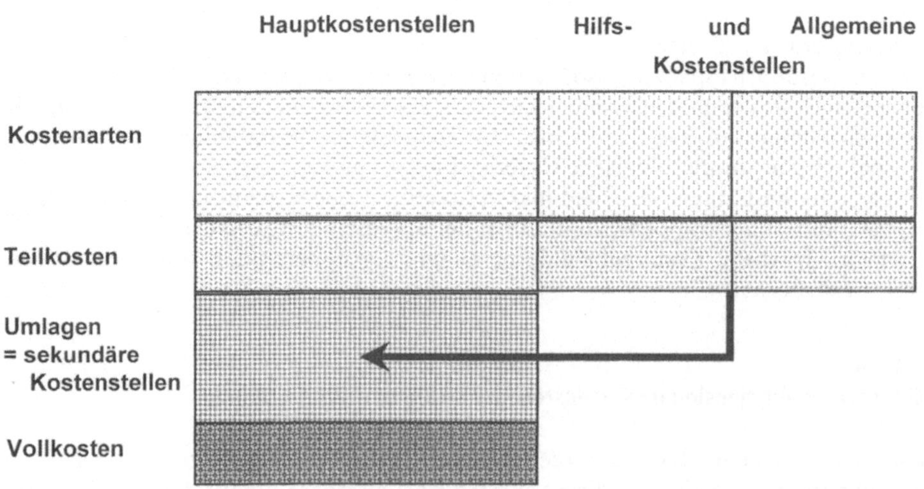

Abb. 5-41

Im Groß- und Einzelhandel ist dies die (Handels-) Spanne. Dies ist die Differenz zwischen Umsatzerlös und Wareneinsatz, die als Summe über alle Sparten hinweg mindestens so groß sein muß, daß die (Gemein-)Kosten des Betriebes abgedeckt und darüber hinaus noch ein betriebswirtschaftlicher Gewinn zur Abdeckung des unternehmerischen Risikos erwirtschaftet wird.

Als pragmatische Vereinfachung wurde in der Vergangenheit - auch von den Autoren dieses Buches - die eigentlich notwendige, oben erläuterte Zwei- auf eine Eindimensionalität reduziert, d.h. die Kostenstellen wurden zugleich auch als Sparten verstanden. Z.B. wurde die Sparte „Hämatologische Untersuchungen" mit der Kostenstellengruppe „hämatologische Arbeitsplätze" gleichgesetzt.

Dies ist nach der Logik der Kostenrechnung nicht korrekt, kann jedoch aus pragmatischen Gründen toleriert werden, vor allem weil im Laboratorium in etwa 80% der Fälle diese beiden Sichten identisch sind.

Diese pragmatischen Ansätze bringen allerdings dann keine brauchbare Lösung, wenn die logischen Sichten nicht übereinstimmen. Dafür mag folgendes Beispiel dienen:

Mit einem modernen, hochmechanisierten Analysengerät werden Leistungen nicht nur für eine Sparte wie z.B. Substrate/Enzyme, sondern auch für eine andere, z.B. Immunologie erbracht. Hier wird die Trennung in die kostenrechnerische Zweidimensionalität zwingend notwendig: Die direkten Reagenzkosten der klinisch-chemischen Bestimmungen laufen auf die Sparte Klinische Chemie und die übrigen auf die Sparte Immunologie. Die Kosten des Gerätes werden auf der Kostenstelle „hochmechanisiertes Analysengerät" als Ganzes gesammelt und von dort im Wege der indirekten Zurechnung auf die einzelnen Kostenträger, hier eine GOT-Bestimmung der Sparte Substrate/Enzyme, dort eine CRP-Bestimmung der Sparte Immunologie, zugerechnet.

Da es im Zuge des technischen Fortschritts bei den Analysengeräten solche Mehrfachfunktionen von Geräten immer häufiger geben wird, und da dies auch von der kostenrechnerischen Logik vorgeschrieben und sinnvoll ist, sollte der zweidimensionalen Strukturierung und Darstellung künftig klar der Vorzug vor den pragmatischen Einfachlösungen gegeben werden.

5.4.3 Kostenrechnungsverfahren

Kostenrechnungsverfahren können nach ihrem Zeitbezug oder nach dem abgebildeten Kostenumfang unterschieden werden (s. Abb. 5-42 und 5-43).

5.4.3.1 Kostenrechnungsverfahren nach Zeitbezug

5.4.3.1.1 IST-Kostenrechnung

Die IST-Kostenrechnung bildet aus verschiedenen Gründen den verfahrensmäßigen Schwerpunkt dieses Buches.

Kostenmanagement im Sinne von Kostenbeeinflussung in Richtung Minimierung kann nur funktionieren, wenn vorher eine den Realitäten entsprechende, ob-

Kostenrechnungsverfahren

nach Zeitbezug

- **Istkostenrechnung**
  - **Berechnung der tatsächlich in einer Periode angefallenen Kosten (reine Vergangenheitsrechnung)**
- **Soll-/Normalkostenrechnung**
  - **Bestimmte Kosten werden mit dem Durchschnitt vergangener Perioden (sog. Normalkosten) angesetzt (teilweise vergangenheitsbezogen)**
- **Plankostenrechnung**
  - **Kosten werden aus der betrieblichen Planung abgeleitet (zukunftsgerichtet)**

Abb. 5-42

Kostenrechnungsverfahren

nach Kostenumfang

- **Vollkostenrechnung**
  - **alle angefallenen Kosten werden auf die Kostenträger verrechnet**
- **Teilkostenrechnung**
  = Grenzkostenrechnung
  - **nur die variablen Kosten werden auf die Kostenträger verrechnet**
- **Parallelkostenrechnung**
  - **simultane Errechnung der Voll- und Teilkosten**

Abb. 5-43

jektivierte Kostentransparenz hergestellt ist. Dies kann nur im Wege der IST-Kostenrechnung erreicht werden.

Konsequenterweise wird in diesem Buch der in den Wirtschaftswissenschaften vorgeschriebene Weg verfolgt.

Die realen Leistungs- und Kostenstrukturen eines Betriebes – und hier eines Laboratoriums – müssen zunächst wertneutral und objektiv dargestellt werden, wie sie die Betriebswirtschaftslehre in ihrem deskriptiven Teil liefert.

Aufbauend auf der empirischen Grundlage können daran anschließend gesicherte SOLL-Konzepte und Normen entwickelt werden, bei denen dann selbstverständlich auch subjektive oder politische Zielsetzungen eingebaut werden können. Dies gilt selbstverständlich auch für gesundheitspolitische oder auch rein marktwirtschaftlich begründete Mischkalkulationen bei der Preisgestaltung in Gebührenordnungen, wenn z. B. bestimmte Leistungen gezielt gefördert, andere dagegen eher zurückgedrängt werden sollen.

Ein Beispiel hierfür wäre die Substitution der Radioimmunoassays durch nichtradioaktiv markierte Immunoassays wie EIA-Untersuchungen.

5.4.3.1.2 Plankostenrechnung

Die von der Betriebswirtschaftslehre entwickelten, weitergehenden Methoden der Kostenrechnung, wie z. B. die Plan-Kostenrechnung im engeren Sinne oder die flexible Grenzplan-Kostenrechnung, werden sicher auch im Laboratorium einmal sinnvoll einsetzbar sein. In diesem Buch wäre es jedoch verfrüht, darauf näher einzugehen.

Plan-Kostenrechnung stellt das Pendant zur IST-Kostenrechnung dar und ermöglicht auf dem Wege des Plan-/IST-Vergleichs als Steuerungsinstrument ein Controlling von Kosten und Leistungen.

Struktur und Methode müssen bei der Plan- und IST-Rechnung gleich sein, auch wenn die Datenquellen sehr unterschiedlich sind. Bei der IST-Kostenrechnung kommen die Daten aus den operativen Basissystemen, nämlich aus dem Laboratoriums-EDV-System, der Finanzbuchhaltung und der Materialwirtschaft. Die Plandaten dagegen resultieren aus einem analytischen Planungsprozeß, der durch empirische Daten aus den Vorjahren gestützt sein kann.

5.4.3.2 Kostenrechnungsverfahren nach Kostenumfang

5.4.3.2.1 Vollkostenrechnung

Die Vollkostenrechnung ist die herkömmliche, konventionelle Form der Kostenrechnung, die in der Industrie bereits von den moderneren Verfahren der Teil- oder Grenzkostenrechnung abgelöst wurde, die aber in deutschen Krankenhäusern noch Vorrang hat. Auch dies wird sich im Zuge des GSG '92 und mit der neuen Bundespflegesatzverordnung '94 zwangsläufig ändern müssen.

Die Vollkostenrechnung unterstellt, daß alle Kosten zunächst auf den verschiedenen Kostenstellen gesammelt, dann aber im Wege der betrieblichen Leistungsverrechnung und der Umlage auf die empfangenden Hauptkostenstellen (= Profitcenters) zugerechnet oder umgelegt werden, d. h. daß alle vorgelagerten Allgemeinen und Hilfskostenstellen letztlich von ihren Kosten entlastet werden, um sie den Hauptkostenstellen zu belasten.

Dieses Verfahren ist für ein heute notwendiges dezentrales Kostenbewußtsein und folglich auch dezentrales Controlling, bei dem die Kostenverantwortlichkeit am Ort der Kostenentstehung verankert werden muß, ungeeignet und hinderlich. Die Vollkostenrechnung wirkt im Sinne einer dezentralen Budgetverantwortung kontraproduktiv, da der Verantwortliche die Umlage von Kosten, deren Verursachung er nicht beeinflussen kann, mit Recht zurückweist. Bezüglich der Kostentransparenz wirkt die Vollkostenrechnung verschleiernd und letztlich auch demotivierend für die empfangenden Kostenstellen. Für diesen Zweck hat man sich auf die verursachungsgerecht zugerechneten Primärkosten, d.h. auf Teilkosten zu beschränken, die der Kostenstellenverantwortliche auch wirklich in seinem Kompetenzbereich beeinflussen kann.

Diesem Grundsatz wird bislang in den Kostenrechnungsverfahren der Krankenhäuser noch so gut wie gar nicht Rechnung getragen. Bei dem in diesem Buch dargelegten Verfahren wird der Schwerpunkt auf Kosten-Controlling und -Management und somit auf die Teilkostenrechnung gelegt.

Um aber auch dem Kalkulationszweck gerecht zu werden, wird parallel dazu eine Vollkostenrechnung durchgeführt. Man spricht deshalb von der Parallel-Kostenrechnung, d.h. es wird sowohl ohne, als auch mit Umlage gerechnet.

5.4.3.2.2 Teilkostenrechnung

Unter Teilkostenrechung werden die moderneren Kostenrechnungsverfahren subsumiert, die unter Bezeichnungen wie Grenzkostenrechnung oder „direct costing" die Vollkostenrechnungen teilweise verdrängt haben.

Bei diesem Verfahren geht man davon aus, daß die Kosten nur dort zugerechnet werden, wo eine direkte Verursachungsbeziehung besteht, d.h. die Kosten werden nach Kostenarten getrennt verursachungsgerecht den Kostenträgern zugeordnet. Wo dies nicht möglich ist, wird in einem weiteren Schritt auf Hauptkostenstellen und danach auf Hilfs- und Allgemeine Kostenstellen zugerechnet.

Dieses Grundprinzip soll dazu führen, daß ein großer Teil der Kosten von Anfang an möglichst genau, entsprechend ihrer Verursachung verteilt wird. Insofern sind die Kosten auch einem einzelnen Budget- oder Kostenstellenverantwortlichen klar und eindeutig zugeordnet. Dies kann selbstverständlich auch ein Verantwortlicher für eine Allgemeine Kostenstelle sein. Unabhängig von der Art der Kostenstelle werden die betreffenden Kostenarten im Wege der internen Budgetierung als Planwerte eingestellt und dann dem Ergebnis der IST-Kostenrechnung zum Zwecke der Überwachung und Steuerung gegenübergestellt.

Bei der Teilkostenrechnung verzichtet man also auf die fiktive Unterstellung einer Kostenbeziehung, die bei Gemeinkosten aus den Overheadbereichen nicht sinnvoll hergestellt werden kann. Wie sollten beispielsweise die Kosten für Managementaufgaben des Laboratoriumsleiters auf eine einzelne Laboratoriumsleistung verursachungsgerecht zugerechnet werden?

Weiterhin geht die Teilkostenrechnung davon aus, daß den direkten, zurechenbaren Kosten einer Kostenstelle oder eines Bereiches, z.B. einer Abteilung oder einer Klinik, die entsprechenden Erlöse dieses Bereiches mit dem Instrument der Kostenträgerzeitrechnung = Spartenergebnisrechnung zugerechnet werden.

Dies ist von entscheidender Bedeutung, denn dabei müssen Deckungsbeiträge, also positive Differenzen zwischen Erlös und direkten Kosten, entstehen. Diese Beträge stehen keineswegs allein dem Verantwortlichen dieses Profitcenters zu, sondern alle Verantwortlichen müssen in ihrer Summe soviel Deckungsbeitrag erwirtschaften, daß insgesamt alle Overhead-Kosten mehr als abgedeckt sind.

Der von einer Abteilung oder einer Klinik zu erwirtschaftende Deckungsbeitrag kann als eine wesentliche Ziel- und Steuerungsgröße im Wege der internen Budgetierung festgelegt werden.

5.4.3.2.3 Parallelkostenrechnung

Um den beiden grundsätzlichen Zielsetzungen der Kostenrechnung gerecht zu werden, wird in diesem Buch ein pragmatisches Verfahren dargestellt, das als Parallelkostenrechnung beiden Zielsetzungen gerecht wird.

Dabei geht man davon aus, daß das wichtigere Ziel die Kostenüberwachung darstellt. Der Weg dorthin ist die moderne Teilkostenrechnung. Insofern erfolgt auch in jeder Kostenstellen- oder Kostenträgerauswertung eine Summierung und klare Abgrenzung der direkten Kosten nach den verschiedenen Kostenarten.

Im zweiten Schritt wird dann auch der Vollkostenrechnung Rechnung getragen, indem man innerbetriebliche Leistungsverrechnungen und Umlagen vornimmt, die möglichst differenziert ausgestaltet sein sollten, damit die Overhead-Kosten wenigstens ausgewogen verteilt werden. Aus diesem Grunde werden auch unterschiedliche Umlageschlüssel und Schlüsselbasen gewählt, die zumindest eine gewisse Kostenbeziehung unterstellen.

So können z.B. die Kosten der Laboratoriums-EDV über einen Mengenschlüssel umgelegt werden. Andererseits können z.B. die Laboratoriums-Management-Kosten, im wesentlichen die Kosten für die Laboratoriumsleitung, besser auf der Basis des Kostenvolumens der Primärkosten als nach Menge umgelegt werden.

5.4.3.3 Sonstige Kostenrechnungs-Verfahren

Der Vollständigkeit halber sei erwähnt, daß im Bereich der Privatwirtschaft neben den bisher genannten Kostenrechnungsverfahren weitere, moderne Kostenrechnungsansätze eingesetzt werden, die allerdings erst an die Bedingungen im Krankenhaus angepaßt werden müssen.

Neben der schon vor längerer Zeit entwickelten, bereits erwähnten Grenzplankostenrechnung ist vor allen Dingen die Prozeßkostenrechnung zu nennen, die für den Krankenhausbetrieb und vor allem für das Laboratorium sehr geeignet wäre.

Die Grundlagen für die Anwendung dieser modernen Kostenrechnungsverfahren im Laboratorium sind von mehreren Autoren dieses Buches angedacht und befinden sich bereits in einem konkreten Stadium der Entwicklung. Ihre ausführliche Darstellung wäre allerdings zu diesem Zeitpunkt verfrüht.

5.4.4 Besonderheiten in der Kostenstruktur medizinischer Laboratorien

Die Kostenstruktur im medizinischen Laboratorium weist einige Besonderheiten auf, die bei der Kostenrechnung und Beurteilung unbedingt beachtet werden müssen:

5.4.4.1 Kostenarten

Die *variablen* oder *Einzelkosten* haben je nach Laboratoriumsgröße und -struktur nur einen vergleichsweise geringen Anteil von 20-30% an den gesamten Kosten. Im wesentlichen sind dies die Reagenz- und sonstigen Materialkosten. In der Vergangenheit stand dieser geringe Kostenanteil aber im Zentrum der Bemühungen um Kostensteuerung und -senkung. Die übrigen 70-80% der Laboratoriumskosten wurden außeracht gelassen.

Der überwiegende Teil der Kosten entfällt auf die *Personalkosten*, wenngleich im Laboratorium der Anteil gegenüber dem Gesamt-Krankenhaus geringer ist.

Die drittgrößte Kostengruppe im Laboratorium stellen in aller Regel die *Gerätekosten* dar.

Als viertgrößte Gruppe können die übrigen Kosten unter dem Terminus *„sonstige Kosten“* subsumiert werden.

In diesem Zusammenhang ist es wichtig zu beachten, welche Kostenarten sich zu welcher anderen Gruppe substitutiv oder komplementär verhalten.

5.4.4.2 Kostenstellen

Personalkostenzuordnung

Während die Materialkosten noch relativ eindeutig zugeordnet werden können, ist die Personalkostenverteilung komplexer. Bis zu einem gewissen Grad ist es möglich, auch die Personalkosten direkt den Kostenstellen zuzuordnen. In der Regel ist man jedoch gezwungen, indirekt zu verteilen.

Die gesamten Personalkosten einer Mitarbeiterin werden dann direkt einer Kostenstelle zugeordnet, wenn diese ausschließlich für diese Kostenstelle tätig ist. Ist dies nicht der Fall, ist die MTLA an mehreren Kostenstellen tätig, so muß entsprechend den Einsatzzeiten dieser Mitarbeiterin eine Verteilungsrelation gebildet und vorgeschaltet und über die Divisionskalkulation zugerechnet werden (s. Abschn. 5.5.7), also indirekt verteilt werden. Dies kann noch verfeinert werden, wenn z. B. an einem manuellen Arbeitsplatz für die verschiedenen Laboratoriumsleistungen ein sehr unterschiedlicher Zeitaufwand durch das Personal anfällt.

Wenn Arbeitsplätze tournusmäßig gewechselt werden, können die gesamten Kosten einer Berufsgruppe auf die betroffenen Kostenstellen nach der Arbeitsanteiligkeit verrechnet werden.

Gerätekostenzuordnung

Bei den Gerätekosten können sowohl Geräteabschreibungen als auch Reparatur- und Wartungskosten jeweils eindeutig auf die Hauptkostenstelle zugerechnet werden, sofern es sich um Analysengeräte handelt. Bei von mehreren Arbeitsplätzen genutzten Geräten und Einrichtungsgegenständen ist dies erschwert, z. B. Kühlschränke oder -räume, Wasseraufbereitungs- oder auch Entsorgungsanlagen.

5.4.4.3 Kostenträger

Der Kostenträger ist die einzelne Laboratoriumsleistung. In Abschnitt 5.3. werden zur Leistungserfassung entsprechende Empfehlungen gegeben.

Je eindeutiger die einzelnen Kostenträger, d. h. die einzelnen Produkte/Leistungen auf der untersten Ebene definiert und abgegrenzt sind, um so einfacher können dann unterschiedliche Kostenträgergruppen (Sparten) gebildet werden. Gruppierungsmöglichkeiten sind denkbar wie:

- nach Methoden,
- nach medizinischen Fachbereichen oder Indikationen,
- nach Probenmaterial,
- nach Einsendergruppen, einzeln oder gesamt,
- nach der Gliederung der Teile M III und M IV der GOÄ.

Letztere erscheint besonders sinnvoll und auch konsensfähig.

5.5 Ergebnisse der Kosten- und Leistungsrechnung im Laboratorium und ihre Interpretation

5.5.1 Auswertungen, Grafiken, Tabellen

Wie bereits mehrfach erwähnt, ist Wirtschaftlichkeit eine Relation aus Leistungen und Kosten. Die Kosten- und Leistungsrechnung als wichtigstes Instrument zur Planung, Steuerung und Kontrolle der Wirtschaftlichkeit benötigt deshalb die entsprechenden Input-Daten, nämlich die Leistungsmengen einerseits und die Kosten andererseits.

Nach Dateneingabe und -verarbeitung erfolgt eine Ausgabe der Auswertungen in Listen, Tabellen- oder auch grafischer Form.

Bezüglich des Auswertungs- und Bedienungskomforts eines Kosten- und Leistungsrechnungs-Systems gibt es verschiedene Formen und Stufen:

- Manuelle Datensammlung und Berechnung.
- EDV-gestützte Eingabe, Verarbeitung und Ausgabe:
  - Mit horizontalen Softwarewerkzeugen wie z. B. der Tabellenkalkulation mit manueller Eingabe oder auf Basis operativer EDV-Systeme.
  - Mit Einsatz vertikaler Anwender-Software, speziell für die Kosten- und Leistungsrechnung.
  - Vertikale Anwendungs-Software und zusätzliche automatische Übernahme der Daten in ein sogenanntes Management-Informations-System (MIS), mit dessen Hilfe komprimierte Führungsdaten erzeugt werden sowie dynamische Grafikdarstellungen, Kennzahlenermittlungen und weitere Interpretationen möglich sind.

Selbstverständlich ist die letztgenannte Lösung hinsichtlich des Anwendungskomforts und der Aussagekraft die beste. In dieser Form einer voll EDV-gestützten, laboratoriumspezifischen Kosten- und Leistungsrechnung wird der Laboratoriumsleiter in die Lage versetzt, ein vollwertiges und effizientes dezentrales Controlling in seiner Abteilung zu praktizieren. Dies steht übrigens keineswegs im Widerspruch zu den zentralen Controllingaufgaben der Verwaltung und des Krankenhausträgers. Das dezentrale Abteilungs-Controlling kann in das Gesamt-Controlling-System des Hauses voll integriert werden. Es kann Daten von dem Krankenhaus-System übernehmen und auch Daten an dieses übergeordnete System abgeben, z. B. in Form der realen IST-Selbstkosten pro erbrachter Laboratoriumsleistung im Wege der innerbetrieblichen Leistungsverrechung des Krankenhauses.

Im folgenden werden die gängigsten Auswertungen aus den verschiedenen Teilstufen der Kosten- und Leistungsrechnung erläutert.

5.5.2 Darstellung der Leistungsmengen

Auch die Leistungen einer Einheit müssen gesteuert werden und dienen selbst zur Steuerung eines Laboratoriums. Die Erfassung und Darstellung der Leistungsmengen ist im Krankenhauslaboratorium im Vergleich zu den bettenführenden Abteilungen, die sich erst in jüngster Zeit damit befassen, bereits weit fortentwickelt. Die erbrachten Mengen können in Tabellenform oder anschaulicher als Grafiken in Balken- oder Linienform dargestellt werden. Letztere eignen sich vor allem für die Beurteilung der Mengenentwicklung im zeitlichen Verlauf.

Laborintere Statistiken
Laborintern stehen Darstellungen in Tabellenform bezogen auf die einzelnen organisatorischen Bereiche, Geräte oder Arbeitsplätze im Vordergrund. Sie werden durch normierte (die Bezugsgröße ist 1) oder indizierte (Bezug auf ein definiertes Jahr als 1) Grafiken ergänzt.

Hitlisten, der Häufigkeit oder auch den Kosten nach sortierte Ausdrucke der angebotenen Untersuchungen, geben zur Mengensituation wesentliche Hinweise.

Einsenderstatistiken
Zur Beurteilung der Mengenentwicklung der Einsender (Stationen, Abteilungen, Kliniken, Polikliniken, Ambulanzen, Intensivstationen usw.) sind detaillierte Statistiken unabdingbar. Vorjahresvergleiche sollen dabei ebenso möglich sein wie Vergleiche mit Vorperioden im gleichen Jahr. Um von der Belegung und Liegedauer unabhängig zu sein, sollten die Zahlen auch normiert als Untersuchungen pro 100 Pflegetage (zur Korrektur der Belegung der Einrichtung) und pro 100 Patienten (zur Berücksichtigung der Liegedauer) ausgegeben werden können. Gleichzeitig sollte die Abweichung gegenüber dem Mittel z. B. einer Klinik oder aller Intensivstationen sowie die Abweichung gegenüber der Vergleichsperiode des Vorjahres und gegenüber dem Vormonat vorgegeben und berechnet werden können. Auf diese Weise können die wichtigsten Mengentreiber erkannt werden. Derartige Listen und Grafiken können für Gespräche mit den für die Einsendungen verantwortlichen Ärzten der bettenführenden Abteilungen eine sehr gute Unterstützung bieten, da sie emotions- und wertfrei Entwicklungen aufzeigen. Auch sind Hitlisten der Untersuchungen nach Einsendern von hohem Informations- und Überzeugungswert.

In Zukunft sind sicherlich fallgruppenbezogene Auswertungen von besonderer Wichtigkeit.

5.5.3 Kostenartenauswertungen

Im Rahmen des Kostenrechnungsverfahrens des Gesamtkrankenhauses stellt das Laboratorium in der Regel eine Kostenstelle dar. Dementsprechend wird im Krankenhaus-Kostenrechnungs-System jeweils ein Kostenstellenblatt pro Periode (Monat oder Jahr) erstellt. Auf diesem Kostenstellenblatt sind die Kostenarten in der im

Krankenhaus noch üblichen herkömmlichen Gliederung enthalten, d.h. einerseits Sachkosten, andererseits Personalkosten.

Die im Krankenhausrechnungswesen noch vorherrschende Kostenartengliederung nach Sach- und Personalkosten ist für Zwecke der modernen Kostenrechnung nicht ausreichend.

Es wird nämlich dabei nicht zwischen Einzel- und Gemeinkosten und auch nicht nach variablen und fixen Kosten unterschieden, um nur zwei wichtige Begriffspaare zu nennen.

Für die laboratoriumspezifische Kostenrechnung ist es deshalb erforderlich, die Kostenarten nach den vorgenannten Gesichtspunkten umzugliedern und danach die Kosten zu erfassen bzw. aus dem Rechnungswesen zu übernehmen.

Ausgangsdarstellung der Kostenrechnung ist die Kostenartenauswertung oder -liste, in der die Kosten nach Art der Entstehung aufgeführt sind. D.h., es ist mindestens nach den Hauptgruppen Material-, Personal-, Geräte-, Raum- und sonstige Kosten jeweils mit dem Gesamtbetrag des Laboratoriums pro Periode (Monat oder Jahr) zu unterscheiden.

In der Regel ist diese Aufstellung nicht auf einem gesonderten Blatt, sondern Bestandteil des Betriebs- oder Laboratoriums-Abrechnungs-Bogens (BAB bzw. LAB) in der vertikalen Kostenartensicht. Die Summenzeile stellt den Betrag pro Periode gesamt dar (s. Abb. 5-41).

Wird diese reine Kostenartendarstellung durch die Mengendaten, die Umsatzerlösdaten sowie durch die daraus errechneten Ergebnis- oder Deckungsbeitragsdaten ergänzt, so spricht man von der *Kurzfristigen Erfolgsrechnung (KER)*. Diese bezieht sich auf das Gesamtlaboratorium und ist zunächst das wichtigste Steuerungsinstrument für die Rentabilität, z.B. eines niedergelassenen Laboratoriums.

Im Krankenhauslaboratorium ist diese Auswertung von eingeschränkter Bedeutung, weil kein realer Erlös vorhanden ist. Man kann aus dieser Auswertung dennoch gewisse zusätzliche Erkenntnisse ziehen, wenn man mit fiktiven Erlösansätzen, z.B. mit DKG-NT oder GOÄ-Preisen arbeitet.

5.5.4 Kostenstellenauswertungen

Ergebnis der Kostenstellenrechnung ist der Betriebsabrechnungsbogen (BAB). Er stellt eine Tabelle dar. In der Vertikalen sind die einzelnen Kostenartengruppen, in der Horizontalen die einzelnen Kostenstellen (Allgemeine, Hilfs- und Hauptkostenstellen) aufgeführt (s. Abb. 5-41).

Im ersten Schritt werden alle Kostenarten entsprechend ihrer Verursachung unter Beantwortung der Frage „wo sind die Kosten angefallen" auf die verschiedenen Kostenstellen verteilt. Erfolgt diese Verteilung bei Entstehung, d.h. bei der Buchung eines Beleges wie z.B. einer Reparaturrechnung für ein Gerät, das eindeutig einer Kostenstelle zugerechnet ist, so spricht man von direkter Verteilung. Wenn dies nur über den Umweg einer Kostenstrukturverteilung, wie z.B. beim Personal nach einer vorher durchgeführten Personalstrukturverteilung erfolgt, so spricht man von indirekter Verteilung. Die Verteilung der Kostenarten erfolgt nicht nur auf die produktiven Hauptkostenstellen, sondern auch auf alle anderen Arten von Kostenstellen, d.h. auch Hilfs- und allgemeine Kostenstellen, z.B. im prä- oder postanalytischen oder auch im Verwaltungsbereich.

Im Rahmen der Vollkostenrechnung werden in einem zweiten Schritt die Kosten der Hilfs- und Overheadkostenstellen auf die Hauptkostenstellen zugerechnet bzw. umgelegt. Dabei sind Umlageschlüssel zu verwenden (s. Abschn. 8.4.2.4), bei denen aber oft nur eine wenig konkrete Verursachungsbeziehung gegeben ist. Aus diesem Grunde ist die Vollkostenrechnung für Controlling-Zwecke nicht geeignet. Diese hat lediglich ihre Berechtigung zur Kalkulation der Einzelleistung.

Die direkt und indirekt verteilten Kostenarten erscheinen als sogenannte primäre Kosten, die per Umlage zugerechneten Kosten als sogenannte sekundäre Kostenarten auf dem BAB.

5.5.5 Kostenträgerauswertungen

In der Kostenträgerdarstellung werden zunächst die analysenbezogenen Reagenz- und Materialkosten aufgeführt.

Den größeren Kostenanteil stellen die Gemeinkosten dar. Der größte Teil der Gemeinkosten sind die Personalkosten. Die Personalkosten werden indirekt im Wege der sogenannten Divisionskalkulation auf die Kostenträger zugerechnet.

Die übrigen indirekten Kostenarten, wie Geräte-, Raum- und sonstige Kosten, werden nach dem gleichen Verfahren wie die Personalkosten indirekt über die Kostenstelle auf den Kostenträger zugerechnet. Man nennt dies auch eine Verrechnung nach Bezugsgrößen, die in einer möglichst engen Beziehung zu der Kostenverursachung stehen sollten. Bezugsgröße ist in diesem Fall die Menge, d.h. die Stückzahl jeweils durchgeführter Laboratoriumsleistungen.

Als Ergebnis erhält man die *Kostenträgerstückrechnung* (Selbstkostenrechnung pro Leistung). Multipliziert man die Stückkosten mit der Anzahl der Leistungen in einer Periode, so kommt man zur *Kostenträgerzeitrechnung*. Diese kann ebenfalls nach verschiedenen Gruppierungen der Laboratoriumsleistungen vorgenommen werden.

Gruppiert man nach Untersuchungsgruppen, wie hämatologische, immunologische, endokrinologische Untersuchungen, spricht man auch von der *Spartenergebnisrechnung*. Wie bei der *Kurzfristigen Erfolgsrechnung (KER)* sind hierfür allerdings zusätzlich Umsatzerlöse bzw. fiktive Erlöse nötig, damit daraus Deckungsbeiträge ermittelt werden können. Die Spartenergebnisrechnung wird deshalb oft auch mit der *Deckungsbeitragsrechnung* gleichgesetzt. Vom vertikalen Aufbau ist sie identisch mit der Kurzfristigen Erfolgsrechnung, die sich allerdings auf das Laboratorium gesamt bezieht, während die Spartenergebnisrechnung einzelne Teilbereiche des Laboratoriums transparent machen soll.

5.5.6 Herstellkosten-Soll/IST-Vergleich

Mit dem Herstellkosten-Soll/IST-Vergleich können die Mengeneinsätze für eine bestimmte Untersuchung überprüft werden. Üblicherweise wird der Herstellkosten-Soll/IST-Vergleich monatlich durchgeführt. Er ist ein Instrument der Plan- und Grenzplankostenrechnung, die in dieser Auflage des Buches noch nicht explizit abgehandelt werden. Der Herstellkosten-Soll/IST-Vergleich kann im Laboratorium sinnvoll eingesetzt werden (s. Abb. 5-44).

Herstellkosten-Soll-Ist-Vergleich

Vorgehensweise

- **Feststellung aller durchgeführten Untersuchungen**
- **Multiplikation mit den Planverbräuchen an**
  - **Material**
  - **Personalzeit**
- **Feststellung der Ist-Verbräuche an**
  - **Material**
  - **Personalzeit**
- **Ergebnis =**
  - **Materialabweichung**
  - **Leistungsabweichung**

Abb. 5-44

5.5.6.1 Materialabweichung

Der Herstellkosten-Soll/IST-Vergleich erlaubt die Beurteilung, ob die verbrauchten IST-Mengen an Reagenzien außerhalb eines vorgegebenen Bereichs liegen, der sich auf die in den Arbeitsvorschriften festgelegten Mengeneinsätze stützt. Bei realistischer Vorgabe des Mengengefälles kann die Materialabweichung z. B. Vergeudung oder Verfall der Reagenzien zur Ursache haben.

Bei Laboratoriumsuntersuchungen tritt der für Serienfertigung typische Fall auf, daß die IST-Verbräuche nicht pro Produkt, also pro einzelner Untersuchung vorliegen, sondern nur für die Summe über einen gewissen Zeitraum. Das Gleiche gilt auch für die Ermittlung der Leistungsabweichung.

5.5.6.2 Leistungsabweichung

In gleicher Weise wie die Materialabweichung kann man den Herstellkosten-Soll/IST-Vergleich auch für die Leistungsseite, z. B. für Vorgabestunden, durchführen. Auch hier werden die IST-Leistungsmengen durch die SOLL-Leistungsmengen dividiert und ergeben so die Leistungsabweichung.

5.5.6.3 Verfahrensabweichung

Aus der Relation der Plankosten des IST-Verfahrens zu den Plankosten des Standardverfahrens kann die Verfahrensabweichung errechnet werden.

5.5.7 Informationen über die Personalsituation

5.5.7.1 Personalkapazität

Die konventionelle Betriebswirtschaftslehre sowie auch die Volkswirtschaftslehre sprechen nüchtern vom Produktionsfaktor Arbeit. In den moderneren verhaltenswissenschaftlichen Ansätzen der Betriebswirtschaftslehre ist u.a. von human resources oder auch von Humankapital die Rede.

Jedenfalls ist die menschliche Arbeitsleistung nach wie vor die wichtigste und auch die teuerste betriebliche Ressource. Auch im Laboratorium haben trotz Mechanisierung die Personalkosten den größten Anteil an den Gesamtkosten. In diesem Zusammenhang spricht man auch von Personalintensität.

Der Output, den die Ressource „Personal" erzeugt, wird in Unternehmen der freien Wirtschaft als Wertschöpfung bezeichnet.

Die Personalkosten stellen die wertmäßige Bemessung der Ressource „Personal" dar. Zu deren Beurteilung benötigt man aber einen quantitativen Maßstab, die sog. verfügbare Personalkapazität. Diese wird ausgedrückt in Einheiten, wie z.B. Mann- bzw. besser Personentagen, -monaten oder -jahren. Ein Zählen der Mitarbeiter nach Köpfen reicht hierbei nicht aus, da es ja auch Teilzeitbeschäftigte gibt. Es muß deshalb eine Umrechnung auf Vollzeitkräfte erfolgen. Im Krankenhaus geht man, wie im öffentlichen Bereich üblich, von einer Regelarbeitszeit von 38,5 Wochenstunden aus.

Der Stellenplan repräsentiert diese Personalkapazität als SOLL-Kapazität, die von der tatsächlich verfügbaren IST-Kapazität erheblich abweichen kann, wenn z.B. Stellen nicht oder durch Krankheit oder sonstige Ausfallzeiten nur teilweise besetzt sind.

Als Controllingaufgabe im Personalbereich ist es deshalb sinnvoll, die SOLL-Kapazität laut Stellenplan mit der tatsächlich vorhandenen IST-Kapazität (tatsächliche Anwesenheitszeiten) zu vergleichen, z.B. für ein zurückliegendes Geschäftsjahr. Die IST-Kapazität ist niedriger als die SOLL-Kapazität. Das vom Laboratorium erwartete Leistungsvolumen muß aber mit der IST-Kapazität erarbeitet werden.

5.5.7.2 Personalzeit als Meß- und Verteilungsgröße

Personalkosten sind im Laboratorium, wo sie als fixe Gehälter plus Sozialleistungen usw. anfallen, als indirekte oder Gemeinkosten einzustufen, d.h. sie können nicht direkt auf den Kostenträger, die Laboratoriumsleistung, zugerechnet werden. Dies geht nur auf dem Umweg über die Kostenstellenrechnung. Meß- und Verteilungsgröße für diese indirekte Zurechnung auf Kostenstellen ist die regelmäßig eingesetzte Personalzeit pro Gerät oder Arbeitsplatz. Diese kann nach verschiedenen Methoden gemessen werden, wie in Abschn. 5.4.2.2.3. näher beschrieben wird.

6 Wege zur Wirtschaftlichkeitsverbesserung

Ziel verantwortlichen wirtschaftlichen Handelns im Laboratorium ist die Erbringung ärztlich notwendiger Leistungen bei optimaler Qualität zu niedrigsten Kosten.

Dieses Ziel ist aus gesetzlichen Regelungen des Gesundheitswesens abgeleitet.

Wirtschaften ist als zielgerichteter Umgang mit knappen Mitteln definiert. Entsprechend dem ökonomischen Prinzip kann an zwei Seiten angesetzt werden. Die Leistungen können vermehrt oder verbessert werden, ohne auch die Kosten zu mehren (Maximalprinzip), oder eine gegebene Leistungsmenge und Qualität wird zu möglichst geringen Kosten erzeugt (Minimal- oder Sparprinzip). In der Praxis muß dieser Dualismus nicht aufrecht erhalten werden, d.h. der wirtschaftlich Verantwortliche kann selbstverständlich parallel sowohl an der Leistungs-, als auch an der Kostenseite ansetzen.

6.1 Gründe für Unwirtschaftlichkeit

Die Ursache für Unwirtschaftlichkeit im Laboratorium ist häufig in einem schlechten Management zu suchen. Dorsey[25] listete bereits 1969 zehn Indikatoren für ein schlecht geführtes Laboratorium auf (s. Tabelle 6-1).

Tabelle 6-1. Zehn Indikatoren für ein schlecht geführtes Laboratorium (nach [25])

1. Zuwenig qualifiziertes Personal oder ineffizienter Einsatz geeigneten Personals
2. Ständige Reibereien mit der Krankenhausadministration
3. Schlechter zeitlicher Response
4. Häufige „Not"-Bestellungen von Reagenzien, Material und Gerät
5. Schlechtes Betriebsklima
6. Anfragen leistungsstarker Mitarbeiter nach berechtigter Höherbezahlung
7. Exzessive Kosten des Laboratoriums
8. Unkenntnis der Kosten des Laboratoriums
9. Hoher Zeitaufwand des Managements für unbedeutende Entscheidungen
10. Unmöglichkeit, bestimmte Laboratoriumsuntersuchungen durchzuführen, wenn Schlüsselpersonen nicht anwesend sind.

[25] Dorsey DB, et al (eds.) (1969) Administration in the Pathology Laboratory. Rev. ed., Skokie, Ill. College of American Pathologists

Die Punkte 1., 3. und 10. sprechen direkt die Leistung an, 4., 7. und 8. die Kostenseite. Indirekt beeinflussen natürlich auch die anderen Punkte die Wirtschaftlichkeit.

Gründe für Unwirtschaftlichkeit sind vor allem auch in der teilweise gewollten Unkenntnis und der mangelnden Transparenz hinsichtlich der Kosten und deren Einflußfaktoren zu suchen. Die Tatsache, daß die Laboratoriumskosten nur etwa 3-5% der gesamten Betriebskosten eines Krankenhauses betragen, fördert sicherlich nicht die Motivation, wirtschaftlich zu handeln. Der Laboratoriumsleiter muß aber seine Kosten als 100% ansehen und sie dementsprechend gestalten.

Aufgrund der traditionellen, heute sicher nicht mehr haltbaren Auffassung, daß für die wirtschaftlichen Belange die Verwaltung zuständig sei, fühlten sich die medizinischen Bereiche nicht dafür verantwortlich und hatten folglich auch kein entsprechendes Kostenbewußtsein entwickelt. In der Vergangenheit gab es keinen wirkungsvollen Druck zu wirtschaftlichem Handeln, da es nach dem Selbstkostendeckungsprinzip wichtig war, mit medizinischen Argumenten die entsprechenden Ressourcen zu fordern und die damit verbundenen Kosten lediglich zu belegen.

Der effektivste Druck zu wirtschaftlichem Verhalten, nämlich der Wettbewerb, hat bislang in den Krankenhäusern gefehlt. Dies wird sich künftig spürbar verändern.

Die ureigenste Aufgabe eines wirtschaftlich Verantwortlichen besteht darin, den Einsatz der Mittel, d. h. die Kombination der verschiedenen Produktionsfaktoren zu optimieren. Ein klassisches Optimierungsinstrument ist die Rationalisierung im engeren Sinne, nämlich die Steigerung der Leistung durch Einsatz maschineller Ressourcen mit insgesamt geringeren Kosten. Die wichtige wirtschaftliche Steuerungsaufgabe „investieren, um Kosten zu sparen“ wird von betriebswirtschaftlichen Laien oft als Widerspruch gesehen. Gerade diese Aufgabe eines Laboratoriumsleiters wird durch das duale Finanzierungsprinzip deutlich erschwert. Das Krankenhauslaboratorium kann deshalb häufig nicht schnell genug auf technische Innovationen reagieren, was dann zu einem Kostennachteil führen kann.

Ein weiterer Kostennachteil ist im Bereich der Personalkosten gegeben. Das öffentliche Besoldungs- und Dienstrecht, vor allem aber das BAT-Vergütungssystem ist in seiner gegenwärtigen Form bekanntlich nicht leistungsfördernd, sondern eher leistungshemmend. Nachdem die menschliche Arbeitskraft nach wie vor die wichtigste Ressource im Laboratorium darstellt, ist es kontraproduktiv, wenn diese eben nicht nach Quantität und vor allem nicht nach Qualität der erbrachten Arbeitsleistung vergütet werden kann.

6.2 Allgemeine Ansätze zur Wirtschaftlichkeitsverbesserung

Wirtschaftliches Denken und Handeln muß an verschiedenen Punkten ansetzen. Oberste Maxime ist aber immer die Ausrichtung an einer ärztlich notwendigen, hohen Qualität in dem umfassenden Sinn, wie sie in Abschn.3.2 dargestellt wurde.

Es muß in diesem Zusammenhang auch darauf hingewiesen werden, daß weder Organisation noch apparative Ausstattung eines ärztlichen Laboratoriums, ob im niedergelassenen Bereich oder im Krankenhaus, sich ausschließlich am Ziel der Produktivitätssteigerung orientieren kann und darf, sondern am Bedarf der Patientenversorgung und diese optimieren muß. Dabei sind, wie mehrfach erwähnt, die Vorhaltung von Untersuchungen, organisatorische Zwänge und strukturelle Gegebenheiten bei der Entscheidung für die Organisation und die apparative Ausstattung eines Laboratoriums ebenso wichtige Kriterien wie ökonomische Gesichtspunkte.

Die Kosten des Laboratoriums lassen sich über die Reduzierung der medizinisch nicht indizierten Untersuchungsmengen sowie über günstige Einkaufspreise und Optimierung der Organisation senken.

Die Untersuchungsmengen sind allerdings vom Laboratorium nur mittelbar zu beeinflussen, da die Indikation zur Untersuchung zunächst jedenfalls vom einsendenden Arzt gestellt wird. Es sollte aber auch darauf hingewiesen werden, daß die Senkung der Mengen bei Konstanthalten der fixen Kosten nur einen geringen Beitrag zur Kostenreduktion bringt, da hiervon nur die mengenabhängigen, variablen Kosten beeinflußt werden. In den Laboratoriumsbereichen aber, in denen diese Kosten anteilig hoch sind (z. B. immunologische Untersuchungen) ist die Einflußnahme auf die Indikationsstellung im Einzelfall sicherlich sinnvoll. Bei den Standarduntersuchungen der klinischen Chemie sollte man sich jedoch auf die Straffung von Untersuchungsprofilen und die Beseitigung ärztlich nicht begründeter, mengenausweitender Trends beschränken.

Die Kosten sind also, soweit sie mengenabhängig sind, nur bedingt vom Laboratoriumsmanagement zu verantworten. Hinsichtlich des wirtschaftlichen Einsatzes der finanziellen Mittel im Laboratorium liegen Verantwortung und Steuerungsmöglichkeiten jedoch eindeutig und ausschließlich bei der ärztlichen Laboratoriumsleitung.

6.2.1 Aufklärung und Information der Einsender

Häufig ist die Unkenntnis der veranlaßten Mengen und Kosten Ursache nicht wirtschaftlichen Anforderungsverhaltens der einsendenden Ärzte der bettenführenden Abteilungen. Deshalb sind Aufklärung und Information über den zu erwartenden Nutzen von Laboratoriumsuntersuchungen und die dadurch ausgelösten Kosten wichtige Elemente der Steuerung. Dies setzt detaillierte Einsenderstatistiken und natürlich das Vorhandensein einer betriebswirtschaftlich korrekten Kosten- und Leistungsrechnung voraus. Leider liefern gegenwärtig kommerzielle Labor-EDV-Systeme immer noch zu wenig an aufbereiteten Leistungsdaten, so daß Eigenlösungen gesucht werden müssen. Derartige Auswertungen müssen mindestens die Mengen und Kosten pro Einsender und Abteilung sowie einsenderbezogene Hitlisten und Veränderungen gegenüber Vergleichszeiträumen beinhalten.

Wichtig sind regelmäßige und zeitnahe Mitteilungen über den Stand des jeweiligen Laboratoriumsbudgets für die bettenführenden Abteilungen, sofern dies nicht über ein Krankenhausinformationssystem geschieht.

6.2.2 Untersuchungsprogramme und Stufendiagnostik

Auch für die Anforderung von Laboratoriumsuntersuchungen gilt das Prinzip der Stufendiagnostik. Dies bedeutet, daß mit Ausnahme von Notfällen nach Erhebung der Anamnese und des körperlichen Befundes eine diagnostische Hypothese aufgestellt wird, die dann gezielt unter anderem durch Laboratoriumsbefunde verifiziert oder falsifiziert wird.

In der klinischen Praxis wird allerdings auch aus Gründen der Liegezeitverkürzung von diesem Prozedere in soweit abgewichen, als klinik- und stationsspezifische Aufnahme-Untersuchungsprogramme eingesetzt und, sofern Vordiagnosen bekannt sind, durch gezielte Untersuchungen ergänzt werden. Die Vereinbarungen müssen dem Prinzip der Beschränkung auf das ärztlich Notwendige hinsichtlich der Untersuchungszahl und der Frequenz folgen.

Sofern es nicht infolge derartiger Maßnahmen zu deutlich absinkenden Untersuchungszahlen und damit zu einer Personalreduktion kommt, wird jedoch, wie bereits erwähnt, lediglich der relativ niedrige Anteil der variablen Kosten gemindert. Konsequenterweise werden dann die relativen Fixkostenanteile bei den verbleibenden Untersuchungen höher. Somit tritt bei der internen Leistungsverrechnung keine wesentliche Entlastung der Einsender ein. Eine ausgeprägte Stufendiagnostik kann in diesem Fall sogar zu einer Kostenerhöhung führen, da entweder durch eine Erhöhung der Einsendungen bei gesunkenem Splittingfaktor die Probenannahme (Personalvermehrung an dieser Stelle) oder durch den Anstieg telefonischer Nachforderungen von Untersuchungen aus bereits abgearbeitetem Material (nochmaliger Verteilvorgang) das Laboratorium allgemein vermehrt zeitlich beansprucht wird.

Medizinisch begründete, organisatorische Maßnahmen z. B. hinsichtlich der Probenabgabezeiten können Kosten senken, wie die Vorgabe fester Probenabgabezeiten für Routineuntersuchungen und die gemeinsame Festlegung von Probenabgabeterminen für geplante Überwachungsuntersuchungen der Intensivabteilungen und Wachstationen.

6.3 Kostensenkung durch Strukturänderung

Dezentrale Leistungserbringung mit der Konsequenz überhöhter Personalvorhaltung und kurzer Untersuchungsserien verursacht höhere Kosten. Die Rationalisierungseffekte bei langen Serien beruhen auf anteiliger Reduktion der Fixkosten einer Serie, vor allem durch Reduktion der Personalkosten, ganz besonders bei Mechanisierung, sowie in geringerem Umfang der variablen Kosten durch Reduktion der Reagenzien- und Materialkosten als Folge von Mengenrabatten und üblicherweise geringerem Reagenzverbrauch bei mechanisierten Arbeitsabläufen.

Verschiedene Möglichkeiten bieten sich zur zentralisierten Erbringung von Laboratoriumsleistungen an oder sind in Diskussion:

1. **Krankenhausinterne Lösungen**
   - Zentralisierung von Abteilungslaboratorien

2. **Krankenhausexterne Lösungen**
   - Vergabe einzelner Laboratoriumsuntersuchungen als Fremduntersuchungen an ärztlich geleitete Laboratorien und Institute mit besonderem Schwerpunkt
   - Auslagerung von Laboratoriumsuntersuchungen des Krankenhauses
   - Hereinnahme von Laboratoriumsuntersuchungen in das Krankenhauslaboratorium

6.3.1
Krankenhausinterne Lösungen

Die Wirtschaftlichkeit kann durch Änderung der Ressourcenkombination und damit der Kostenstruktur durch das klassische Instrument der Rationalisierung, d.h. konkret durch stärkere Mechanisierung verbessert werden. Das Mehr an Gerätekosten spart dabei in der Regel Personalkosten und fast immer auch infolge geringeren Reagenzverbrauches Materialkosten ein.

Ein weiterer genereller Ansatz ist die Steigerung der laboratoriumsinternen Effizienz durch:
- Personalentwicklung zur Steigerung der Mitarbeitereffizienz und -zufriedenheit sowie
- Organisationsentwicklung zur Verbesserung der Aufbauorganisation (strukturelle Maßnahmen) und zur Verbesserung der Ablauforganisation (Prozeßoptimierung und Verbesserung der Prozeßqualität).

Eine entscheidende Effizienzsteigerung und Rationalisierung ist auch durch den Einsatz der EDV zu erzielen.

Zentralisierung von Abteilungslaboratorien

Zentralisierung im Laboratoriumsbereich zeigt aus den folgenden Gründen besondere wirtschaftliche Effekte:
- Der relativ hohe Fixkostenanteil im Labor (zwischen 70 und 80%) führt bei zunehmender Leistungsmenge zu einem hohen Fixkostendegressionseffekt. Die Fixkosten enthalten wiederum einen relativ hohen Anteil an Bereitschaftskosten, die den vorgenannten Effekt noch verstärken.
- Der technische Fortschritt in medizinischen Laboratorien ermöglicht Rationalisierung durch Mechanisierung.

Deshalb gilt der Grundsatz, daß ein Labor um so wirtschaftlicher zu betreiben ist, und daß die Selbstkosten der einzelnen Laborleistungen umso niedriger sind, je größer die organisatorische Einheit ist und je länger die Serien sind, letzteres unter Berücksichtigung der besonderen Effekte bei sprungfixen Kosten.

Der erste Schritt zur Verbesserung der Wirtschaftlichkeit muß deshalb die räumliche und organisatorische Zentralisierung der Laboratorien im Krankenhaus, bei bereits erfolgter Zentralisierung die Optimierung der Laboratoriumsorganisation im zentralen Krankenhauslaboratorium sein. Die Zusammenführung von abteilungsbezogenen Laboratorien in ein Zentrallaboratorium führt zu Versorgungsvorteilen sowie zur Kosteneinsparung. Hauptgrund ist die bessere Ausnutzung von Personalkapazitäten und Einsparung von Personal durch größere Rationalisierungsmöglichkeiten.

Allerdings gibt es auch eine Obergrenze für die zentralisierte Erbringung von Laboratoriumsuntersuchungen durch *ein* Institut in einem Krankenhaus. Die Aufteilung des Zentrallaboratoriums in eine Abteilung für klinische Chemie und eine für Mikrobiologie und Infektionsepidemiologie ist sicherlich dann sinnvoll, wenn der leitende Arzt in seiner Arbeitszeit fast vollständig von Organisationsarbeiten absorbiert wird, Aufsicht und Weisung durch die Abteilungsleitung nicht mehr möglich sind und er bei der Befunderstellung im Einzelfall nicht mehr mitwirken kann. Bei

Universitätskliniken, Krankenhäusern der Maximalversorgung und Krankenhäusern mit speziellem Versorgungsauftrag (Hämatologie-Onkologie, Schwerstverbrannten-Zentren, Perinatalzentren) kann unabhängig von der Bettenzahl eine eigene transfusionsmedizinische Abteilung notwendig sein. Ab einer Zahl von 1000 bis 1200 Betten ist eine derartige Einrichtung empfehlenswert.

6.3.2 Krankenhausexterne Modelle der Kostensenkung

Der Fixkostendegressionseffekt hat im Laboratorium allgemein und speziell in den mechanisierten Bereichen natürlich entscheidende Auswirkungen. Insofern bringen alle Maßnahmen zur Serienverlängerung positive Effekte auf die Kosten, seien es Zentralisierung oder auch Kooperation mit anderen Laboratorien bei seltener angeforderten Untersuchungen, die nicht unbedingt im Krankenhaus vorgehalten werden müssen.

6.3.2.1 Laboratorien mit Schwerpunkt

Selbstverständlich wird auch heute bereits jedes Krankenhaus nicht alle seltenen Untersuchungen selbst anbieten, sondern in anderen Einrichtungen (anderen Krankenhäusern oder Fachlaboratorien im niedergelassenen Bereich) durchführen lassen. Die Versand- oder Transportzeiten sind dabei zu berücksichtigen. Auch hier entscheiden zunächst die medizinisch begründete Notwendigkeit einer raschen Befundmitteilung sowie die Kompetenz des externen Laboratoriums und erst in zweiter Linie die Kosten. Wartezeiten von mehr als maximal fünf Tagen, von der Probennahme bis zur Befundentgegennahme gerechnet, werden in der Regel nicht hingenommen. Es kann sich also der medizinisch begründete Zwang ergeben (z. B. bei toxikologischen Untersuchungen), Untersuchungen kostenungünstig im eigenen Krankenhaus anzubieten, weil sonst die Untersuchungsergebnisse für die entsprechenden ärztlichen Handlungen zu spät eintreffen würden. Sie sind dann trotzdem wirtschaftlich erbracht. Ein weiterer Grund für rasche Bearbeitung ist, wie in Abschn. 2.4 bereits erwähnt, der Zwang zur Verkürzung der Liegedauer.

Vom Kostenstandpunkt aus betrachtet, stellen jedoch nicht diejenigen Untersuchungen das Einsparpotential dar, die extrem selten sind, da das Produkt aus Menge mal Kosten sehr klein ist. Wesentlich wichtiger sind Untersuchungen mit mittlerer Häufigkeit (s. Abb. 6-1).

6.3.2.2 Ausgliederung von Krankenhauslaboruntersuchungen

Externe Lösungsansätze zur Kostensenkung von Laboratoriumsleistungen für das Krankenhaus nutzen wie die krankenhausinternen vor allem den Rationalisierungs- oder auch Fixkostendegressionseffekt, der aus einer Vergrößerung der Serienlänge resultiert. Hierbei können zwei ökonomische Zielsetzungen die treibenden Motive sein, nämlich

- grundsätzlich Serienlängen zu erreichen, bei denen sich der Fixkostendegressionseffekt signifikant bemerkbar macht und/oder
- Serienlängen zu erzeugen, welche den Fixkostendegressionseffekt maximal nutzen.

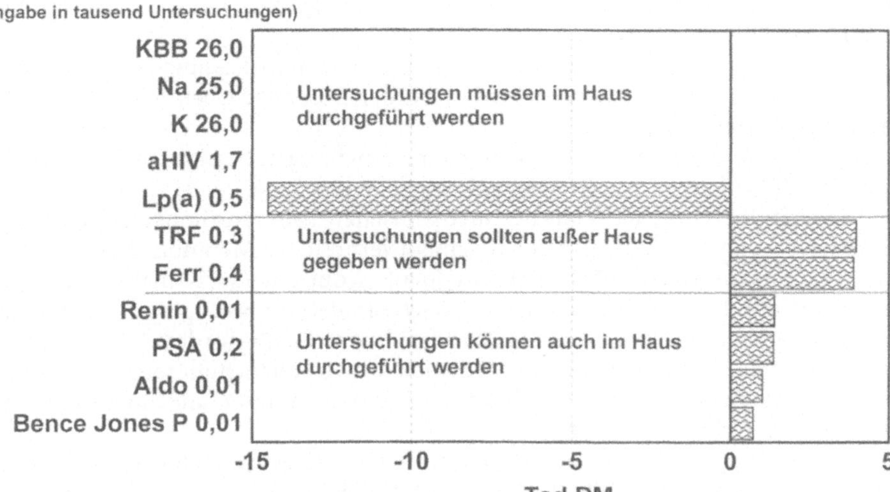

Abb. 6-1. ABC-Analyse für Entscheidung der Nach-Außen-Vergabe. Säulen nach links zeigen Kostendifferenzen zwischen interner und externer Erbringung zugunsten des Krankenhauslaboratoriums, Säulen nach rechts Einsparpotentiale bei Vergabe nach außen

Um diese Zielsetzungen in kostenmäßig bedeutsamem Ausmaß zu erreichen, stehen bei den krankenhausexternen Lösungen der Kostensenkung von Laboratoriumsleistungen die Ausgliederung großer Teile bzw. des Krankenhauslaboratoriums insgesamt in der Diskussion, und zwar durch:

- rechtliche Verselbständigung eines Laboratoriums am Krankenhaus und Eingliederung von Laboratoriumsbereichen anderer Krankenhäuser bzw. anderer Laboratorien bzw. Laborgemeinschaften oder
- Fremdvergabe großer Teile bzw. des ganzen Aufgabenbereichs des Krankenhauslaboratoriums.

Die Realisierung derartiger Lösungsansätze hat die Grenzen und Risiken der ökonomischen Zielsetzung zu berücksichtigen. Diese liegen in

- der ärztlichen Verantwortung,
- der Struktur des Gesundheitswesens,
- der förderrechtlichen Situation bei Investitionen,
- der Erlössituation und
- der zivil- und strafrechtlichen Situation.

6.3.2.2.1
Medizinische Grenzen und Risiken bei der Ausgliederung des Krankenhauslaboratoriums insgesamt oder von Teilbereichen

Bei der Entscheidung, ob die täglich durchgeführten und/oder auch ein Teil der nicht täglich durchgeführten Routineuntersuchungen in einem Krankenhauslaboratorium fremdvergeben werden sollen, sind an erster Stelle medizinische Erfordernisse der Krankenversorgung maßgebend. Der zu erwartende Nachteil für die medizinische Krankenhausversorgung ist einem eventuellen Kostenvorteil kritisch abwägend gegenüberzustellen.

Bei der Ausgliederung von Krankenhauslaboratoriumsleistungen treten Probleme bezüglich der Qualität, der Präanalytik, der Gesamtbearbeitungszeit und dem Informationsaustausch auf.

Was die *Qualität* von Laboratoriumsuntersuchungen betrifft, so ist diese dem direkten Zugriff und Einfluß des Krankenhauses entzogen.

Die weit überwiegende Zahl der medizinischen Laboratoriumsuntersuchungen unterliegt im übrigen entgegen der allgemein verbreiteten Meinung nicht der Pflicht zur Qualitätskontrolle. Selbst die konsequente Kontrolle der Einhaltung der Qualitätskontrollpflichten für bisher 48 (!) Analyte findet nur bedingt statt. Sie scheitert unter anderem am Personalmangel der zuständigen Eichbehörden.

Auch Teilleistungen (Mitteilung lediglich von Untersuchungsergebnissen, fehlende Qualität usw.) gelten wie vollständige Untersuchungsbefunde und werden mit den gleichen Gebühren honoriert.

Nicht ausreichende Qualität von Laboruntersuchungen stellt hinsichtlich der Patientenversorgung das größte Risiko einer Ausgliederung dar.

Zahlreiche Analyte und Untersuchungsmaterialien eignen sich nicht für den Versand (z. B. Gerinnungsuntersuchungen), und stellen besondere Anforderungen an die *Präanalytik*. Dies betrifft vor allem auch den Probentransport (z. B. Morphologische Differenzierung des Blutbildes)[26]. Selbst schonender Transport nicht aufbereiteten Untersuchungsmaterials ist wegen der dabei wirksam werdenden Störgrößen (z. B. Freisetzung von Kalium aus Erythrozyten) strikt abzulehnen. Somit verbleibt der nicht unbeträchtliche organisatorische, zeitliche und kostenmäßige Aufwand, um die Untersuchungsproben für den Versand vorzubereiten (z. B. Probentransport, -annahme, Zentrifugation und Abseren, Befundeingangskontrolle, Rechnungsprüfung), bei der versendenden Klinik.

Im Hinblick auf die Versorgung von Tagesklinikstationen und gegebenenfalls notwendig werdende Wiederholungsuntersuchungen spielt die Probentransportdauer ebenfalls eine wichtige Rolle.

Räumliche Trennung erschwert den *Informationsaustausch* in Akutsituationen. Der direkte persönliche Kontakt zwischen Leistungsanforderer und Leistungserbringer ist aber gerade in solchen Fällen unverzichtbar.

6.3.2.2.2
Grenzen und Risiken bei der Ausgliederung des Krankenhauslaboratoriums insgesamt oder von Teilbereichen aufgrund der derzeitigen Struktur des deutschen Gesundheitswesens

Das deutsche Gesundheitswesen ist in stationäre und ambulante Versorgung mit entsprechendem Versorgungsauftrag gegliedert. Dieser geteilte Versorgungsauftrag hat im Hinblick auf die Versorgung mit Laboratoriumsuntersuchungen folgende Versorgungseinheiten im stationären bzw. ambulanten Bereich hervorgebracht:

- Zentrale bzw. dezentrale Krankenhauslaboratorien (stationäre Versorgung),
- Praxen niedergelassener Laborärzte (ambulante Versorgung),

[26] Guder WG, Wisser H (1990) Verhalten von Blutbestandteilen während des Transports (Versand) und der Lagerung von Untersuchungsgut. Dt. Ges. f. Klin.Chemie – Mitteilungen, 21:4–13

- Laborgemeinschaften als Gemeinschaftseinrichtungen niedergelassener Ärzte (ambulante Versorgung) und
- an laborärztliche Praxen angegliederte Laborgemeinschaften (vorwiegend ambulante Versorgung, teilweise stationäre Versorgung);

die beiden letztgenannten unter Fiktion der Selbsterbringung bei Bezug der Laboratoriumsuntersuchungen gedeckt durch § 105, Abs. 4 SGB V.

Der geteilte Versorgungsauftrag hat in der Vergangenheit zu unterschiedlichen Träger-, Organisations-, Finanzierungs-, und Kostenerstattungstrukturen geführt. Im stationären Bereich dominieren juristische Personen als Krankenhausträger (staatlicher bzw. kommunaler Regiebetrieb, kommunaler Eigenbetrieb, GmbH u. a.). Im ambulanten Sektor sind es niedergelassene Ärzte als natürliche Personen mit ihren Einzel- bzw. Gemeinschaftspraxen bzw. Laborgemeinschaften als privatrechtliche Zusammenschlüsse.

Diese Vielfalt in der Rechtsstruktur erleichtert bzw. fördert neben medizinischen und anderen Vorgaben in keiner Weise Zusammenschluß, Kooperation Aufgabenaus- und -eingliederung bei unterschiedlichen Laborversorgungsstrukturen im stationären und ambulanten Bereich. Das Gesundheitsstrukturgesetz und die derzeitige Gesundheitspolitik fordern zwar eine engere Verzahnung des stationären und ambulanten Versorgungsbereichs. Die gesundheitsökonomischen Ziele sind aber derzeit nur unvollständig in entsprechende Regelungen umgesetzt.

6.3.2.2.3 Förderrechtliche Grenzen und Risiken der Investition bei der Ausgliederung des Krankenhauslaboratoriums insgesamt oder von Teilbereichen

Aufgrund der dualistischen Finanzierung im stationären Bereich wurden bisher nach dem Krankenhausfinanzierungsgesetz Investitionen des Krankenhauslaboratoriums wie andere im Krankenhaus auch aus Fördermitteln der Bundesländer oder bei universitären Einrichtungen nach dem Hochschulbaufinanzierungsgesetz zum Teil mit Bundesmitteln finanziert. Ausgliederung des Laboratoriums bedeutet die Verminderung oder Einstellung der Zahlung von Fördermitteln oder sogar deren Rückzahlung für nicht mehr beanspruchte Einrichtung. Wie sich Investitionen bei monistischer Finanzierung für die Krankenhauslaboratorien bei dem derzeitigen Finanzmitteldefizit der Krankenkassen gestalten würden, ist gegenwärtig nicht abzuschätzen.

Bei Privatisierung durch Ausgliederung sind die Investitionen des Laboratoriums über seine Erlöse und Kreditaufnahme bei vollem Finanzierungs- und Tilgungsrisiko zu finanzieren. Sie bieten allerdings den Vorteil rascher und rechtzeitiger Rationalisierungsinvestitionen gegenüber den langen und unvorhersehbaren Wegen der Förderung.

6.3.2.2.4 Erlösverluste des Krankenhauses bei der Ausgliederung des Krankenhauslaboratoriums insgesamt oder von Teilbereichen

Stationäre Versorgung
Die Kosten der Laboruntersuchungen für Allgemeinpatienten des Krankenhauses werden durch Budgetanteile des Abteilungspflegesatzes und der fallorientierten Pauschalen gedeckt. Bei den Wahlleistungspatienten erfolgt zusätzlich eine Kostenerstattung an das Krankenhaus über die Chefarztabgaben aus den Einzelleistungshonoraren nach der Amtlichen Gebührenordnung für Ärzte (GOÄ). Diese entfällt bei Ausgliederung.

Die Verrechnung von Laboruntersuchungen zwischen den Krankenhäusern für Allgemeinpatienten erfolgte bislang auf der Grundlage der Vollkosten des Normaltarifs der Deutschen Krankenhausgesellschaft (DKG-NT). Dieser lehnt sich eng an die GOÄ an. Seit Inkrafttreten des GSG'92 wird von den Krankenhausträgern zunehmend auf der Basis von Prozentsätzen des DKG-NT verhandelt und abgerechnet. Ohne detaillierte Kenntnis der Kosten kann eine solche Verfahrensweise zum Problem werden, wenn z. B. der Deckungsbeitrag 1 nicht erreicht wird.

Ambulante Versorgung durch das Krankenhaus
Die Abrechnung der Wahlleistungspatienten erfolgt auf der Basis der GOÄ, die Abgabenregelung unterscheidet sich aber üblicherweise von der für stationäre Patienten (Erstattung des Sachkostenanteils nach DKG-NT zuzüglich eines Vorteilsausgleichs).

6.4 Rechtliche Risiken bei der Ausgliederung des Krankenhauslaboratoriums (J. Dessauer)

Schon seit langem ist eine stark zunehmende „Verrechtlichung" der Medizin zu beobachten, die von der Ärzteschaft verständlicherweise ebenso zunehmend beklagt wird. Der medizinische Fortschritt, die Verteuerung und die Begrenztheit der Ressourcen führen begleitend zu einer immer stärkeren „Ökonomisierung" der Medizin. Das Krankenhauslaboratorium stellt einen gewissermaßen paradigmatischen Fall der Verrechtlichung und Ökonomisierung der Medizin dar: Die geforderte Zentralisierung, Ausgliederung bzw. Rationalisierung setzt eine Beantwortung der Frage voraus, wo und in welcher Weise ökonomische Faktoren in organisatorische Entscheidungen, Behandlungsentscheidungen und Haftungsmaßstäbe einfließen dürfen. Die Ausgliederung bzw. Zentralisierung von Krankenhauslaboratorien ist nicht die einzige Antwort auf den Kostendruck geblieben; mittlerweile werden Privatlaboratorien bzw. Laborgemeinschaften im Krankenhaus betrieben.

Im Rahmen all dieser organisatorischen Veränderungen stellen sich aus rechtlicher Sicht insbesondere die Fragen des „Ob" und des „Wie" z. B. einer Ausgliederung. Die Frage nach dem „Ob" zielt auf zivil- und strafrechtliche Risiken; die Frage nach dem „Wie" auf die rechtlichen Gestaltungsformen einer unter Kosten- oder sonstigen Aspekten gewünschten organisatorischen Veränderung. Die Materie ist komplex; der gegebene Rahmen verlangt Konzentration auf das Wesentliche. Eine ausführliche Darstellung zu Fragen der zivilrechtlichen Haftung mit Nachweisen zu Rechtsprechung und Literatur findet sich in [27].

Ausgangspunkt der Überlegungen sind potentielle gesteigerte Risiken im Umfeld kostenbedingter organisatorischer Veränderungen im Krankenhauslaboratorium (Abschnitt 6.4.1); darauf aufbauend stellt sich die Frage nach den zivilrechtlichen (Abschnitt 6.4.2) und strafrechtlichen (Abschnitt 6.4.3) Implikationen dieses gesteigerten Risikopotentials. Abschließend (Abschnitt 6.4.4) folgen noch einige Bemerkungen zu Rechtsfragen einer Gestaltung der organisatorischen Veränderung des Krankenhauslaboratoriums.

6.4.1 Zum Risikopotential organisatorischer Veränderungen im Krankenhauslaboratorium

Im Hinblick auf das faktische Risikopotential läßt sich zwischen dem präanalytischen, analytischen und postanalytischen Bereich differenzieren.

Darüber hinaus bleiben die allgemeinen Risiken, die durch die Einschaltung Dritter verstärkt werden; auf Seiten des versendenden Hauses ist hier an fehlerhafte Probenentnahme, Versendung, Datenzuordnung zu denken, auf Seiten eines Drittlaboratoriums an fehlerhafte Befundung und Datenerfassung. Die Komplexität der Situation wird dazu führen und hat bereits in zahlreichen Fällen dazu geführt, daß sich ein Befundungsfehler als letztlich nicht mehr aufklärbar erweist.

6.4.1.1 Präanalytischer Bereich

Spezifische Risiken im Umfeld organisatorischer Veränderungen in Form einer Ausgliederung entstehen insbesondere im präanalytischen Bereich als Folge der Notwendigkeit eines Transports von Proben. Hier ist zunächst an den Zeitfaktor, d.h. die Relevanz aktueller Werte für die Diagnostik, zu denken. Hinzu kommen transportbedingte, insbesondere temperaturbedingte Risiken, das gesteigerte Verwechslungsrisiko, sowie sonstige transportbedingte Veränderungen und Beschädigungen von Proben.

Aus der Praxis wird insoweit folgender Fall berichtet: Durch eine Verzögerung beim Transport kam es zum verspäteten Eintreffen einer Probe, die deshalb für eine Untersuchung ungeeignet war. Dem Laboratoriumsarzt, der sich weigerte, die Probe zu untersuchen, wurde mit Kündigung des Arbeitsvertrags gedroht.

6.4.1.2 Analytischer Bereich

Auch im analytischen Bereich können durch organisatorische Veränderungen, insbesondere eine Auslagerung, erhebliche zusätzliche Risiken entstehen, die z.B. durch das Fehlen einer Eingangskontrolle angelieferter Proben eröffnet werden

[27] Dessauer J (1993) Kosteneinsparung im Krankenhauslaboratorium: Ist die Ausgliederung hierzu der richtige Weg? – Juristische Probleme, insbesondere Haftungsfragen. Med R, 379 ff.

können. Sie können desweiteren durch die erheblich gesteigerte Zahl von Proben im Großlaboratorium vor allem beim Einsatz von mangelhaft ausgebildetem Personal entstehen. Hier ist von Bedeutung, daß diese Risiken bei Einschaltung Dritter durch das versendende Haus nur mittelbar und beschränkt kontrolliert werden können.

6.4.1.3
Postanalytischer Bereich

Auch hier liegt ein Schwerpunkt zusätzlicher Risiken. Zum einen muß gewährleistet sein, daß Befunde aus dem Zentrallaboratorium unverzüglich zurückübermittelt werden können. Darüber hinaus besteht die Gefahr, daß die im Krankenhauslaboratorium ausgeprägte konsiliarische Funktion, insbesondere der risikomindernde Einfluß der Möglichkeit eines schnellen Konsiliums, zumindest teilweise verloren geht. Schließlich entfällt zumindest teilweise die im Krankenhauslaboratorium gegebene Möglichkeit der ärztlichen Validierung über einen Befundvergleich unter Einbeziehung von Vorbefunden (Longitudinalkontrolle).

6.4.1.4
Rechtsprechung

Die Rechtsprechung zu Fehlern im (Krankenhaus-)Laboratorium hatte sich, soweit ersichtlich, bislang mit den folgenden Problemen auseinanderzusetzen: In einem vom Bundesgerichtshof entschiedenen Fall ging es um die fehlerhafte Bestimmung des Rhesus-Faktors einer Patientin; ob der objektiv falsche Befund Folge einer Vertauschung der Proben war, oder ob das Untersuchungsergebnis durch den Laboratoriumsarzt unzutreffend war, ließ sich nachträglich nicht mehr feststellen. Das Gericht wies die Klage gegen den Laboratoriumsarzt mit der Begründung ab, diesem sei kein Fehler nachzuweisen [28].

In anderen Entscheidungen der Instanzgerichte wurde festgestellt, ein Arzt hafte weder über § 278 BGB noch nach § 831 BGB für die verzögerte Bearbeitung einer Blutprobe durch ein Zentrallaboratorium; er dürfe darauf vertrauen, daß hochpathologische Werte von dort vorab mitgeteilt würden [29].

In einer anderen Entscheidung heißt es, ein Arzt für Laboratoriumsmedizin hafte bei einer Blutprobenverwechslung nur dann, wenn der Nachweis geführt werde, daß die Verwechslung in seinem Laboratorium vorgekommen sei [30].

In einer weiteren Entscheidung ist von einer Erkundigungspflicht bei unvollständigen Untersuchungsberichten die Rede [31].

Schließlich wird in einer anderen Entscheidung auf die Pflicht eines Belegkrankenhauses, das die Versendung von Blutproben selbst übernimmt, Bezug genommen, für eine Rücklaufkontrolle Sorge zu tragen [32].

Die Entscheidungen befassen sich demnach, abstrakt formuliert, mit der Nichtfeststellbarkeit von Fehlerquellen bei der Probennahme, mit Problemen der Kom-

[28] BGH, NJW 1989, 2943 f. = VersR 1989, 1051 ff.
[29] OLG Hamm, OLG-Rp Hamm 1992, 341 f.
[30] OLG Frankfurt, OLG-Rp Frankfurt 1992, 170
[31] OLG Hamm, MedR 1992, 340 ff
[32] OLG Hamm, Urt. v. 16.09.1991, 3 U 112/90

munikation (verzögerte Mitteilungen; Erkundigungspflichten), mit dem Risiko einer Probenverwechslung und mit versendungsbedingten Risiken und den damit einhergehenden Kontrollpflichten.

6.4.2 Fragen der zivilrechtlichen Haftung

Siehe hierzu grundlegend [33].

6.4.2.1 Grundlagen

Das Zivilrecht unterscheidet zwischen vertraglicher und deliktischer Haftung. Im häufigsten Kontext (totaler Krankhausaufnahmevertrag) [34] werden sich vertragliche Ansprüche gegen den Krankenhausträger richten. Adressaten der deliktischen Haftung können der Krankenhausträger wie auch der behandelnde Arzt oder gar Dritte sein.

Unterschiede zwischen diesen Haftungsgrundlagen ergeben sich im Hinblick auf verschiedene Verjährungsfristen (30 bzw. 3 Jahre), im Hinblick auf das Einstehenmüssen für das Verhalten von Hilfspersonen und im Hinblick auf die unterschiedliche Einstandspflicht für Schäden (nach Deliktsrecht Schmerzensgeld und Ersatz für Unterhaltsverlust bei Tod).

6.4.2.2 Der geschuldete Sorgfaltsmaßstab

6.4.2.2.1 Grundlegendes zum Sorgfaltsmaßstab

Eine zivilrechtliche Haftung erfordert nach Vertrag wie nach Delikt eine objektive Sorgfaltspflichtverletzung und eine dadurch verursachte Schädigung von Patienten an Körper und Gesundheit. Zentrale Frage ist, welche Anforderungen das Recht an diesen Sorgfaltsmaßstab stellt.

Nach der Judikatur schuldet der Arzt die berufsfachlich gebotene Sorgfalt, d.h. die Einhaltung eines Behandlungsstandards, den ein besonnener und gewissenhafter, dem entsprechenden Fachgebiet zugehöriger Arzt in der konkreten Situation geboten hätte. Der Maßstab für die erforderliche Sorgfalt richtet sich nach objektiv-typisierenden, nicht nach subjektiv-individuellen Merkmalen: Es gilt das Prinzip der Gruppenfahrlässigkeit. Danach kommt es auf die im jeweiligen Verkehrskreis der Allgemein- oder Gebietsärzte vorausgesetzten Fähigkeiten, die dort zu erwar-

---

[33] Laufs, Arztrecht, 5. Aufl. 1993, S. 263 ff.; Giesen, Arzthaftungsrecht, 1990, S. 8 ff.; Laufs, in: Laufs/Uhlenbruck (Hrsg.), Handbuch des Arztrechts, 1992, S. 614 ff., 648, 666 ff.; Schmid, Die Passivlegitimation im Arzthaftpflichtprozeß unter Berücksichtigung der Organisation der Krankenversorgung, 1988, S. 91 ff., insbesondere 106 ff.; Steffen, Neue Entwicklungslinien der BGH-Rechtsprechung zum Arzthaftungsrecht, 5. Aufl. 1992, S. 22 ff., jew. m.w.N. zu der einschlägigen Rechtsprechung und Literatur

[34] Siehe insoweit insbesondere Schmid (Fn. 33), S. 106 ff., sowie Laufs/Uhlenbruck, in: dies. (Hrsg.) (Fn. 33), S. 601 f., 621 und 656

tenden Kenntnisse und Fähigkeiten an, nicht jedoch auf individuelle persönliche Möglichkeiten[35].

Daraus folgt, daß die Gerichte den Sorgfaltsmaßstab nicht allein bestimmen; die Kernzone der ärztlichen Berufstätigkeit bleibt weitgehend sich selbst überlassen, bringt aber mit dem medizinischen Fortschritt neue Erkenntnisse, Erfahrungen, diagnostische und Behandlungsmöglichkeiten mit sich, die ihrerseits die rechtlich gebotene Sorgfalt hochschrauben. Wie der Medizinrechtler Laufs treffend feststellt, nimmt so mit der wachsenden Perfektion auch die Verrechtlichung der Medizin gleichsam von innen her zu[36].

Ein Behandlungsfehler kann in einem Zuviel oder einem Zuwenig bestehen, in einem Tun oder Unterlassen. Bei der zivilrechtlichen Beurteilung der Frage, ob ein Sorgfaltsverstoß vorliegt, ist es unerheblich, ob das Schwergewicht des ärztlichen Tuns in der Vornahme einer sachwidrigen oder in dem Unterlassen einer sachlich gebotenen Maßnahme liegt; in beiden Fällen wird für die gebotene Sorgfalt gehaftet.

Zur Frage der Verletzung des gebotenen medizinischen Standards existiert eine nicht mehr überblickbare Judikatur. Herkömmlicherweise unterscheidet man zwischen Diagnosefehlern und Therapiefehlern. Das hier interessierende diagnostische Fehlverhalten umfaßt alle Fälle unzureichender Maßnahmen, der fehlerhaften Beurteilung trotz Inanspruchnahme aller Erkenntnismöglichkeiten und schließlich der unterlassenen Diagnosen. Auch bei der Diagnose schuldet der Arzt – wie ganz allgemein – nicht einen Erfolg, sondern fachgerechtes Vorgehen.

Insoweit treten Organisationspflichten in den Vordergrund, deren Adressat nicht nur der Arzt, sondern auch der Krankenhausträger ist.

6.4.2.2.2
Sorgfaltspflichten im organisatorischen Bereich

Organisatorische Sorgfaltspflichten von Arzt wie Krankhausträger gewinnen zunehmend an Gewicht. Die Zahl der an Diagnose und Therapie beteiligten Ärzte, Techniker und Hilfskräfte wächst; das arbeitsteilige medizinische Geschehen wird immer komplexer. Die Planung, Koordination und Kontrolle der klinischen Abläufe erfordern deshalb in immer zunehmenderem Maß Umsicht und Einsatz. Neben dem Krankhausträger bleibt der die Leitungsfunktion ausübende Arzt für eine sachgerechte Organisation des Umgangs mit dem Patienten verantwortlich.

Organisatorische Nachlässigkeiten und Versäumnisse sind mit Laufs als Behandlungsfehler zu qualifizieren: Zu einer sachgerechten Behandlung gehört die Geordnetheit aller Abläufe[37].

Die Gerichte stellen sehr hohe Ansprüche an die Sorgfalt im organisatorischen Bereich[38]: So heißt es in einer Entscheidung, Durchführung von Diagnostik und Therapie sei so zu organisieren, daß jede vermeidbare Gefährdung der Patienten ausgeschlossen ist[39]. Wie ganz allgemein im Bereich des ärztlichen Sorgfaltsmaß-

[35] Laufs, in: dies. (Hrsg.) (Fn. 33), S. 624 ff.

[36] Laufs, ebda., S. 625

[37] Laufs, ebda. S. 643

[38] Siehe statt aller Deutsch/Matthies, Arzthaftungsrecht – Grundlagen, Rechtsprechung, Gutachter- und Schlichtungsstellen, 3. Aufl. 1988, S. 42

[39] OLG Köln, VersR 1990, 1240 f., hinsichtlich Schutz- und Obhutspflichten im Zusammenhang mit einer ophthalmologischen Untersuchung; siehe auch die unten in Fn. 43 gegebenen Hinweise

stabs, ist dabei nicht von subjektiv-individuellen, sondern von objektiv-typisierenden Kriterien auszugehen.

Der Zustand der Organisation muß dem Standard des Krankenhauses, den jeweils typischen Aufgaben und Gefahren entsprechen; das Krankenhaus ist unter dem Gesichtspunkt eines Organisationsverschuldens nicht nur Garant qualitativ fehlerfreier, sondern auch - im Rahmen des Angebots - quantitativ ausreichender Leistungen [40]. Im Rahmen des Leistungsangebots kommen damit unter dem Gesichtspunkt eines Organisationsverschuldens, gegebenenfalls auch eines Übernahmeverschuldens, Vorhaltepflichten im Hinblick auf die technische und apparative Einrichtung einer Klinik in Frage [41]. Wer Krankenhausleistungen anbietet, ohne den gebotenen Standard gewährleisten zu können, muß unter dem Gesichtspunkt eines Organisationsverschuldens, gegebenenfalls auch eines Übernahmeverschuldens, mit zivilrechtlicher Haftung rechnen [42].

Die Judikatur geht in den Anforderungen an Organisationspflichten sehr weit [43]; so hielt beispielsweise der Bundesgerichtshof die Haftung eines Krankenhausträgers aus Organisationsverschulden im Hinblick auf ein wegen mangelnder Hilfestellung formunwirksames Patiententestament für grundsätzlich möglich (ließ den Anspruch aber im Ergebnis daran scheitern, daß die Ursächlichkeit des Organisationsmangels für den Schaden nicht dargetan werden konnte) [44].

6.4.2.3
Zum Sorgfaltsmaßstab bei Organisationspflichten im Laboratoriumsbereich

6.4.2.3.1
Ausgangspunkt

In Anbetracht der aufgezeigten Risiken im Bereich von Koordination und Kommunikation bei Laboratoriumsleistungen, der hinzutretenden Risiken im Hinblick auf

[40] So Künschner, Wirtschaftlicher Behandlungsverzicht und Patientenauswahl, Knappe medizinische Ressourcen als Rechtsproblem, 1992, S. 222 ff.

[41] Künschner, a.a.O., S. 234 ff., 237

[42] Künschner, ebda.

[43] Siehe hierzu aus der Literatur Giesen (Fn. 33), S. 76 ff., 243 ff.; Laufs, in: Laufs/Uhlenbruck (Hrsg.) (Fn. 33), S. 643 ff.; Steffen (Fn. 33), S. 82 ff. und 134 ff. mit zahlreichen weiteren Nachweisen zur Rechtsprechung; aus der Rechtsprechung siehe insbesondere BGH, NJW 1989, 2945 ff. (Haftung eines Krankenhauses für formunwirksames Patiententestament); BGH, NJW 1988, 2298 ff. (Organisationsverschulden im Klinikbetrieb bei Urlaubsvertretungseinsatz); BGH, NJW 1986, 776 f. (Pflicht des Krankenhausträgers, durch geeignete Organisationsmaßnahmen sicherzustellen, daß keine durch einen anstrengenden Nachtdienst übermüdeten Ärzte zu Operationen eingeteilt werden); BGH, NJW 1985, 2189 ff. (Haftungsbegründendes Organisationsverschulden eines Krankenhausträgers, wenn der zu fordernde Standard von anästhesiologischen Leistungen auch bei ärztlicher Unterversorgung der Anästhesie nicht durch klare Anweisungen an die Ärzte gewährleistet ist); BGH, NJW 1978, 1683 ff. (Schädigung durch Gebrauch von verunreinigtem Desinfektionsmittel bei Kaiserschnitt-Geburt); BGH, DMW 1962, 1312 ff. (Ansteckung eines Kindes mit Tuberkulose in einer mangelhaft eingerichteten und betriebenen Isolierabteilung); BGHZ 5, 321 ff. (Luesinfektion als Folge einer Bluttransfusion mit einer verseuchten Blutkonserve); OLG Stuttgart, ArztR 1991, 136 f. (Organisationsfehler in psychiatrischem Krankenhaus bei Fehlen fachärztlicher Betreuung); Hanseatisches OLG Bremen, VersR 1979, 1060 ff. (Haftung eines Krankenhausträgers für Organisationsmängel im Zusammenhang mit einem Schaden, der auf fehlenden Geburtshilfemaßnahmen beruht); OLG Stuttgart, VersR 1977, 846 ff. (Organisationsmangel im Nachtdienst)

[44] BGH, NJW 1989, 2945 ff.

die Qualifikation von ärztlichem und nicht-ärztlichem Personal, der weiteren Risiken, die durch Nachlässigkeiten, Sorgfaltspflichtverletzungen und das Fehlen von Kontrollen bedingt werden, ist das Risikopotential bei einer Auslagerung oder Drittvergabe der Routine-Diagnostik gesteigert; damit korrespondieren gesteigerte organisatorische Sorgfaltspflichten.

Diese gesteigerten organisatorischen Sorgfaltspflichten beziehen sich zum einen auf eine dem hohen Sorgfaltsmaßstab genügende Planung und Koordination des Laboratoriumsdienstes, aber auch auf eine entsprechende Kontrolle der Abläufe. Dazu gehören neben einer klaren Regelung der Abläufe eine entsprechende Auswahl der Mitarbeiter unter Berüchsichtigung von deren Qualifikation, klare Regeln über Zuständigkeiten und Vertretungen und – dies ist im gegebenen Kontext von besonderer Bedeutung – eine ständige, stichprobenweise Kontrolle von Fremduntersuchungen.

In diesem Rahmen ließe sich nun allerdings fragen, ob die erforderliche Sorgfalt nicht bis zu einem gewissen Grade von den jeweiligen personellen, sachlichen und apparativen Gegebenheiten abhängt. So heißt es beispielsweise in der Bestimmung des § 2 Abs. 2 der Bundespflegesatzverordnung, daß allgemeine Krankenhausleistungen diejenigen Krankenhausleistungen sind, „die unter Berücksichtigung der Leistungsfähigkeit des Krankenhauses im Einzelfall nach Art und Schwere der Krankheit für die medizinisch zweckmäßige und ausreichende Versorgung des Patienten notwendig sind". Dies bringt jedoch nur die Selbstverständlichkeit zum Ausdruck, daß Leistungen nur insoweit erbracht werden können, als die Leistungsfähigkeit reicht[45]; die Bestimmung darf nicht dahingehend mißverstanden werden, als würde sie die Haftung für ein Organisationsverschulden „unter Berücksichtigung der Leistungsfähigkeit des Krankenhauses" relativieren. Zwar kann der zu fordernde medizinische Standard nach Rechtsprechung „in Grenzen ... je nach den personellen und sachlichen Möglichkeiten verschieden" sein[46]. Dies ergibt sich aus den Grenzen von Finanzierbarkeit und Wirtschaftlichkeit der Krankenversorgung, die angesichts der Dynamik des medizinischen Fortschritts zu generellen, immanenten Vollzugsdefiziten führen[47]. Stets muß jedoch die medizinische Grundausstattung modernen Anforderungen entsprechen[48]; die Literatur spricht hier von einer „unverzichtbaren Basisschwelle"[49]. Wie Künschner in seiner Monographie „Wirtschaftlicher Behandlungsverzicht und Patientenauswahl" zurecht hervorhebt, ist in diesem Zusammenhang jedoch der Schluß unzulässig, es gebe keinen einheitlichen Behandlungsstandard für alle Häuser. Behandlungsdefizite zwischen der „unverzichtbaren Basisschwelle" und „optimalen Behandlungsbedingungen" werden auch im Laboratoriumsbereich durch Pflichten zur Verlegung, Weiterverweisung oder Aufklärung des Patienten aufgefangen[50].

---

[45] Siehe Brandecker/Dietz/Bofinger, Krankenhausfinanzierungsgesetz, Bundespflegesatzverordnung und Folgerecht, Kommentare, Loseblattsammlung, 2 BPflV, Anm. 7

[46] BGH, NJW 1988, 763 ff., 765; siehe insoweit auch Steffen (Fn. 33), S. 41 mit weiteren Nachweisen

[47] Steffen (Fn. 33), S. 41

[48] BGH, NJW 1988, 763 ff., 765

[49] Vgl. Steffen (Fn. 33), S. 41; Künschner (Fn. 40), S. 223 f.; siehe auch BGH (wie Fn. 48)

[50] Künschner (Fn. 40), S. 224; siehe auch BGH (wie Fn. 48); Steffen (Fn. 33), S. 41 ff.

6.4.2.3.2 Sorgfaltsmaßstab und Kostendruck

Es läßt sich nun die weitere Frage stellen, ob der Kostendruck in der Medizin Auswirkungen auf den geschuldeten Sorgfaltsmaßstab hat. Die Formulierung „Kostendruck“ anstelle „Wirtschaftlichkeitsgebot“ ist bewußt gewählt: Führende Laboratoriumsmediziner sind zurecht nicht müde geworden, auf die unterschiedliche Zielsetzung einer reinen Kostenbetrachtung und einer Wirtschaftlichkeitsbetrachung, die den Aspekt der Leistungsqualität miteinbezieht, hinzuweisen. Eine Wirtschaftlichkeitsbetrachtung hat die Beurteilung der Frage der Angemessenheit von Kosten zum Gegenstand, d. h. die Relation zu einer geforderten Leistung, was die Definition einer Zielsetzung im Sinne der zu fordernden Leistung impliziert. Diese Zielsetzung ist an die medizinische Ethik gekoppelt und verhindert eine Gegensätzlichkeit von Wirtschaftlichkeitsgebot und ärztlich gefordertem Behandlungsstandard, wenngleich dies aus dem GSG nicht ohne weiteres ersichtlich ist. Das GSG berücksichtigt nämlich nicht mit der erforderlichen Klarheit, daß die Sorgfalt, die in haftungsrechtlichem Sinne geboten ist, auch als notwendig im Sinne des Wirtschaftlichkeitsgebots anzusehen ist.

Letztlich geht es hier um den nicht auflösbaren Konflikt zwischen Gemeinschaftsinteressen, nämlich dem sozialrechtlichen Wirtschaftlichkeitsgebot, und dem Einzelinteresse an bestmöglicher diagnostischer Medizin. Die Stellungnahmen in der Judikatur sind insoweit nicht immer ganz klar und unwidersprüchlich ausgefallen. Nach der Rechtsprechung des Bundesgerichtshofs[51] und eines Oberlandesgerichts[52] kann es auf erhöhten personellen und sachlichen Aufwand, also Kosten, jedenfalls dann nicht ankommen, wenn dieser nicht außer allem Verhältnis zu der drohenden Gefahr steht und das Risiko kein nur ganz entferntes ist. In einer anderen Entscheidung wertete der Bundesgerichtshof den Kostengesichtspunkt auf, indem er ihn unmittelbar nach der statistischen Häufigkeit und dem Gewicht der Gefahr nannte[53]. In der Literatur findet sich die Auffassung, die erforderliche Sorgfalt werde durch den Kostenpunkt mitbestimmt[54], ebenso wie die Meinung, fehlende sachliche oder personelle Ausstattung könne den erforderlichen Standard der Behandlung nicht heruntersetzen[55]. Letztlich muß man Laufs zustimmen, der festgestellt hat, der Weg zu einer Harmonisierung der gesetzlichen Haftpflichtregeln und der gesetzlichen Wirtschaftlichkeitsgebote erscheinen noch nicht völlig geklärt[56]. Da der Arzt aber ethisch wie rechtlich in erster Linie dem einzelnen Patienten und dessen Not verpflichtet ist[57], muß man im Ergebnis davon ausgehen, daß das Wirtschaftlichkeitsgebot nicht im Gegensatz zum ärztlich gebotenen Behandlungsstandard stehen kann, sondern von vornherein nur dann entscheidungsrelevant wird, wenn im Rahmen der jeweils gegebenen Möglichkeit keine Verschlechterung

---

[51] BGH, VersR 1954, 290

[52] OLG Düsseldorf, MedR 1984, 69 ff.

[53] BGH, VersR 1975, 43 ff.

[54] Nachweise bei Goetze, Arzthaftungsrecht und kassenärztliches Wirtschaftlichkeitsgebot - Eine Untersuchung unter besonderer Berücksichtigung des Arztstrafrechts, der statistischen Vergleichsprüfung im Wirtschaftlichkeitsprüfverfahren und ihrer Wechselbeziehungen, 1989, S. 200

[55] So Künschner (Fn. 40), S. 224

[56] Laufs, in: Laufs/Uhlenbruck (Hrsg.) (Fn. 33), S. 630

[57] So Laufs, Der ärztliche Heilauftrag aus juristischer Sicht, 1989, S. 46

des Behandlungsstandards, d.h. keine Risikoerhöhung zu Lasten des Patienten eintritt: Eine aus wirtschaftlichen Gründen vollzogene Auslagerung des Laboratoriums darf sich deshalb auf den haftungsrechtlich geschuldeten Behandlungsstandard nicht auswirken.

6.4.2.3.3
Ergebnis

Im Ergebnis ist damit festzuhalten, daß ein Krankhausträger und seine Ärzte immer verpflichtet sind, die größtmögliche Sorgfalt walten zu lassen und feste Vorkehrungen zum Schutz und zur Heilung des Patienten zu treffen. Ökonomische Interessen dürfen niemals dazu führen, daß Leistungen erbracht werden, die unterhalb der anerkannten Standards liegen.

Wird ein Krankenhauslaboratorium ausgelagert, so sind erhöhte haftungsrechtliche Risiken nur dann zu vermeiden, wenn die Organisation der Laboratoriumsmedizin das gesteigerte Risikopotential kompensiert. Dies bezieht sich beispielsweise auf die sorgfältige Auswahl und Kontrolle der Leistungen des Auftragslaboratoriums einschließlich der Organisation des Transportdienstes, der Datenerfassung und -übermittlung, sowie der im Krankenhaus verbleibenden Notfalldiagnostik. Die risikomindernde Möglichkeit eines schnellen Konsiliums sowie die Gelegenheit zu Befundvergleichen ist zu erhalten bzw. sicherzustellen. Die Fremdvergabe solcher Parameter, bei denen transport- oder zeitbedingt präanalytische Fehler zu befürchten sind, wird stets als Organisationsverschulden zu bewerten sein. Dabei wird man auch die Möglichkeit von Transportverzögerungen in Rechnung zu stellen haben. Die Aufzählung ist nicht abschließend.

Genügt die Organisation des Laboratoriums z. B. im Falle einer Auslagerung nicht diesen strengen, erhöhten Anforderungen, so haftet der Träger für durch fehlerhafte Laboratoriumsdiagnostik verursachte Schäden schon kraft Organisationsverschuldens unabhängig davon, ob einem geschädigten Patienten der Nachweis konkreter Pflichtverletzungen im Rahmen der Laboratoriumsdiagnostik gelingt. Dies gilt grundsätzlich auch für den die Leitungsfunktion ausübenden Arzt, der jedoch – sofern beamtet – das Verweisungsprivileg des § 839 Abs. 1 Satz 2 BGB genießt, den Patienten gegenüber bei lediglich fahrlässiger Schädigung, also nur subsidiär haftet (soweit diese nicht auf andere Weise Ersatz erlangen können).

6.4.2.3.4
Fragen der Beweislast

In diesem Zusammenhang ist auch auf Fragen der Beweislast hinzuweisen[58]: Grundsätzlich trägt der Patient im Haftungsprozeß die Last eines Verschuldens- wie auch des Kausalitätsnachweises. Ausnahmsweise hat sich jedoch der Krankenhausträger bzw. Arzt in Umkehr der Beweislast dann von einer Verschuldens- oder Fehlervermutung zu entlasten, wenn feststeht, daß die Fehlerquelle aus einem Bereich

---

[58] Grundlegend zu Fragen der Beweislast im Rahmen der Arzthaftpflicht Giesen (Fn. 33), S. 191 ff.,243 ff., insbesondere im Zusammenhang mit Fragen eines Organisationsverschuldens; Laufs, in: Laufs/Uhlenbruck (Hrsg.) (Fn. 33), S. 666 ff., 673; Steffen (Fn. 33), S. 147 ff., insbesondere S. 150 ff., jeweils mit umfangreichen Nachweisen zur Rechtsprechung

stammt, dessen Gefahren der Träger bzw. Arzt medizinisch voll beherrschen kann und muß. Betroffen sind Schäden aus Risiken, die sich aus der Organisation und Koordination des medizinischen Geschehens, insbesondere aus dem technisch-apparativen Bereich, ergeben. Erleidet z. B. ein Patient einen Gesundheitsschaden, weil die ihm verabreichte Infusionsflüssigkeit im Krankenhaus unsteril wurde, so hat der Träger darzutun und zu beweisen, daß der Fehler nicht auf einem ihm anzulastenden Organisations- oder Personalverschulden beruht. Diese Grundsätze gelten gerade auch für den Bereich der Laboratoriumsmedizin. Steht fest, daß ein Befund, sei es durch Verwechslung oder durch sonstige Fehler, fehlerhaft ist, so hat der Krankenhausträger nachzuweisen, daß der Fehler nicht auf einem von ihm zu vertretenden Organisations- oder Personalverschulden beruht.

Ein Krankhausträger haftet deshalb für einen fehlerhaften Befund ungeachtet des Umstandes, daß sich nicht mehr aufklären läßt, wo die Fehlerquelle liegt; er trägt die Beweislast für ein fehlendes Organisations- oder Personalverschulden sowohl in der eigenen Risikosphäre als auch für das Fremdlaboratorium. Kann der Entlastungsbeweis nicht erbracht werden, haftet er. Entsprechendes gilt – vorbehaltlich des Verweisungsprivilegs – für die leitenden Organe.

6.4.2.3.5 Risikomanagement

Das haftungsrechtliche Risiko wird allerdings in der Regel versicherungsrechtlich aufgefangen; als zentrale Aspekte treten damit die weiteren Fragen der medizinischen Ethik (auf die hier nicht einzugehen ist) sowie der strafrechtlichen Haftung in den Vordergrund.

6.4.3 Strafrechtliche Haftung

6.4.3.1 Ausgangspunkt

Eine strafrechtliche Haftung[59] kann nur bei natürlichen Personen ansetzen; eine juristische Person, sei dies eine Anstalt oder Körperschaft des öffentlichen Rechts oder eine Gesellschaft mit beschränkter Haftung, ist als solche strafunfähig. Angesichts dieser Strafunfähigkeit des Unternehmens selbst muß das Strafrecht neben oder statt der (evtl. unbekannten) unmittelbar Handelnden die Entscheidungsträger im Unternehmen belangen, um zu verhindern, daß durch die Arbeitsteiligkeit eine empfindliche Lücke im Schutz strafrechtlich geschützter Güter entsteht[60]. Nur das Risiko einer persönlichen Strafbarkeit, das auch nicht auf eine Versicherung abgewälzt werden kann, vermag die Gefahrensteuerung zu gewährleisten, die im Strafrecht im Vordergrund steht und im zivilen Deliktsrecht angesichts der grundsätzlichen Versicherbarkeit von Schäden hinter die Schadenskompensation zurückgetre-

[59] Grundlegend zu Fragen der strafrechtlichen Haftung des Arztes Ulsenheimer, Arztstrafrecht in der Praxis, 1988; ders., in: Laufs/Uhlenbruck (Hrsg.) (Fn. 33), S. 813 ff.

[60] Siehe Hirte, JZ 1992, S. 257 ff., 257 (Anm. zu BGH, 6.7.1990, NJW 1990, 2560 ff. – Lederspray-Entscheidung)

ten ist. Vertragliche Abreden über eine Erstattung zukünftiger Geldstrafen durch einen Arbeitgeber wären unter den Gesichtspunkten einer Strafvereitelung und Begünstigung unwirksam [61].

Damit stellt sich die Frage nach strafrechtlichen Sanktionen für den Verstoß gegen (ärztliche) Sorgfaltspflichten, insbesondere Organisationspflichten, im Zusammenhang mit der Organisation des Krankenhauslaboratoriums.

6.4.3.2 Strafrechtliche Tatbestände

6.4.3.2.1 Tatbestände

Als Tatbestände einer strafrechtlichen Haftung kommen im Falle der Schädigung eines Patienten durch fehlerhafte Laboratoriumsdiagnostik eine fahrlässige Körperverletzung bzw. fahrlässige Tötung, § 222 bzw. 230 StGB, in Frage.

6.4.3.2.2 Begehungsformen – Positives Tun oder Unterlassen

Der Fahrlässigkeitsverstoß kann in einem positiven Tun liegen (Beispiel: Injizieren eines falschen Medikaments; Zuführung von Halothan statt Sauerstoff bei der Narkose) oder auch in einem Unterlassen (Beispiel: Nicht rechtzeitige Einweisung ins Krankenhaus; zu spätes Erkennen einer Peritonitis) [62]. Beim sog. „unechten" Unterlassungsdelikt (d. h. wenn das Gesetz eine Pflicht zum Tätigwerden nicht ausdrücklich statuiert) tritt eine Strafbarkeit nur ein, wenn der Normadressat „rechtlich" dafür einzustehen hat, daß Gesundheitsbeschädigung oder Tod des Patienten nicht eintreten, und wenn das Unterlassen der Verwirklichung des gesetzlichen Tatbestandes durch Tun entspricht; der Normadressat muß also eine sog. Garantenposition innehaben, aufgrund derer er verpflichtet ist, den Erfolg, der zum Tatbestand gehört, abzuwenden (§ 13 StGB). Die Garantenstellung wird im Regelfall bereits durch die tatsächliche Übernahme der ärztlichen Behandlung unabhängig vom Bestehen eines Behandlungsvertrages begründet.

Beide Begehungsformen setzen als gemeinsame Voraussetzungen einer strafrechtlichen Haftung Rechtswidrigkeit und Schuld voraus.

6.4.3.2.3 Haftungsvoraussetzungen im Einzelnen

Das fahrlässige Begehungsdelikt setzt auf der Ebene der Tatbestandsmäßigkeit voraus [63]:

- den Eintritt des tatbestandlichen Erfolges;
- eine Verletzung der im Verkehr erforderlichen Sorgfalt;

[61] Dazu ausführlich Bastuck, Enthaftung des Managements, 1986, S. 123 ff.
[62] Ausführlich hierzu Ulsenheimer (Fn. 59), Arztstrafrecht in der Praxis, S. 27 ff.
[63] Ulsenheimer (Fn. 62), S. 10 f.

- den sog. Pflichtwidrigkeitszusammenhang, d.h. der eingetretene Erfolg (Tod, Körperverletzung) muß gerade auf die Verletzung der Sorgfaltspflicht zurückzuführen sein, also bei pflichtgemäßem Verhalten zu vermeiden gewesen sein;
- die Prüfung der Frage, ob der eingetretene Erfolg im Rahmen des Schutzzwecks der verletzten Rechtsnorm liegt (auch hier werden Umstände ausgeschieden, die für die strafrechtliche Haftung keine Rolle spielen, da sie sich im Rahmen der durch Pflichtverletzung bedingten Ausgangsgefahr bewegen);
- die objektive Vorhersehbarkeit der Tatbestandsverwirklichung.

Das fahrlässige Unterlassungsdelikt hat die folgenden spezifischen tatbestandlichen Voraussetzungen[64]:
- den Eintritt des tatbestandlichen Erfolges;
- Nichtvornahme der zur Erfolgsabwendung objektiv erforderlichen Handlung trotz physisch realer Handlungsmöglichkeit;
- einen ursächlichen Zusammenhang zwischen Untätigbleiben und Erfolgseintritt;
- die Außerachtlassung der im Verkehr erforderlichen Sorgfalt bei objektiver Voraussehbarkeit des tatbestandlichen Erfolges (objektive Sorgfaltspflichtverletzung); der Sorgfaltsmangel kann auch die fehlende Kenntnis vom Bevorstehen eines Erfolgseintritts, von vorhandenen Möglichkeiten der Verhinderung des Eintritts des Erfolgs, von der Existenz der konkreten Garantenstellung oder von sonstigen Merkmalen des objektiven Tatbestandes betreffen;
- die objektive Zurechenbarkeit des Erfolges unter Berücksichtigung des Pflichtwidrigkeitszusammenhangs zwischen Sorgfaltsmangel und dem Eintritt des Erfolges sowie des Schutzzwecks der einschlägigen Sorgfaltsnorm;
- eine Garantenstellung des Unterlassenden.

Begehung durch positives Tun wie durch Unterlassen haben weiter die Rechtswidrigkeit, d.h. das Fehlen von Rechtfertigungsgründen zur Voraussetzung, sowie die Schuld des Täters, d.h. die Erkennbarkeit und Erfüllbarkeit der objektiven Sorgfaltspflicht (Zumutbarkeit eines pflichtgemäßen Verhaltens); sowie die subjektive Voraussehbarkeit des Erfolgs und der wesentlichen Elemente des Geschehnisablaufs.

6.4.3.3
Vergleich zur zivilrechtlichen Haftung

Damit sind die wesentlichen Unterschiede zur zivilrechtlichen Haftung angesprochen, die sich wie folgt charakterisieren lassen:

6.4.3.3.1
Haftungsvoraussetzungen

Zivil- wie strafrechtliche Haftung setzen die Verletzung einer objektiven Sorgfaltspflicht voraus, die in beiden Bereichen identisch ist.

Die Zurechnung eines objektiv-sorgfaltswidrigen Verhaltens zur strafrechtlichen Schuld, die Voraussetzung der Strafbarkeit ist, setzt jedoch zusätzlich voraus, daß

[64] Ulsenheimer (Fn. 62), S. 27f.

der Normadressat auch subjektiv, d.h. nach seinen persönlichen Fähigkeiten und individuellen Kenntnissen in der Lage war, diesen objektiven Sorgfaltsstandard in der konkreten Situation einzuhalten. Damit sind die Probleme der subjektiven Voraussehbarkeit des eingetretenen Erfolgs und der Zumutbarkeit pflichtgemäßen Verhaltens angesprochen.

Im Hinblick auf ein Einstehenmüssen für das Verhalten Dritter kennt das Strafrecht eine pauschale Zurechnung, etwa im Sinne von § 278 BGB, nicht. Sind mehrere an einer Straftat beteiligt, so gilt das Schuldprinzip: Jeder wird ohne Rücksicht auf die Schuld der anderen nach seiner eigenen Schuld bestraft (§ 29 StGB). Strafrechtlich wird damit nur für die schuldhafte Verletzung eigener Sorgfaltspflichten gehaftet, die sich bei Beteiligung Dritter in der vertikalen Arbeitsteilung auf Auswahl, Überwachung, Instruktion und Information der Mitarbeiter beziehen.

6.4.3.3.2 Beweislastregelung

Zivil- und strafrechtliche Haftung unterscheiden sich darüber hinaus in der unterschiedlichen Beweislastregelung.

Im Strafprozeß gilt der Grundsatz „in dubio pro reo".

Im Zivilprozeß gilt jedoch der sog. prima-facie-Beweis bei typischen Geschehnisabläufen. Bei groben Behandlungsfehlern wie bei Organisationsfehlern, die nur der Normadressat beherrschen kann, tritt darüber hinaus eine Umkehr der Beweislast im Sinne einer Verschuldens- oder Fehlervermutung ein.

6.4.3.3.3 Unterschiedlicher Verfahrensgang

Der Strafprozeß untersteht der Inquisitionsmaxime, d.h. die staatlichen Organe sind Herr des Verfahrens; im Zivilprozeß gilt jedoch die Dispositionsmaxime, d.h. der Kläger bestimmt Streitgegenstand und Inhalt des Verfahrens.

6.4.3.4 Strafrechtliche Haftung und Organisationspflichten im Laboratoriumsbereich

Nach dieser Grundlegung ist konkret die Frage einer strafrechtlichen Haftung im Laboratoriumsbereich, insbesondere im Hinblick auf Organisationspflichten, zu adressieren; dies soll am Beispiel der Auslagerung des Zentrallaboratoriums geschehen.

6.4.3.4.1 Anknüpfung an ein Tun oder ein Unterlassen

Problematisch ist bereits, ob an ein Tun oder ein Unterlassen anzuknüpfen ist[65]. Die Rechtsprechung löst dieses Abgrenzungsproblem durch eine wertende Betrachtung des Geschehens, die auf den „Schwerpunkt der Vorwerfbarkeit" bzw., wie es in einer anderen Entscheidung heißt, auf die „soziale Sinnbedeutung des Verhaltens" abstellt. Worin „der Schwerpunkt der Vorwerfbarkeit" im Ausgangsfall projiziert

[65] Informativ insoweit Ulsenheimer (Fn. 62), S. 30 f.

würde, läßt sich schwer vorhersagen; denkbar erscheint eine Anknüpfung an ein Tun im Sinne der Auslagerung als solcher oder aber auch an ein Unterlassen im Sinne einer unzureichenden Organisation des ausgelagerten Laboratoriums.

6.4.3.4.2 Tatbestandsebene

6.4.3.4.2.1 Verletzung einer objektiven Sorgfaltspflicht

Im Hinblick auf die Verletzung einer objektiven Sorgfaltspflicht gilt nichts anderes als im Zivilrecht. Eine Auslagerung bringt per se erhöhte Risiken mit sich; schon im Ausgangspunkt läßt sich die Verletzung einer objektiven Sorgfaltspflicht durch Auslagerung nur dann verneinen, wenn diese Risiken durch eine entsprechende Organisation des Laboratoriumsdienstes voll kompensiert werden. Ist eine solche volle Kompensation nicht möglich oder genügt die Laboratoriumsorganisation dieser kompensatorischen Funktion nicht, liegt eine objektive Pflichtwidrigkeit vor.

Ob insoweit an ein Tun oder ein Unterlassen angeknüpft wird, ist im Ergebnis unerheblich; im Unterlassensbereich ist das Krankenhaus als Garant nicht nur qualitativ fehlerfreier, sondern auch quantitativ ausreichender Leistungen anzusehen, d.h. unter dem Gesichtspunkt eines Organisationsverschuldens bestehen Vorhaltepflichten im Hinblick auf die technische und apparative Einrichtung einer Klinik. Wer Krankenhausleistungen anbietet, ohne den gebotenen Standard gewährleisten zu können, muß mit einer Haftung aus Ingerenz (d.h. vorausgehendem gefährdetem Tun) rechnen.

6.4.3.4.2.2 Haftungsfilter

Pflichtwidrigkeitszusammenhang
Der eingetretene Erfolg (also das Schadensereignis) muß aber gerade auf die Sorgfaltspflichtverletzung zurückzuführen sein, d.h. zwischen Sorgfaltspflichtverletzung und Erfolg muß eine Kausalität bestehen. Dieser Nachweis wird im Laboratoriumsbereich nicht ohne weiteres zu führen sein; dies gilt insbesondere für den Fall eines pflichtwidrigen Unterlassens. Anders als im Zivilrecht gibt es keine Kausalitätsvermutung.

Fiktive Vorhersehbarkeit
Bereits auf Tatbestandsebene ist beim Fahrlässigkeitsdelikt die Voraussehbarkeit des Erfolges weitere Voraussetzung der Fahrlässigkeit; der Betroffene muß bei Anwendung der objektiv erforderlichen Sorgfalt in der Lage gewesen sein, unter den konkreten Umständen bei seinen persönlichen Kenntnissen und Fähigkeiten den Erfolg vorauszusehen; beim Unterlassungsdelikt ist vorauszusetzen, daß die Folgen der Unterlassung in der konkreten Situation hätten vorausgesehen werden können.

Die bloße Denkbarkeit der Tatbestandsverwirklichung reicht nach der Rechtsprechung hier nicht aus. Entscheidend ist, ob nicht nur der Eintritt des Erfolgs als solcher, sondern auch die konkrete Art und Weise der Erfolgsverwirklichung vorhersehbar war, d.h. der Kausalverlauf nach dem gewöhnlichen Gang der Dinge zu erwarten war. Dies ist zu verneinen, wenn ein Geschehnisablauf so sehr außerhalb aller Lebenserfahrung liegt, daß der Betroffene auch bei der nach den Umständen des Falles gebotenen Sorgfalt nicht mit ihm zu rechnen brauchte.

Für die Grenzziehung zwischen dem noch gewöhnlichen und damit voraussehbaren und dem jenseits aller Lebenserfahrung liegenden Kausalverlauf lassen sich in der Rechtsprechung weder einheitliche noch klare Leitlinien feststellen[66]. Immerhin können strafrechtliche Vorwürfe im Zusammenhang mit einer Auslagerung des Laboratoriums bereits an diesem Filter scheitern, wenn sich ein ganz außergewöhnliches, auslagerungsbedingtes Risiko verwirklicht.

6.4.3.4.3 Schuldvorwurf

6.4.3.4.3.1 Subjektiver Schuldvorwurf

Entscheidender Filter im Vergleich zur zivilrechtlichen Haftung ist der im Strafrecht erforderliche Schuldvorwurf, der voraussetzt, daß der Täter subjektiv, d. h. nach seinen persönlichen Fähigkeiten und inidviduellen Kenntnissen imstande war, die verlangte Sorgfalt aufzubringen.

6.4.3.4.3.2 Subjektive Voraussehbarkeit des Erfolges

Der Schuldvorwurf setzt weiter voraus, daß der Betroffene in der konkreten Situation, in der er handelte oder hätte handeln sollen, mit dem Erfolg nach dem gewöhnlichen Verlauf der Dinge objektiv und nach seinen persönlichen Erfahrungen auch subjektiv rechnen mußte.

6.4.3.4.3.3 Zumutbarkeit der Einhaltung der gebotenen Sorgfalt

Schließlich entfällt ein Schuldvorwurf auch dann, wenn dem Betroffenen die Einhaltung der gebotenen Sorgfalt nicht zugemutet werden konnte.

6.4.3.4.3.4 Möglichkeit, die gebotene Maßnahme durchzuführen

Hinzukommt bei Begehung durch Unterlassen, daß der Betroffene überhaupt die tatsächliche Möglichkeit haben mußte, die gebotene Maßnahme durchzuführen.

6.4.3.4.4 Abschließende Beurteilung der Risiken

Ist bei einer Auslagerung der Laboratoriumsdiagnostik den skizzierten Organisations-, insbesondere auch Überwachungspflichten genüge getan, so kommt bei fehlerhafter Diagnostik eine strafrechtliche Haftung grundsätzlich nur derjenigen Per-

---

[66] Siehe hierzu Ulsenheimer (Fn. 62), S. 149 m.w.N.

son in Frage, die im Hinblick auf den konkreten Fehler ein Schuldvorwurf trifft (z. B. Leiter des Fremdlaboratoriums bzw. dessen Personal); eine Haftung des Krankenhausträgers oder seines leitenden Personals scheidet grundsätzlich aus.

6.4.4 Fragen der rechtlichen Gestaltung eines selbständigen Zentrallaboratoriums

Abschließend seien noch einige Bemerkungen zur rechtlichen Gestaltung eines verselbständigten Zentrallaboratoriums gegeben:

6.4.4.1 Rechtsform[67]

Im Zentrum der Diskussion steht eine Verselbständigung des Zentrallaboratoriums in Form einer gemeinnützigen GmbH; die Gemeinützigkeit führt zu einer Befreiung unter anderem von Körperschaftssteuer, Vermögenssteuer, Gewerbesteuer, Grundsteuer und zu Privilegien im Rahmen der Umsatzsteuer.

Nun ist es Krankenhauslaboratorien derzeit verwehrt, im niedergelassenen Bereich tätig zu werden. Dies hat dazu geführt, daß Laborgemeinschaften im Kliniklaboratorium tätig werden und Aufgaben des Kliniklaboratoriums wahrnehmen. Die damit insbesondere unter steuerlichen und abrechnungsrechtlichen Gesichtspunkten verbundenen Rechtsprobleme sind komplex, aber einer Lösung zugänglich.

6.4.4.2 Folgeprobleme[68]

Auf die die folgenden wichtigen Fragen, die sich im Rahmen einer Ausgliederung des Krankenhauslaboratoriums stellen, möchte ich noch hinweisen: Die (Teil-) Übernahme von Laboratoriumspersonal durch eine Laboratoriums-GmbH oder Laborgemeinschaft kann als Übergang eines Betriebsteils nach 613a BGB zu werten sein. Es bestehen weiter förderungsrechtliche Probleme: Eine Übernahme von geförderten Sachanlagen durch eine Laboratoriums-GmbH oder eine Laborgemeinschaft kann ebenso wie eine Stillegung von geförderten Anlagen zu Rückforderungen durch die Förderbehörde führen; vor derartigen Maßnahmen sollte deshalb unbedingt eine Abstimmung mit der Förderbehörde stattfinden. Eine Neustrukturierung der Laboratoriums-Diagnostik bringt schließlich auch die Problematik einer Anpassung der Liquidationsberechtigung der Chefarzt-Verträge an die neue Struktur mit sich[69]. Die vorgenannten Probleme stellen allerdings nur einen kleinen Ausschnitt aus der Gesamtproblematik dar.

6.4.5 Zusammenfassung

Bei der zivilrechtlichen Haftung wirkt die Verletzung objektiver Verkehrspflichten bereits haftungsbegründend; bei der Verletzung von Organisationspflichten tritt

---

[67] Dazu Dessauer (Fn. 27), S. 379 f.

[68] Dessauer (Fn. 27), S. 380

[69] Siehe hierzu Robbers/Wagener, Chefarztrecht nach dem GSG, Das Krankenhaus 1993, S. 22 ff.

darüber hinaus eine Beweislastumkehr im Sinne einer Kausalitäts- bzw. Verschuldensvermutung ein, die dem Strafrecht fremd sind. Im Strafrecht ist eine objektive Pflichtverletzung sowie der Pflichtwidrigkeitszusammenhang im Sinne einer Kausalität stets darzutun. Im Strafrecht kommt es darüber hinaus zusätzlich auf einen subjektiven Schuldvorwurf an, der die subjektive Voraussehbarkeit des Erfolgs, die Zumutbarkeit der Einhaltung der gebotenen Sorgfalt und, beim Unterlassungsdelikt, die Möglichkeit, die gebotene Handlung durchzuführen, einschließt. Auch wenn die objektiven Haftungsvoraussetzungen im Zivil- und Strafrecht gleichlaufen, sind die strafrechtlichen Risiken deshalb als deutlich geringer einzustufen; dies auch im Hinblick auf die unterschiedlichen Haftungsmaßstäbe bei Beteiligung Dritter.

Da zivilrechtliche Risiken in der Regel versicherungsrechtlich aufgefangen werden und strafrechtliche Risiken deutlich geringer einzuschätzen sind, bleibt letztlich die medizinisch-ethische Frage nach der Hinnehmbarkeit etwaiger erhöhter Risiken. Die Grenzlinien sind hier ebenso wie im rechtlichen Bereich noch nicht vollständig abgeklärt.

Der Verhaltensspielraum im Konflikt zwischen Gemeinschaftsinteressen, nämlich dem sozialrechtlichen Wirtschaftlichkeitsgebot, und dem Einzelinteresse an bestmöglicher diagnostischer Medizin, ist nach der hier vertretenen Auffassung sehr gering: Was in haftungsrechtlichem Sinne geboten ist, ist auch als notwendig im Sinne des Wirtschaftlichkeitsgebots anzusehen. Aus haftungsrechtlicher Sicht dürfen ökonomische Interessen aber niemals dazu führen, daß Leistungen erbracht werden, die unterhalb der anerkannten Standards liegen. Dieser Wertung kann sich auch die medizinische Ethik nicht entziehen. Eine Auslagerung des Krankenhauslaboratoriums erscheint damit rechtlich und ethisch nur vertretbar, wenn und soweit erhöhte Risiken durch geeignete Maßnahmen in der Organisation des Laboratoriumsdienstes kompensiert werden können. Bereits die faktische Unmöglichkeit, transport- oder zeitbedingte präanalytische Fehler bei Fremdvergabe völlig auszuschließen, zeigt, daß einer Auslagerung und Zentralisierung damit rechtliche und ethische Grenzen gesetzt sind, die dort verlaufen, wo eine vollständige und sichere Kompensation erhöhter Risiken nicht mehr gewährleistet ist.

7 Inter- und Intrabetriebsvergleiche mittels Kennzahlen

Inter- und Intrabetriebsvergleiche sind ein wichtiges Instrument zur Bewertung der Wirtschaftlichkeit einer Organisation. Beim Interbetriebsvergleich werden verschiedene Betriebe bzw. Laboratorien miteinander verglichen. Der Intrabetriebsvergleich ist gekennzeichnet durch die Analyse der Veränderungen innerhalb eines Betriebs oder eines Laboratoriums über mehrere Perioden hinweg.

Sowohl beim Inter- als auch beim Intralaborvergleich werden betriebswirtschaftliche Kennzahlen benutzt. Allgemein ausgedrückt sind dies Daten mit einem hohen Informationsgehalt, die der Leitung einer Einrichtung, also den wirtschaftlich Verantwortlichen als unverzichtbare Führungsinformationen dienen und sie bei ihrer kontinuierlichen, ökonomischen Optimierungsaufgabe unterstützen.

Die Aussagefähigkeit eines Betriebsvergleichs wird entscheidend von der Qualität der Kennzahlen bestimmt. Diese ist wiederum direkt von der der Ermittlung zugrunde liegenden Methodik abhängig. Werden also bei der Ermittlung der Kennzahlen unterschiedliche Methoden verwendet, können die Kennzahlen nicht verglichen werden und eine Aussage ist nicht ableitbar. Ein Betriebsvergleich auf einer solchen Basis ist deshalb mehr als fragwürdig.

Ein weiteres entscheidendes Kriterium für die Aussagekraft von Vergleichen ist die Kennzahlenebene. Die meisten der bisher von öffentlich-rechtlichen Prüfinstanzen oder von privaten Wirtschaftsprüfern vorgenommenen Wirtschaftlichkeitsuntersuchungen medizinischer Laboratorien haben den gravierenden Mangel, daß nicht Vergleichbares verglichen wurde. So wurden die Gesamtkosten, die gesamte Personalkapazität und die gesamte Leistungsmenge zueinander oder zu Fallzahlen des Krankenhauses in Relation gesetzt und mit Anhaltszahlen unklarer Provenienz verglichen.

Kennzahlen auf dieser obersten Ebene haben nur einen sehr begrenzten Informationsgehalt. Deshalb ist es unzulässig und irreführend, auf dieser Basis Beurteilungen der Wirtschaftlichkeit vorzunehmen.

Kennzahlen lassen sich in absolute und relative unterscheiden.

Absolute Kennzahlen

Absolute oder Ursprungszahlen werden ihres fehlenden Bezugs wegen üblicherweise nicht als Kennzahlen im eigentlichen Sinn bezeichnet. Informieren diese jedoch in konzentrierter Form über wichtige Sachverhalte, so kann man sie in Einzelfällen als Kennzahlen im weiteren Sinn betrachten.

Relative Kennzahlen

Relative Kennzahlen oder Verhältniszahlen vereinfachen den Vergleich. Kennzahlen im engeren Sinne sind deshalb Relationen, d.h. Zahlen, die aus zwei Ausgangsvariablen gebildet werden. Wirtschaftlichkeit ist eine relative Größe. Damit man mit einer solchen Kennzahl richtig arbeiten kann, muß sie operational, d. h. meßbar und vergleichbar sein. Dazu müssen die Ausgangsvariablen klar und eindeutig definiert sein.

Relative Kennzahlen haben jedoch den Nachteil, daß die absoluten Zahlen, die zu ihrer Berechnung geführt haben, nicht mehr zu erkennen sind. Die Aussage „der Umsatz ist um 20% gestiegen", kann z. B. eine absolute Steigerung von 50 000 DM oder 10 Mio. DM bedeuten.

7.1 Klassische betriebswirtschaftliche Kennzahlen

In der Industrie, im Handel oder bei Banken werden seit langem betriebswirtschaftlich korrekte Betriebsvergleiche nach Branchen oder Wirtschaftszweigen erfolgreich periodisch durchgeführt. Die dabei wesentlichsten Kennzahlen lassen sich hinsichtlich ihrer Zielsetzung unterscheiden in Kennzahlen zur

- Rentabilität,
- Liquidität und
- Produktivität.

Ferner gibt es Kennzahlen zur Wertschöpfung, Aufwandsanalyse, Ertragsanalyse, zum Cash Flow und zur Aktiv- bzw. Passivseite der Bilanz, um einige Beispiele zu nennen.

7.1.1 Kennzahlen zur Rentabilität

Die beiden klassischen Kennzahlen sind das Return on Investment (ROI) und die Umsatzrentabilität (UR).

Das ROI zielt auf die Rentabilität eines Betriebes ab und stellt das Produkt aus Umsatzrentabilität (UR) und Kapitalumschlag dar, die selbst verdichtete Kennzahlen vieler Einzelkomponenten sind:

ROI = Umsatzrentabilität × Kapitalumschlag
wobei Umsatzrentabilität = Gewinn / Umsatz und
Kapitalumschlag = Umsatz / invest.Kapital

Die Umsatzrentabilität (UR) ist eine gebräuchliche Kennzahl zum Umsatzerfolg:

UR = Gewinn vor Steuern / Umsatz

In jedem auf erwerbswirtschaftliche Zwecke gerichteten Unternehmen sind das ROI und die Umsatzrentabilität von entscheidender Bedeutung. Im Krankenhaus werden diese Größen zunehmend an Bedeutung gewinnen, im Krankenhauslaboratorium sind sie allerdings wenig brauchbar, weil dort weder Umsätze existieren, noch eigenständig Kapital eingesetzt wird.

7.1.2
Kennzahlen zur Liquidität

Zur Information über die zweite wirtschaftliche Grundbedingung eines jeden Betriebes, nämlich über eine ausreichende Liquidität, gibt es eine Reihe von Kennzahlen wie z. B. die Liquidität ersten Grades, die sich aus der Relation zwischen flüssigen Mitteln und kurzfristigen Verbindlichkeiten ergibt.

Vielfach ist unbekannt, daß die Gefährdung von Betrieben - gerade auch im Gesundheitswesen - häufiger von der Vernachlässigung dieser Größe ausgeht als von einer schlechten Rentabilitätslage. Im Krankenhauslabor ist jedoch auch die Liquidität bisher kein Thema.

7.1.3
Kennzahlen zur Produktivität

Die Produktivität ist definiert als das Verhältnis von Output zu Input. Eine Gesamtproduktivität läßt sich wegen der Nicht-Addierbarkeit der Faktoreinsatzmengen (verschiedene Dimensionen, unterschiedliche Qualität) nicht ermitteln. Deshalb begnügt man sich mit Kennzahlen für Teilproduktivitäten wie z. B. die Produktivität des Materialeinsatzes oder die Arbeitsproduktivität. Beispiele für Produktivitätskennzahlen sind die Outputmenge pro Mitarbeiter oder pro geleisteter Arbeitsstunde.

7.2
Krankenhausspezifische Kennzahlen

Im Krankenhausbereich finden bereits seit längerem Kennzahlen Anwendung, die jedoch aufgrund ihrer Ebene bei Betriebsvergleichen nur mit großen Einschränkungen zu bewerten sind. Nur wenn die Leistungsstrukturen der zu vergleichenden Häuser tatsächlich homogen sind, ist eine gewisse Aussagekraft gegeben.

Kennzahlen im Krankenhaus:

- Belastungszahl nach Fällen:
  - Anzahl Vollkräfte / Anzahl Fälle
- Durchschnittlicher Pflegeaufwand:
  - Personalkosten Pflegedienst / Pflegetage
  - Anzahl behandelte Patienten / Anzahl Vollkräfte Pflegedienst
  - Anzahl Arbeitsstunden Pflegedienst / Anzahl behandelter Patienten
- Arbeitsproduktivität:
  - Anzahl Fälle / Anzahl Vollkräfte
- Arbeitsintensität:
  - Anzahl Leistungen / Anzahl Vollkräfte
  - Anzahl Leistungen / Anzahl Arbeitsstunden
- Leistungsintensität:
  - Anzahl Leistungen / Anzahl behandelte Patienten
- Kosten- /Ertragsquoten:
  - Kosten bzw. Erträge / Pflegetag

  - Kosten bzw. Erträge / Berechnungstag
  - Personalkosten / Anzahl Vollkräfte
  - Leistungsentgelt / Anzahl Vollkräfte
  - Personalzusatzkosten / Anzahl Vollkräfte
  - Krankentransportkosten / Anzahl Fälle
  - Kosten für Fremduntersuchungen / Anzahl Fälle
  - Personalkosten / Anzahl Leistungen
  - Materialkosten / Anzahl Leistungen
- Sonstige Kennzahlen:
  - Anzahl Bereitschaftsdienststunden / Anzahl Vollkräfte
  - Anzahl Fehlzeitenstunden / Anzahl Vollkräfte

7.3 Laborspezifische Kennzahlen

Auch die bisher beim Interlaborvergleich eingesetzten Kennzahlen sind aufgrund der unterschiedlichen Leistungsspektren der Laboratorien und der Kennzahlenebene wenig aussagefähig (siehe dazu u.a. [70]). In Ermangelung echter, betriebswirtschaftlich korrekt ermittelter Kostendaten war bisher die Heranziehung der GOÄ-(DKG-NT-)Bewertungsrelation zur Ermittlung der hausinternen durchschnittlichen Kosten pro GOÄ-Punkt (laborinterner Punktwert) eine zu akzeptierende Hilfskonstruktion. Die Berechnung eines Preises durch Multiplikation dieses Punktwertes mit der Punktzahl der einzelnen Leistung aus GOÄ oder DKG-NT ist wegen des Mangels an Alternativen legitim, um den Einsender gerechter als mit dem über alle Untersuchungen gerechneten arithmetischen Mittel der Laborkosten pro Untersuchung zu belasten. Es ist aber absolut unzulässig, diesen *Preis* als durchschnittliche *Kosten* der einzelnen Leistung zu interpretieren. Mit Kosten hat dieser Zahlenwert nichts zu tun.

Bisher für das Laboratorium verwendete Kennzahlen sind zum Beispiel:

- Gesamtlaborkosten / Fall
- Laborbedarf / Fall
- Personalkosten / Fall

- Gesamtlaborkosten / Pflegetag
- Laborbedarf / Pflegetag
- Personalkosten / Pflegetag

- Gesamtlaborkosten / Untersuchung
- Laborbedarf / Untersuchung
- Personalkosten / Untersuchung

- Anzahl der Untersuchungen / Mitarbeiter
- Anzahl der Untersuchungen / Fall
- Anzahl der Untersuchungen / Pflegetag

[70] Philippi M, Keller R (1991) Wirtschaftlichkeit von Krankenhaus-Laboratorien – Einsparungsmöglichkeiten durch Zentralisierung –, Gutachten im Auftrag der Spitzenverbände der Krankenkassen (sog. GEBERA-Gutachten). Köln, 25.7.91

Wie bereits erwähnt, sind Kennzahlen, die sich auf die Krankenhausgrößen Fall und Pflegetag beziehen, mit sehr großer Zurückhaltung zu bewerten, da sich wesentliche Determinanten, wie z. B. die Versorgungsstufe und die Abteilungs- und Patientenstruktur des Krankenhauses in den Kennzahlen nicht widerspiegeln. Auch Kennzahlen, die sich auf den mengenmäßigen Output beziehen, haben wenig Aussagekraft, da sie das Leistungsspektrum des Krankenhaus-Laboratoriums nicht berücksichtigen.

Zukünftig sollten für Laboratoriumsvergleiche nur qualitativ hochwertige Kennzahlen Verwendung finden.

Absolute Kennzahlen

Absolute Zahlen können Kennzahlencharakter haben wie

- die Anzahl der erbrachten Laboratoriumsuntersuchungen,
- die Personalkapazität des Labors in Volltagskräften gerechnet.
- bewertete Leistungsmengen (z. B. als Summen von GOÄ-Punkten)
- Kosten des Labors gesamt und
  - entsprechend der herkömmlichen Krankenhausgliederung nach Personal und Sachkosten, oder besser
  - in die betriebswirtschaftliche, aussagefähigere Kostenartengruppierung nach Materialkosten, Gerätekosten, Personalkosten und sonstige Kosten unterteilt.

Relative Kennzahlen

Der Informationsgehalt wird wie erwähnt in der Regel höher, wenn eine absolute Zahl in Relation zu einer anderen, korrespondierenden Zahl gesetzt wird.

Aussagefähige Kennzahlen können auf der Bereichs- und Kostenstellenebene gebildet werden:

Auf Bereichsebene:

- Allgemein
  - Gesamtkosten der mechanisierten Klinischen Chemie je Untersuchung
  - Personalkosten der mechanisierten Klinischen Chemie je Untersuchung
  - Materialkosten der mechanisierten Klinischen Chemie je Untersuchung
  - Gerätekosten der mechanisierten Klinischen Chemie je Untersuchung
- Personalauslastung:
  - Anzahl der mechanisierten klinisch-chemischen Untersuchungen je dort beschäftigten MTLA bzw. Arbeitsstunden
- Personalintensität:
  - Personalkosten der mechanisierten Klinischen Chemie / Gesamtkosten der mechanisierten Klinischen Chemie
- Materialintensität:
  - Materialkosten der mechanisierten Klinischen Chemie / Gesamtkosten der mechanisierten Klinischen Chemie
- Geräteintensität (Mechanisierungsgrad):
  - Gerätekosten der mechanisierten Klinischen Chemie / Gesamtkosten der mechanisierten Klinischen Chemie
- Wertschöpfungskoeffizient:
  - Anzahl der GOÄ-Punkte der mechanisierten Klinischen Chemie / Anzahl der Vollkräfte (bzw. Arbeitsstunden in der mechanisierten Klinischen Chemie

- Personal/Gerätekoeffizient:
  - Personalkosten der mechanisierten Klinischen Chemie / Gerätekosten der mechanisierten Klinischen Chemie

Analoge Kennzahlen können beispielsweise für die manuelle Klinische Chemie, die mechanisierte Hämatologie, die manuelle Hämatologie, die Gerinnung, die Mikrobiologie oder die Immunhämatologie gebildet werden.

Auf Kostenstellen- bzw. Arbeitsplatzebene:

- Allgemein
  - Gesamtkosten des Arbeitsplatzes A (z. B. mechanisiertes Gerät 1, etc.) je Untersuchung
  - Personalkosten des Arbeitsplatzes A je Untersuchung
  - Materialkosten des Arbeitsplatzes A je Untersuchung
  - Gerätekosten des Arbeitsplatzes A je Untersuchung
- Personalauslastung:
  - Anzahl am Arbeitsplatz A durchgeführten Untersuchungen je dort beschäftigten MTLA bzw. geleisteten Arbeitsstunden
- Personalintensität:
  - Personalkosten des Arbeitsplatzes A / Gesamtkosten des Arbeitsplatzes A
- Materialintensität:
  - Materialkosten des Arbeitsplatzes A / Gesamtkosten des Arbeitsplatzes A
- Geräteintensität (Mechanisierungsgrad)
  - Gerätekosten des Arbeitsplatzes A / Gesamtkosten des Arbeitsplatzes A
- Personal/Gerätekoeffizient:
  - Personalkosten des Arbeitsplatzes A / Gerätekosten des Arbeitsplatzes A

Die genaueste Aussage läßt sich auf der untersten Ebene, der Kostenträgerebene, treffen. Die anteiligen Material-, Personal- oder Gerätekosten einer Untersuchung (z. B. GOT) eines Laboratoriums ergeben die beste Basis für einen Vergleich mit anderen Laboratorien. Abweichungen können auf dieser Ebene am einfachsten geklärt werden. Fehlt eine plausible Begründung für höhere Kostenanteile, müssen Schwachstellen in der Organisation angenommen werden. Allerdings ist der Aufwand für den Vergleich auf Kostenträgerebene nicht unerheblich. Deshalb wird man sich oft mit weniger zuverlässigen Kennzahlen der darüberliegenden Ebenen, der Kostenstellen und Bereiche, behelfen müssen.

Intralaborvergleich

Von einer betriebswirtschaftlich korrekt ermittelten Zahlenbasis abgeleitete und somit aussagefähige Kennzahlen sind für einen raschen und einfachen Vergleich hilfreich. Beim Intralaborvergleich, d. h. dem Vergleich mehrerer Perioden anhand von Kennzahlen, werden Veränderungen im Zeitablauf deutlich. Ein Beispiel hierfür ist die betriebswirtschaftliche Mehrjahresanalyse, innerhalb derer die Entwicklung von Kosten und Leistungen über mehrere Jahre strukturell und der Höhe nach verdeutlicht wird. Dabei erleichtern zeitbezogene Grafiken die Erkennung von Trends.

Interlaborvergleich

Voraussetzungen für einen stimmigen Laboratoriumsvergleich sind:

- Nur tatsächlich vergleichbare Einheiten dürfen miteinander verglichen werden.
- Unterschiedliche Strukturen, Voraussetzungen, Leistungsspektren und sonstige Unterschiede müssen angemessene Berücksichtigung finden. So ist beispielsweise zu berücksichtigen, ob im betrachteten Laboratorium RIA-Bestimmungen durchgeführt werden oder ob diese im Bereich der Nuklearmedizin angesiedelt sind oder an Fremdinstitute vergeben werden. Ähnliches gilt für mikrobiologische Bereiche und ihr sehr unterschiedliches Methodenspektrum.
- Durch entsprechende Strukturierung, d.h. Definition und Abgrenzung der verschiedenen Laborbereiche, müssen Transparenz und Vergleichbarkeit hergestellt werden. Dies wird durch Kostenstellenstrukturierung nach kostenrechnerischen Gesichtspunkten erreicht.
- Grundvoraussetzung ist ein leistungsfähiges Rechnungswesen, das nicht auf der Ebene des Gesamtlaboratoriums aufhört, sondern die Kosten bis auf den Kostenträger herunterbricht.

Wird das Ziel erreicht, daß künftig Laboratorien nach der gleichen betriebswirtschaftlichen Kostenrechnungsmethode arbeiten, fallen geeignete Kennzahlen für Zwecke des Interlaborvergleichs als Nebenprodukt an. Die Aussagekraft solcher Vergleichszahlen steigt mit der Zahl der Laboratorien, die sich an einer solchen standardisierten, betriebswirtschaftlich korrekten Kosten- und Leistungsrechnung und an Laboratoriumsvergleichen beteiligen.

Derartige Laborvergleiche auf einer einheitlichen Datenbasis sind seit Gründung der Gemeinsamen Arbeitsgruppe „Labormanagement" ein wichtiges mittelfristiges Ziel. Die konkrete Durchführung sollte, wie auch in der Wirtschaft üblich, in den Händen einer neutralen Stelle, z.B. einer Arbeitsgruppe wissenschaftlicher Fachgesellschaften oder einer anderen unabhängigen Organisation liegen. Die Daten würden dann anonymisiert an diese Stelle gegeben. Einzeldaten der verschiedenen Laboratorien liefen in eine Durchschnittsverrechnung ein. Die jeweiligen individuellen Daten würden dem entsprechenden Wert der Vergleichsgruppe gegenübergestellt. Ein derartiger ständiger Betriebsvergleich lieferte zusätzlich qualitativ verwertbare Kennzahlen, die für andere offiziell beauftragte Prüfinstanzen für ihre Tätigkeit eine fundierte Entscheidungsgrundlage bildeten.

8 Anleitung zur praktischen Durchführung der Kosten- und Leistungsrechnung

Eine kontinuierliche Kosten- und Leistungsrechnung sollte sinnvollerweise selbstverständlich nur mit EDV-Unterstützung durchgeführt werden. Es empfiehlt sich aber, die erste Auswertung grundsätzlich manuell durchzuführen, da so am ehesten unplausible Daten auffallen.

An einem realitätsnahen Beispiel sind im folgenden die einzelnen Schritte beschrieben.

Die für die Kosten- und Leistungsrechnung benötigten Daten sind in Abb. 8-1 aufgeführt.

8.1 Laborstrukturierung nach Kostenrechnungsgesichtspunkten

Der erste und wichtigste Schritt ist die Strukturierung des Laboratoriums nach den Erfordernissen der Kosten- und Leistungsrechnung. Diese ist zwar weitgehend, jedoch nicht vollständig identisch mit den vorhandenen, arbeitsplatz-orientierten La-

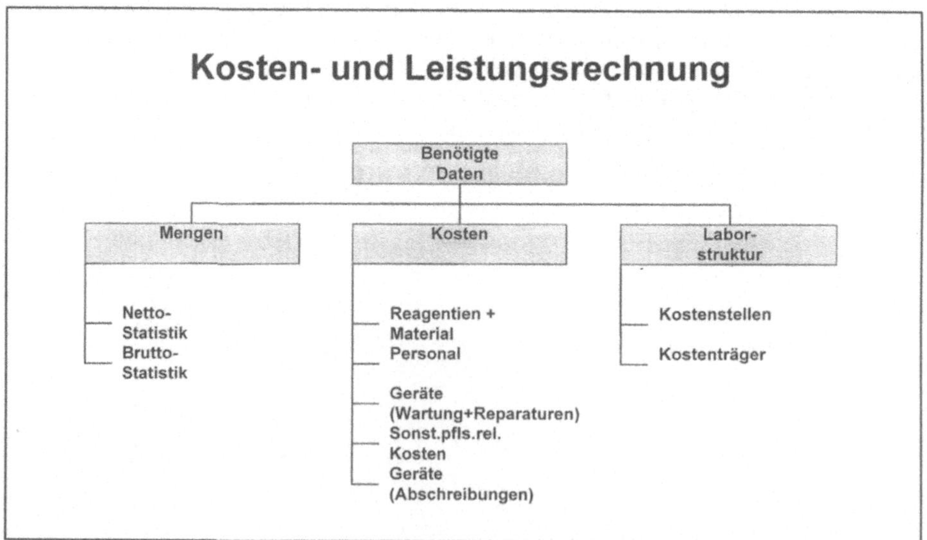

Abb. 8-1

Organisatorische Gliederung eines Laboratoriums

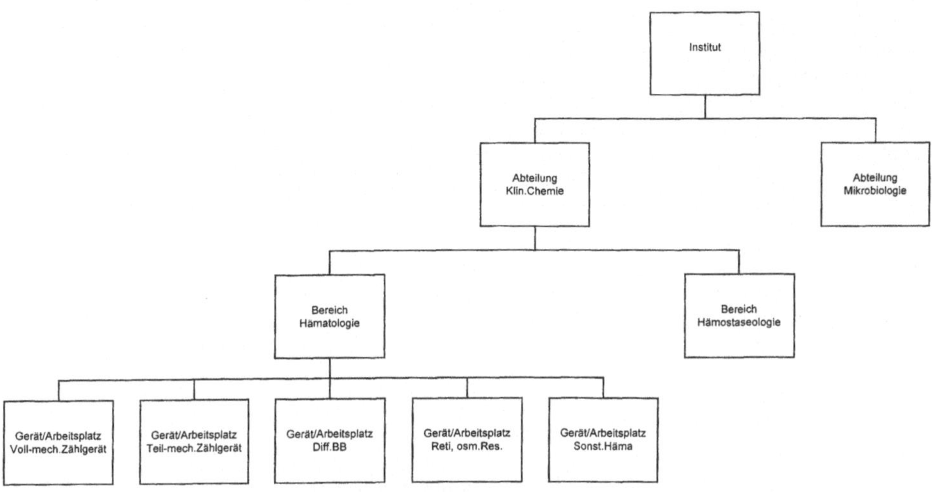

Abb. 8-2

borbereichen, die in aller Regel an organisatorischen Gesichtspunkten ausgerichtet sind (s. Abb. 8-2).

Bei der kostenrechnerischen Strukturierung muß vor allem auf die Zurechenbarkeit von Kosten und auf die Homogenität der Kostenstruktur geachtet werden. So kann es z. B. aus organisatorischen Gründen sinnvoll sein, einen Arbeitsplatz, an dem nur schwierige und seltene Untersuchungen mit manuell aufwendigen Methoden aus verschiedenen Bereichen durchgeführt werden, einzurichten. Organisatorisch ist es dabei unerheblich, ob materialintensive und personalintensive Leistungen gemischt werden. Kostenrechnerisch ist dies allerdings nicht wünschenswert, weil im Wege der Divisionskalkulation eine nicht zutreffende, nivellierte Zurechnung auf die einzelnen Leistungen erfolgte.

Das Ergebnis der Laborstrukturierung ist also eine Festlegung der Laborbereiche nach Kostenstellen- und Kostenträgergesichtspunkten (s.Tab.8-1).

Bei EDV-gestützten Verfahren werden den einzelnen Bereichen Nummern zugeordnet, man spricht dann von einem Kostenstellenplan oder bezüglich der Kostenträger von einem Kostenträgerplan.

8.2 Datenherkunft und Schnittstellen

8.2.1 Verfahrensfestlegung manuell oder EDV-gestützt

Vor Beginn der Durchführung der Kosten- und Leistungsrechnung muß die Entscheidung über die Wahl des Verfahrens getroffen werden:

Tabelle 8-1. Kostenstellenstruktur des Beispiel-Instituts (ohne gesondertes Notfall-Laboratorium) (s. Abschn. 8.4.1)

Produktive Kostenstellen		
Bereich	Kostenstelle (Nummer)	Bezeichnung
		Urin-Stuhl
1200		Bereichshilfskosten
	1210	Urin
	1220	Stuhl
		Hämatologie
1300		Bereichshilfskosten
	1310	Vollmech. Zählgerät
	1320	Teilmech. Zählgerät
	1330	Retikulozyten, Osmotische Erythrozytenresistenz
	1340	BKS
	1350	Sonstige Hämatologie
		Hämostaseologie
1400		Bereichshilfskosten
	1410	Vollmech. Gerinnungsmegerät
	1420	Teilmech. Gerinnungsmegerät
	1430	Einzelfaktoren
	1440	Sonstige Hämostaseologie
		Elektrophorese
1500		Bereichshilfskosten
	1510	CAF-Elektrophorese
	1520	Immunfixation
		Allgemeine Klinische Chemie
1600		Bereichshilfskosten
	1610	Vollmechanisierte Analysengeräte 1 + 2 (2 Geräte identisch)
	1620	Flammenphotometer
	1630	Osmometer
	1640	Coulometer
	1650	Atomabsorptionsspektrometer
	1660	Manueller Fotometermerplatz
	1670	Sonstige allgemeine Klinische Chemie
		Immunologie
1700		Bereichshilfskosten
	1710	Vollmech. Gerät 1
	1720	Vollmech. Gerät 2
	1730	Teilmech. Gerät
	1740	Sonstige Immunologie
		Endokrinologie und Stoffwechselchemie
1800		Bereichshilfskosten
	1810	HPLC
	1820	RIA
	1830	Sonstige Endokrinologie und Stoffwechselchemie
1900		Bereitschaftsdienst
2000		Forschung und Entwicklung
	2010	Projekt 10
	2020	Projekt 20
	2030	Projekt 30

Tabelle 8-1. Fortsetzung

Nicht-produktive Kostenstellen		
Bereich	Kostenstelle (Nummer)	Bezeichnung
8000		Prä- und Postanalytik, Befundung ...
	8010	Probenabnahme
	8020	Probenannahme, -verteilung
	8030	Konsil, Beratung
	8040	Medizinische Validierung
	8050	Befundung
	8060	EDV
	8070	Fortbildung, Einarbeitung, Sonstiges
9000		Allgemeine Kostenstellen
	9010	Management
	9020	Verwaltung
	9030	Spülküche
	9040	Labor allgemein
	9050	Krankenhausumlage
2100		Lehre

- Nicht EDV-gestütztes, rein manuelles Verfahren, d.h. Erfassung der Daten auf den vorgesehenen Formularen (s. Anhang), manuelles Zusammenfassen und Berechnen. Die Beziehungen der Formulare sind in Abb. 8-3 dargestellt.
- Partiell EDV-gestütztes Verfahren unter Verwendung von horizontaler PC-Software, z.B. der Tabellenkalkulation: Erfassung der Daten auf den Formularen, Übertragung in die Tabellen am PC-Bildschirm und Errechnung über die Tabellenkalkulationsfunktionen.
- Voll EDV-gestütztes Verfahren unter Verwendung spezieller, auch vertikaler Software zur Erfassung und Verarbeitung im Rahmen einer ganzheitlichen Kosten- und Leistungsrechnung, die zugleich das Kernstück eines umfassenden Labor-Controlling- und Management-Informations-Systems bilden kann.

8.2.2 Leistungsmengen aus dem Laboratorium

Sofern ein Labor-EDV-System vorhanden ist, wird man sich der Leistungsstatistiken dieses Systems bedienen. In aller Regel bedarf es dazu aber gewisser logischer und zum Teil auch softwaremäßiger Anpassungen. So sollte man die Leistungsstatistiken von der Labor-EDV entsprechend der vorgenannten Bereichs- bzw. Kostenstelleneinteilung abrufen können. Nicht alle Labor-EDV-Systeme bieten diese Möglichkeit. Darüber hinaus gibt es trotz Labor-EDV eine Reihe von Statistiken, z.B. die Brutto-Statistik, die vollständig nur im Wege der manuellen Datenerfassung gewonnen werden kann. Zumindest bei mechanisierten Arbeitsplätzen sollte versucht werden, gewisse Daten auch auf maschinellem Wege, z.B. über die Gerätezähler, zu gewinnen. Im Idealfall wird dieser Wert von der Labor-EDV abgefragt bzw. übernommen.

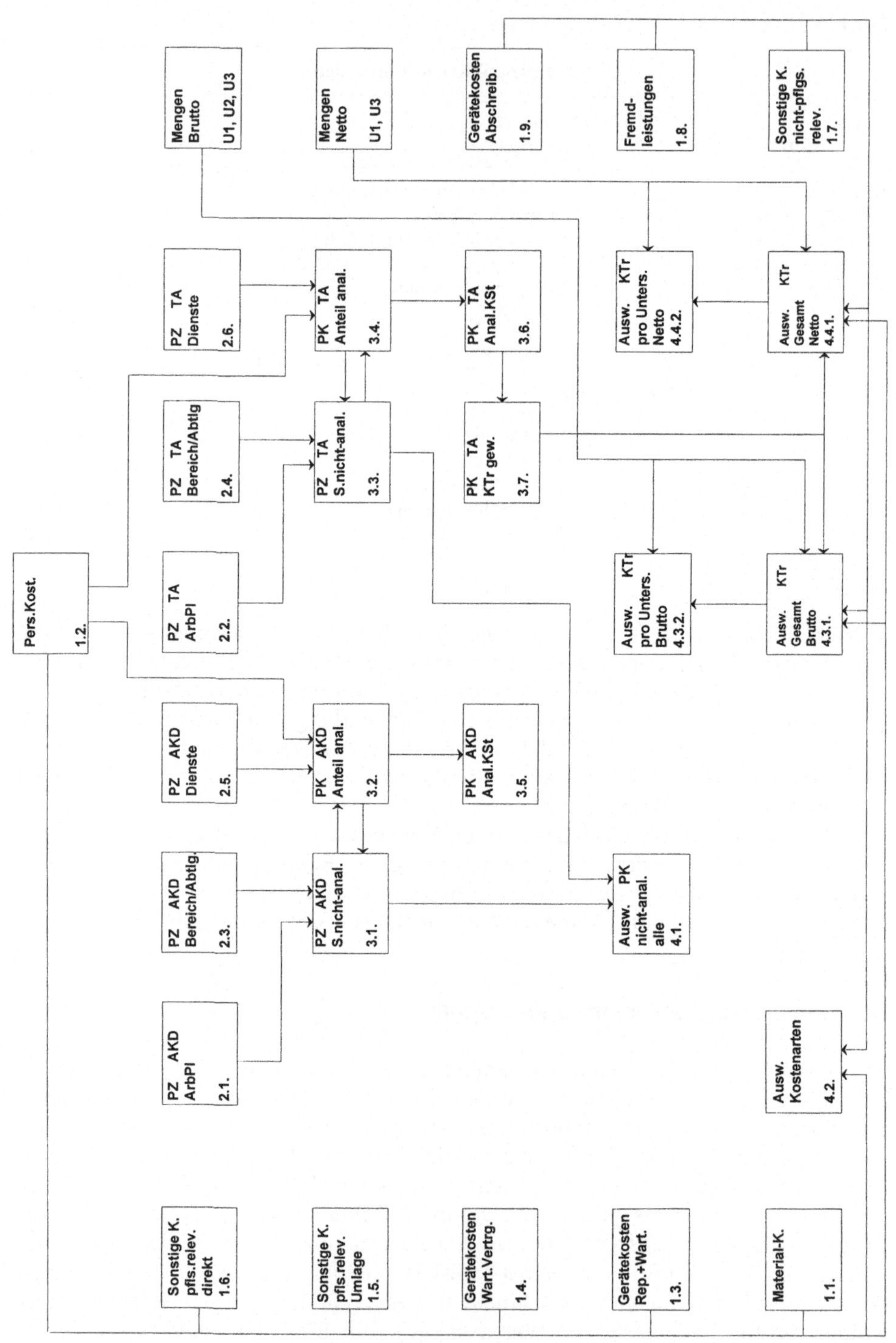

Abb. 8-3. Beziehungen zwischen den Formularen für die Kosten- und Leistungsrechnung

Wenn der Datenoutput bezüglich Leistungsmengen aus der Labor-EDV logisch abgestimmt ist, kann auch eine maschinelle Übernahme, entweder off-line per Datenträger oder on-line von Rechner zu Rechner, gegebenenfalls auch im Rahmen einer Vernetzung, erfolgen.

Bei Laboratorien, die über keine EDV-Unterstützung verfügen, ist die laufende Erfassung der Leistungsmengen aufwendig. Sie ist aber unverzichtbar.

8.2.3 Kostendaten aus Verwaltung/Rechnungswesen des Krankenhauses

Zur Übernahme von Daten aus der Verwaltung muß eine Abstimmung mit den Sachgebieten Rechnungswesen/Kostenrechnung/Controlling sowie Materialwirtschaft erfolgen.

Im einzelnen muß pro Kostenartengruppe vereinbart werden, welche Daten in welcher Form und Verdichtung auf welchem Wege in die Kosten- und Leistungsrechnung des Laboratoriums einlaufen. Selbstverständlich ist hierbei von Bedeutung, ob im Laboratorium ein manuelles oder ein EDV-gestütztes Kostenrechnungsverfahren zur Anwendung kommt. Beim Einsatz eines voll EDV-gestützten Verfahrens ist die maschinelle Datenübernahme vom Rechnungswesen der Verwaltung anzustreben.

Materialkosten

Die Materialkosten, d.h. die Reagenz- und sonstigen Materialbeschaffungen bzw. -verbräuche sollten auf maschinellem Wege von der Verwaltung übermittelt werden. Wird dort ein zeitgemäßes Materialwirtschaftsprogramm mit Zuordnungsmöglichkeiten der bezogenen Labor-Artikel auf die Unterkostenstelle des Laboratoriums benutzt, stellt dies kein Problem dar. Anderenfalls bleibt nur die IST-Kostenerfassung von Reagenz und Material direkt von der Rechnung, von einer Rechnungskopie oder von einem anderen Buchungsbeleg direkt im Laboratorium.

Personalkosten

Die Personalkosten können, müssen aber nicht zwingend maschinell übernommen werden. Entscheidend ist zunächst, auf welche Weise man diese erhält. Oft stellt es ein Problem dar, die Personalkosten monatlich regelmäßig und zeitnah als IST-Werte von der Personalabrechnungsstelle zu erhalten. Im Idealfall können die Personalkosten sogar in der vom Labor intern ermittelten, zeit-basierten Verteilung auf die Laborkostenstellen von der Verwaltung bezogen werden, wenn das Krankenhaus mit einem modernen Personalabrechnungs- und Informations-System arbeitet.

Gerätekosten

Bei den pflegesatz-relevanten Gerätekosten (z.B. Reparatur- und Wartungskosten) wäre zwar eine maschinelle Übernahme ebenfalls wünschenswert, sie ist jedoch nicht so dringlich, weil diese Kosten vom Belegaufkommen her überschaubar sind und deshalb auch manuell erfaßt werden können. Der Beleg- und Datenfluß muß aber auch hier abgestimmt und klar geregelt werden.

Besonders zu klären ist hierbei auch, wie und in welcher Höhe die nicht pflegesatz-relevanten, d.h. die investiven Gerätekosten (= Abschreibungen) einfließen.

Sonstige primäre Kosten

Bei den sonstigen primären Kosten des Labors muß pro einzelner Kostenart festgelegt werden, wie und auf welchem Wege diese Daten in die Kostenrechnung des Laboratoriums einfließen.

Sekundäre Kosten

Die sekundären, bisher im Rahmen der Vollkostenrechnung als Krankenhausumlage bezeichneten Kosten des Laboratoriums bedürfen einer gesonderten Betrachtung und Behandlung:

- Für Zwecke des Controllings (Überwachung, Steuerung und Optimierung der Wirtschaftlichkeit) sollen sie vollständig außer Ansatz bleiben (Teilkostenrechnung).
- Für Zwecke der Kalkulation und evtl. daraus abzuleitender (Labor-)Vergleiche sollten sie gegebenenfalls Berücksichtigung finden. Dabei sind jedoch ab 1.1.96 die neuen Gliederungs- und Zuordnungsschemata nach der BPflVO '94 zu beachten.

8.3 Mengenerfassung und Erstellung der Leistungsstatistik

Die Leistungsstatistiken der analytischen Leistungen werden arbeitsplatzbezogen regelmäßig und fortlaufend geführt. Für die manuelle Erstellung einer standardisierten Statistik stehen drei Erhebungsbögen zur Verfügung.

Der Erhebungsbogen U1 enthält nach der Datumsspalte (1) die Spalten für die Nettostatistik (2), die Bruttostatistik (3) und die Aufwandsrelation (4). Die Spalten (3a) bis (3f) ermöglichen die differenzierte Erfassung der Zusatzuntersuchungen. Wenn nur die Summe der durchgeführten Untersuchungen benötigt wird, kann der Erhebungsbogen U2 verwendet werden.

Je nach Verwendungszweck der Leistungsstatistik müssen für die Notfall- und Routineuntersuchungen getrennte Statistiken erstellt werden, da die Notfalldiagnostik, auch wenn sie in die Routinediagnostik integriert ist, zusätzlichen Aufwand verursacht. Für bestimmte Fragestellungen kann es notwendig sein, auch nach Arbeitsschichten (Tag-, Spät-, Nachtdienst) getrennte Leistungsstatistiken zu führen.

8.3.1 Erfassung der beantragten Untersuchungen

Für jede der im Leistungsverzeichnis enthaltenen Untersuchungen, die vom Laboratorium erbracht werden, wird ein Erhebungsbogen (U1 oder U2) verwendet. Wenn Untersuchungen in verschiedenen Systemen durchgeführt werden, z. B. die Glukosebestimmung im Blut, Urin und Liquor, muß pro Meßgröße („Glucose im Blut", „Glucose im Urin", „Glucose im Liquor") jeweils ein Erhebungsbogen ausgefüllt werden. Wenn beantragte Untersuchungen im Leistungsverzeichnis noch fehlen, müssen sie mit der laborüblichen Bezeichnung als „Untersuchung mit ähnlichem methodischem Aufwand", unter der entsprechenden Leistungsnummer und in der siebten und achten zählenden Stelle fortlaufend numeriert, erfaßt werden. Zur Systematik des Nummernschlüssels sei auf die Erläuterung im „Leistungsverzeichnis des Medizinischen Laboratoriums" verwiesen.

Wenn eine beantragte Untersuchung nicht bearbeitet wurde, weil z. B.
- das Untersuchungsmaterial ungeeignet war,
- kein oder zuwenig Untersuchungsmaterial vorhanden war,
- die Untersuchung sich aufgrund des Ergebnisses einer anderen Untersuchung erübrigt hatte,
- die beantragte Untersuchung nicht indiziert war oder
- an ein anderes Laboratorium verschickt wurde,

wird sie in der Nettostatistik nicht berücksichtigt. Da beantragte, aber nicht bearbeitete Untersuchungen einen nicht unerheblichen Aufwand verursachen, kann es jedoch erforderlich werden, sie gesondert zu zählen.

Untersuchungen werden nicht nur explizit, sondern häufig über eine medizinische Fragestellung beantragt. Insbesondere im Bereich der Mikrobiologie, der Toxikologie, der Immunologie und der Hämostaseologie wird die Einsendung des Untersuchungsmaterials mit einer medizinischen Fragestellung verbunden. In diesen Fällen werden als beantragte Untersuchungen (für die Nettostatistik) alle Untersuchungen gezählt, die vom Laboratorium zur Beantwortung der Fragestellung veranlaßt wurden.

Wenn Fragestellungen eine Vielzahl verschiedener Untersuchungen initiieren, empfiehlt es sich, auf der Basis des Leistungsverzeichnisses eine an die individuelle Vorgehensweise angepaßte Übersicht aller Untersuchungen zu erstellen, die vom jeweiligen Laboratorium für die Beantwortung klinischer Fragestellungen vorgehalten werden. Anhand dieser Untersuchungsschemata (s. Abb. 8-4 und 8-5 a–e) können dann die aus der Fragestellung und dem eingesandten Untersuchungsmaterial im Einzelfall resultierenden Untersuchungen als beantragte Untersuchungen einfach erfaßt werden.

Wenn eine Untersuchung (z. B. kleines Blutbild) aus mehreren Einzeluntersuchungen (Bestimmung der Zellzahlen, der Hämoglobin-Konzentration) besteht – in den bisherigen Gebührenordnungen als *Komplexuntersuchung* bezeichnet – wird für die Leistungsstatistik die Untersuchung entsprechend ihrer Position im Leistungsverzeichnis (z. B. 17803.001.02) als *eine* Untersuchung erfaßt.

Wenn eine vom Laboratorium festgelegte fixe Gruppe von Untersuchungen in einem Untersuchungsgang untersucht wird – im Laborjargon auch *Profil* genannt – werden für die Nettostatistik entsprechend der Position im Leistungsverzeichnis die einzelnen beantragten Untersuchungen gezählt.

Bei *Funktionstests* werden die einzelnen für den Test erforderlichen Untersuchungen gezählt.

Zählhinweise für *mikrobiologische Fragestellungen* sind in Abb. 8-5 a–e zu finden.

8.3.2 Erfassung der durchgeführten Untersuchungen

Die durchgeführten Einfach- und Mehrfachuntersuchungen sowie alle Zusatzuntersuchungen werden in den entsprechenden Spalten der Erhebungsbögen U1 oder U2 erfaßt.

Insbesondere bei immunhämatologischen und mikrobiologischen Untersuchungen empfiehlt es sich, die durchgeführen Untersuchungen, wie in den Beispielen in Abschn. 5.3.1.4 gezeigt, zunächst detaillierter zu erfassen, da sonst die Bruttostatistik nicht transparent und nachvollziehbar ist. Die so ermittelten durchgeführten Unter-

Untersuchungen mittels Ligandenassay Immunchemische Untersuchungen			
qualitativ/ semiquantitativ		*quantitativ*	
Amphetamine	17202.901.ma	Paracetamol	17203.901.01
Barbiturate	17202.036.ma	Salizylate	17203.902.01
Benzodiazepine	17202.037.ma	Phenobarbital	17203.085.01
Cannabinoide	17202.038.ma	Carbamazepin	17203.025.01
Cocain + Mb.	17202.040.ma	Phenytoin	17203.086.01
Methadon	17202.045.ma	Primidon	17203.089.01
Opiate	17202.046.ma	Valproinsäure	17203.125.01
Tricyclische		Digoxin	17203.042.01
Antidepressiva	17202.902.ma	Digitoxin	17203.041.01

"Schnelltests"	
Farbtests	19002.901.ma
Chromometrische Gasanalyse	*)19005.901.ma
Schnellidentifikation von Tabletten- und Drogenresten	19002.902.ma

Klinisch-chemische Routineuntersuchungen	
Cholinesterase i.Serum	18001.018.01
Eisen im Serum	18001.022.01
Osmolalität	17701.001.ma
Blutgasanalyse	18101.001.02
Ethanol (enzymatisch)	18001.025.ma

Dünnschichtchromatographie mit standardkorrigierten Rf-Werten und/oder Mehrfachentwicklung, Farbdetektionsfolge etc.	
qualitativ/semiquantitativ	15701.002.ma
mit Extraktion/Derivatisierung	15702.004.ma

Hochdruckflüssigchromatographie	
ohne/mit einfacher Probenvorbereitung	16601.901.ma
mit aufwendiger Probenvorbereitung	16602.010.ma

Metallspurenanalytik	
Atomabsorptionsspektrometrie	
- AAS-Flamme (Cu)	15301.007.ma
- AAS-Hydrid (Hg)	15302.009.ma
- AAS-Graphitrohr (Cr)	15302.005.ma
- ICP	*)15302.900.ma
Voltametrie	15602.900.ma

Gaschromatographie	
qualitative Nachweise	
- mit einfacher Probenvorbereitung ohne Derivatisierung	16401.900.ma
- mit aufwendiger Probenvorbereitung (z.B. Hydrolyse, Festphasenextraktion) und/ oder Derivatisierung	16403.004.ma
quantitative Bestimmung	
- Ethanol	16401.002.ma
- leichtflüchtige Halogen-KW	16401.004.ma
- Lösungsmittel	16401.005.ma
- Methanol	16401.006.ma

Kopplungsverfahren	
Gaschromatographie/Massenspektrometrie (GC/MS)	16501.006.ma
Gaschromatographie/Fouriertransform-Infrarotspektrometrie (GC/FTIR)	*)16501.901.ma
Hochdruckflüssigchromatographie/Massenspektrometrie (HPLC/MS)	*)16501.902.ma

Spektrometrische Verfahren	
Photometrie (UV-/VIS-)	18001.900.ma
Photometrie nach Säulenchromatographie	18002.900.ma
IR-Spektrometrie	16801.900.ma

Abb. 8-4. Toxikologische General Unknown Analyse – Leistungserfassung für die Nettostatistik, wobei *) = analoge Einstufung, .ma = Materialart (01–99 s. Leistungsverzeichnis)

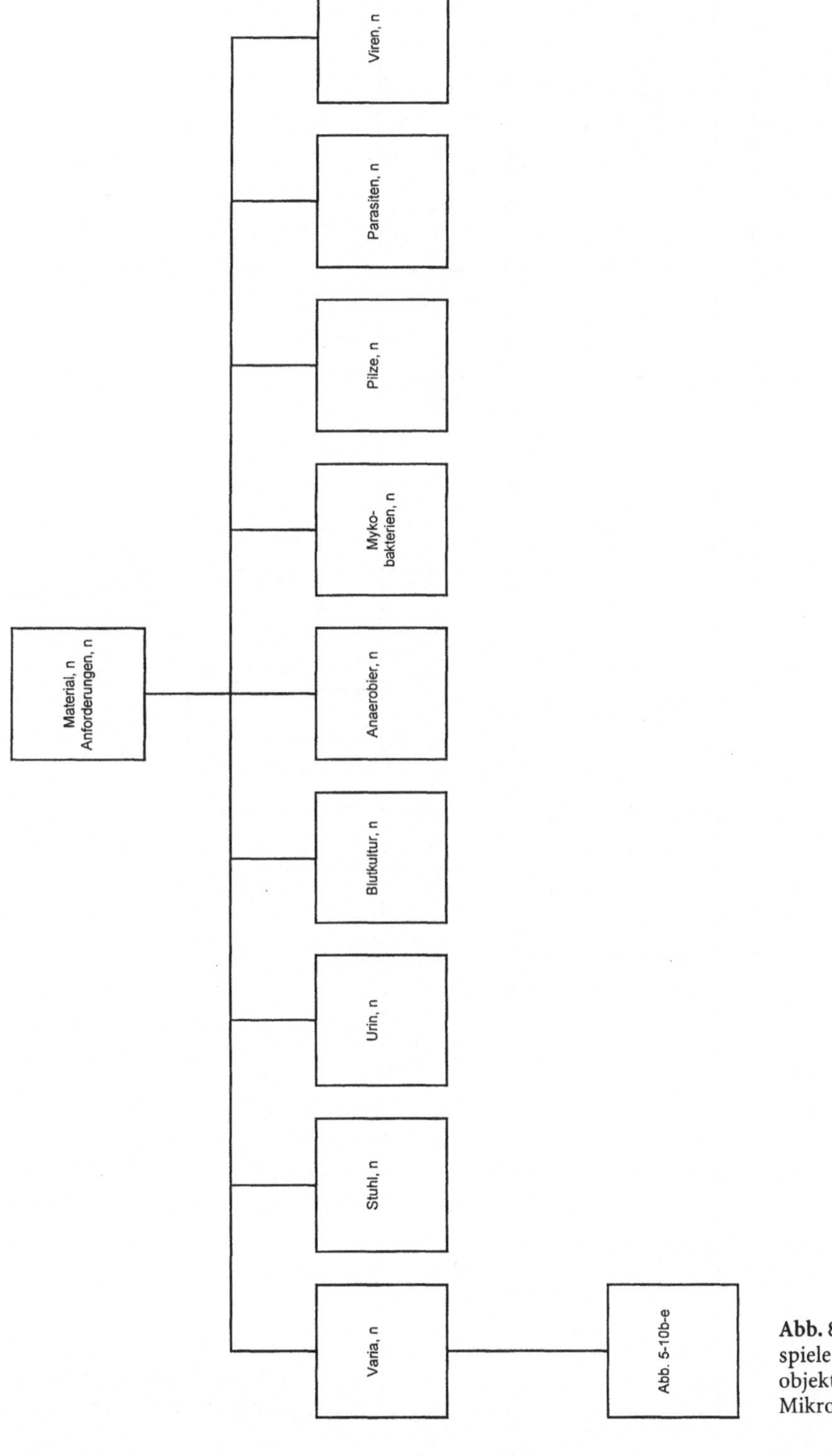

Abb. 8-5 a. Beispiele für Zählobjekte in der Mikrobiologie

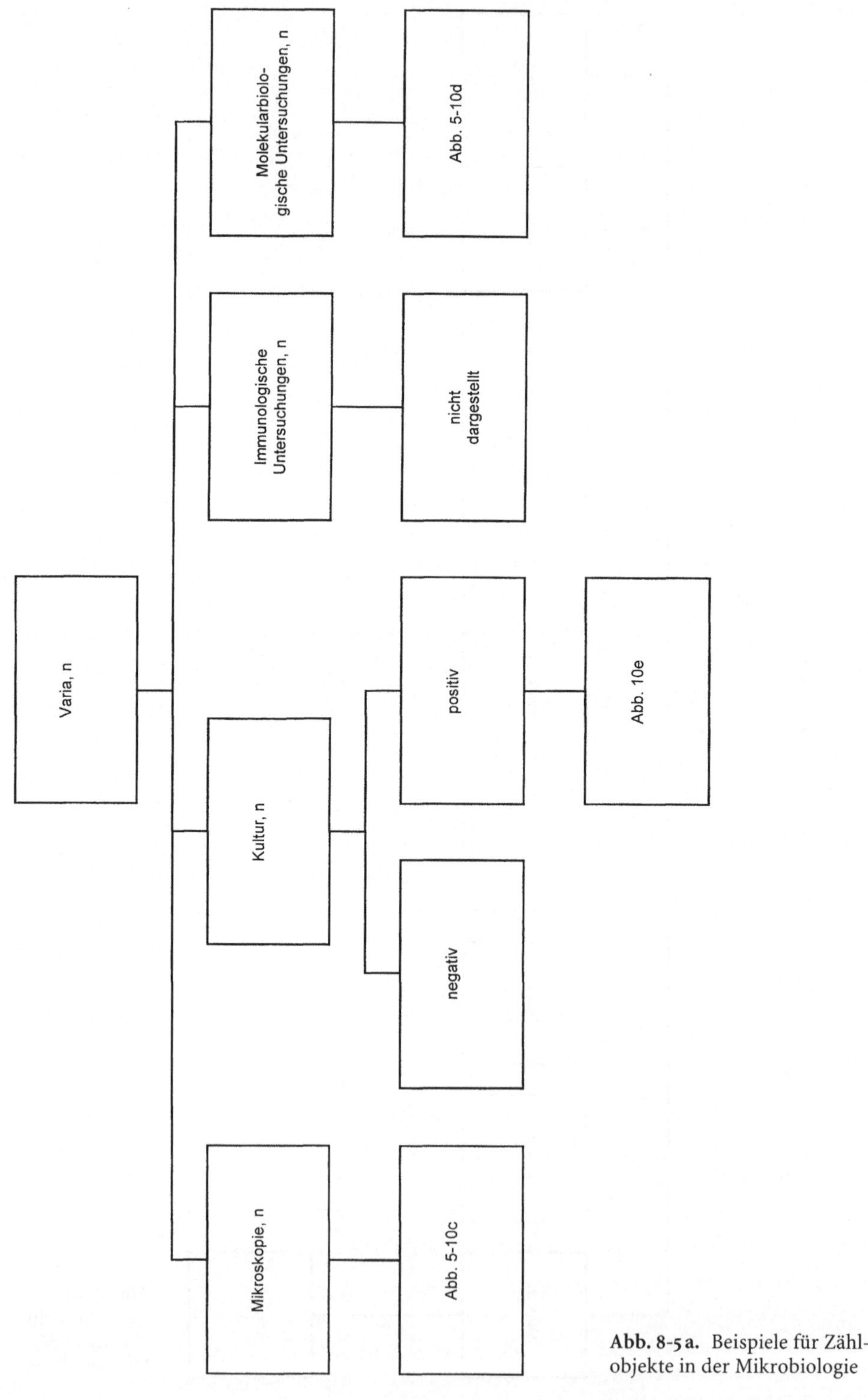

Abb. 8-5 a. Beispiele für Zählobjekte in der Mikrobiologie

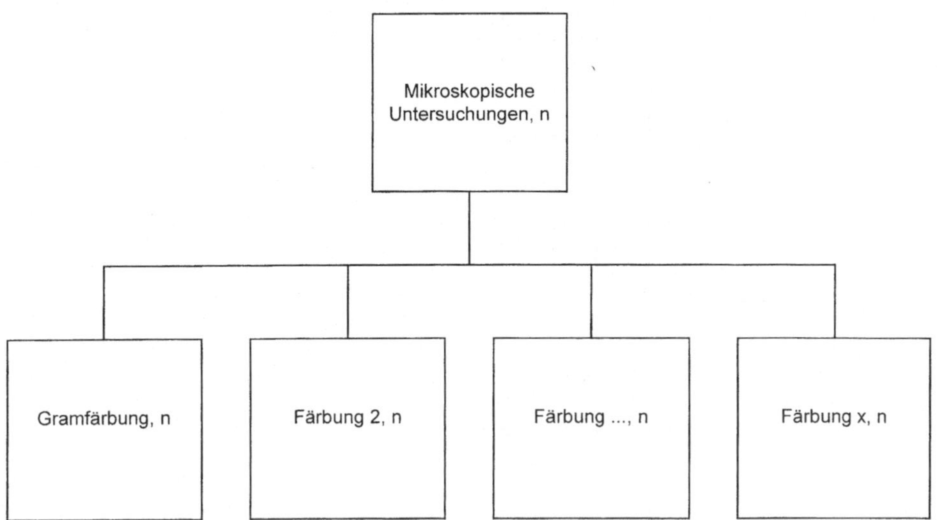

Abb. 8-5 c. Zählobjekte bei mikroskopischen Untersuchungen

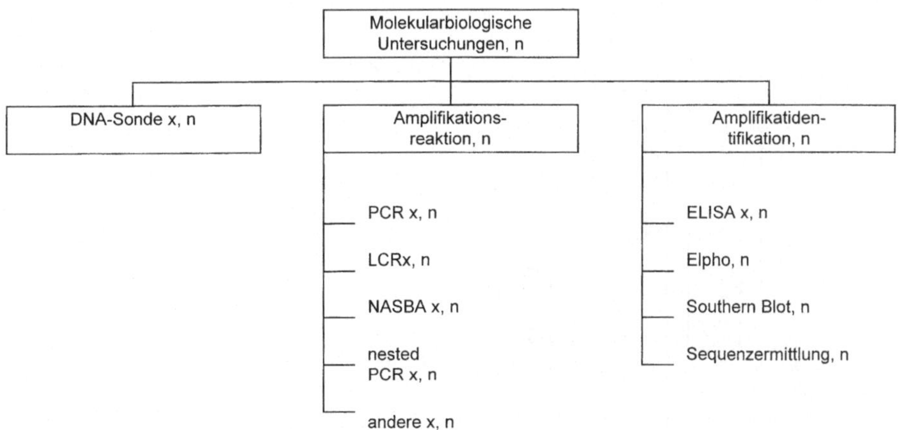

Abb. 8-5 d. Zählobjekte bei molekularbiologischen Untersuchungen

suchungen können dann zusammengefaßt in die Erhebungsbögen U1 und U2 übernommen werden.

Reagenzienleerwerte werden als Zusatzuntersuchungen in Spalte (3b) gezählt. Dies gilt auch für *Probenleerwerte*, wenn sie in einem separaten Ansatz bestimmt werden. Wird der Probenleerwert dagegen in einem Analysengang mitbestimmt (z. B. durch Messung der Extinktion vor Zugabe des Startreagenz), so wird der Probenleerwert als definierter Bestandteil der Untersuchung nicht mitgezählt.

Untersuchungen, die für die *Kalibration* quantitativer und semiquantitativer Verfahren erforderlich sind, werden in Spalte (3c) erfaßt.

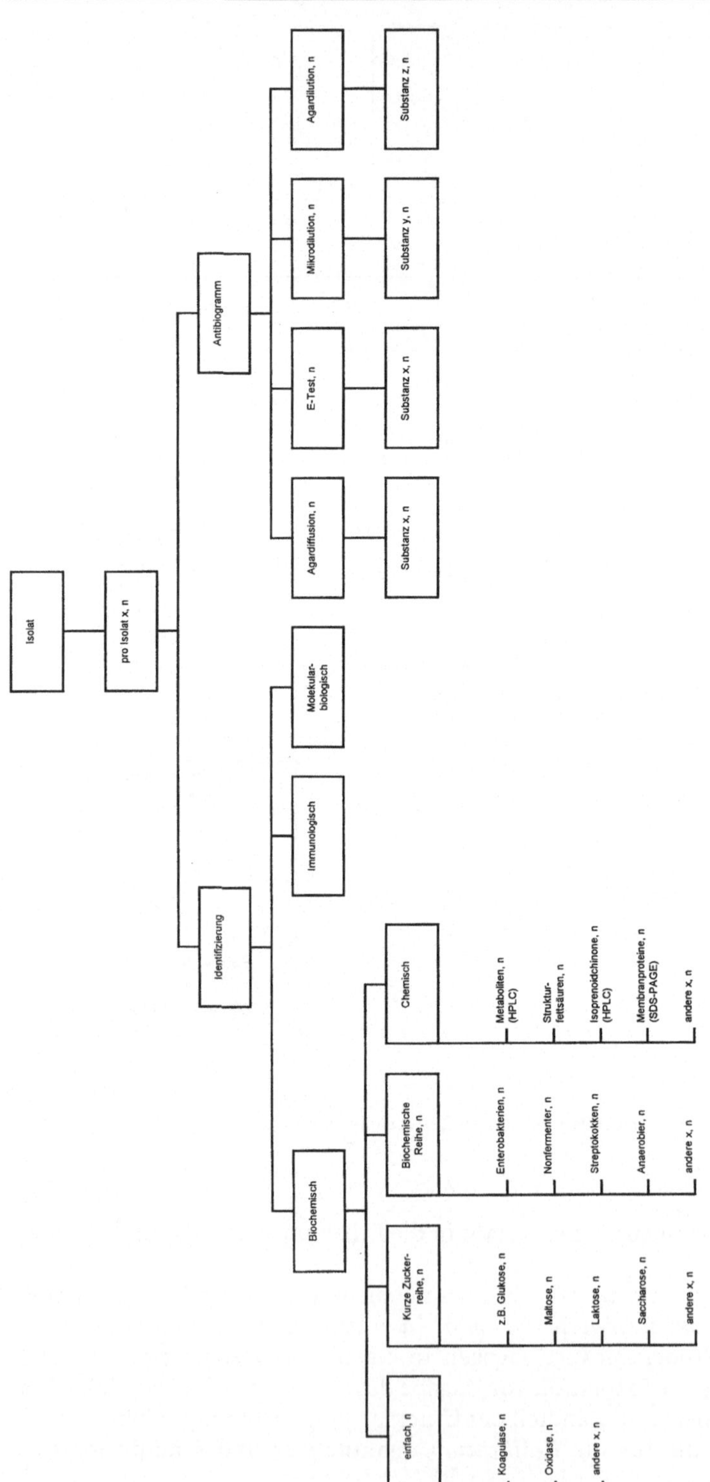

Abb. 8-5 e. Zählobjekte (n) bei Kulturisolaten

Kontrolluntersuchungen (Spalte 3d) sind Untersuchungen, die als integraler Bestandteil jeder einzelnen Untersuchung oder Untersuchungsserie zur Absicherung des Untersuchungsergebnisses mitgeführt werden. So sind z. B. bei der Bestimmung des Rhesusmerkmals D in einer Blutprobe zur Vermeidung von Fehlbestimmungen immer positive und negative Kontrollen mit D-positiven und D-negativen Testerythrozyten sowie eine Eigenkontrolle (Prüfung auf Autoagglutination) mitzuuntersuchen. Zu den Kontrolluntersuchungen zählen auch Untersuchungen, die zur Überprüfung einer gespeicherten Kalibrationskurve durchgeführt werden.

Laborinterne Qualitätskontrolluntersuchungen (Spalte 3e) umfassen die Untersuchungen zur Präzisionskontrolle in der Serie und von Serie zu Serie sowie zur Richtigkeitskontrolle quantitativer Untersuchungsmethoden.

Als *Wiederholungsuntersuchungen* (Spalte 3f) werden alle Untersuchungen erfaßt, die z. B. wegen eines vermuteten Fehlers, wegen eines Meßergebnisses außerhalb des Meßbereichs oder wegen medizinischer Unplausibilität wiederholt wurden.

Aus Untersuchungsergebnissen *abgeleitete Meßgrößen* (z. B. MCV = mean corpuscular volume) werden nicht als Zusatzuntersuchungen gezählt.

Die regelmäßige und komplette Erfassung der durchgeführten Untersuchungen ist aufwendig. Kann diese Arbeit nicht geleistet werden, müssen mindestens einmal jährlich vier Wochen lang anhand des Erhebungsbogens U1 zur täglichen Nettostatistik die Bruttostatistik gezählt werden. Am Ende der Erfassungsperiode wird die *durchschnittliche Aufwandsrelation* ermittelt, indem die Anzahl der durchgeführten durch die Anzahl der beantragten Untersuchungen dividiert wird (s. Abb. 8-6).

8.4 Durchführung der Kosten- und Leistungsrechnung an einem realitätsnahen Beispiel

8.4.1 Beispieldaten

Da es nicht einfach ist, nur verbal die einzelnen Schritte der Kostenrechnung für die praktische Durchführung zu erläutern, wird an einem Beispiel mit realitätsnahen Zahlen das Vorgehen unter Verwendung der im Anhang befindlichen Formulare gezeigt.

Der Beispielkostenrechnung liegen folgende Annahmen zugrunde:

Es handelt sich um ein kleineres Institut, das als Zentrallaboratorium ein Krankenhaus mit etwa 400 Planbetten versorgt. Das Institut gewährleistet die Notfallversorgung, unterhält aber kein organisatorisch und räumlich eigenständiges Notfalllabor. Zu seinem Auftrag gehört auch Forschungstätigkeit, die in drei Themenkreisen (Projekt 10, 20 und 30) ausgeführt wird. Im Beispieljahr (1994) fand keine Unterstützung der wissenschaftlichen Arbeit der bettenführenden Abteilungen mit Routi-

$$\text{Aufwandsrelation} = \frac{\text{Brutto}}{\text{Netto}}$$

Abb. 8-6

nemethoden statt. Hierzu würde der Einsatz von Routinemeßgrößen im Rahmen von Arzneimittelprüfungen oder ähnliches mit entsprechender zusätzlicher Beanspruchung des Instituts (Statistische Auswertung, besondere Berichtsformen usw.) gehören.

Die personelle Ausstattung beträgt 3 Ärzte/Ärztinnen, 13,5 med. technische Mitarbeiter(innen), 0,5 Laborgehilfinnen und 1 Sekretärin.

Der Regeldienst beträgt Montag bis Freitag 8 Stunden pro Tag. Nacht-, Wochenend- und Feiertagsdienste werden von den med.technischen Mitarbeiterinnen und teilweise (Wochenende, Feiertag) von den Ärzten geleistet.

Die zeitlichen Anteile für die einzelnen Tätigkeiten sind in Tab. 8-2 aufgeführt.

Mikrobiologische und immunhämatologische Untersuchungen werden an anderer Stelle durchgeführt.

Auf Besonderheiten wird jeweils bei der Besprechung der einzelnen zu verwendenden Formulare hingewiesen.

Auf das Beispiel verweisender Text ist mit dem Symbol ♠ gekennzeichnet.

8.4.2 Kostenartenrechnung

8.4.2.1 Materialkosten zur Kontierung im Laboratorium (Formular 1.1)

Wenn die Kosten durch die Verwaltung nicht oder nicht ausreichend genau erfaßt werden, muß die Kontierung im Laboratorium erfolgen. Hierbei existieren verschiedene Kostenquellen und Nachweise:

1. Interne Verrechnungen für Güter aus Kliniklagerbeständen
2. Originalrechnungen aus Fremdbestellungen

Das Formular 1.1 enthält:

- Lieferant	M
- Rechnungsnummer	E
- Rechnungsdatum	E
- Positionsnummer in der Rechnung	M
- Artikelbezeichnung oder -nummer	E
- Stückzahl	M
- Netto-Rechnungseinzelbetrag (o. MWSt.)	F
- Einzelendbetrag (inkl. MWSt.)	E
- Kostenart	E
- Kostenträger oder/und Kostenstelle	E

wobei E = immer, M = bei maschineller Eingabe, F = fakultativ.

Die Materialkosten können nach ihrer Art in Reagenzien, Sonstiges Material wie Einmalartikel, Qualitätskontrollmaterial, EDV-Material und Büromaterial unterschieden werden.

Die variablen Kosten, wie z. B. die Reagenzkosten, können auf der untersten und damit genauesten Stufe, nämlich auf den einzelnen Kostenträger, d. h. die Laboratoriumsleistung, direkt verteilt werden. Es erfolgt eine Kontierung auf die Kostenträ-

Tabelle 8-2. Personalzeiten in Stunden pro Arbeitstag für das Beispiellaboratorium

Bereich	Kostenstelle	Ärztl. Dienst	Med. techn. Dienst	Hilfs-kräfte
	Produktive Kostenstellen			
Urin – Stuhl	Urin		0,50	
	Stuhl		0,25	
Hämatologie	Vollmech. Zählgerät		3,50	
	Teilmech. Zählgerät		0,50	
	Morph. Differenzierung	0,25	2,50	
	Osmot. Ery-Resistenz		0,50	
	BKS		0,25	
Blutentnahme		0,25	1,00	
Hämostaseologie	Gerinnungsmeßgerät 1		3,25	
	Gerinnungsmeßgerät 2		1,50	
	Sonstige Hämostaseologie		0,50	
Elektrophorese	CAF	0,50	2,00	
	Immunfixation		0,25	
Allg. Klin. Chemie	2 vollmech. Analysengeräte		6,50	
	Flammenphotometer		2,00	
	Osmometer		0,25	
	Coulometer		0,50	
	Atomabsorptionsspektrometer		1,00	
	Man. Photometermeßplatz		1,00	
	Sonstige allg. klin. Chemie		1,00	
Immunologie	Vollmech. Gerät 1	0,25	3,25	
	Vollmech. Gerät 2		1,25	
	Teilmech. Gerät		1,00	
	Sonstige Immunologie		0,25	
Stoffw. Chemie	HPLC		0,50	
	RIA		0,50	
	Sonstige Stoffw. Chemie		0,25	
Forsch. und Entwickl.*)		13,50	9,25	
	Hilfskostenstellen (nicht produktive Kostenstellen)			
Probenannahme und Probenverteilung			10,75	
Konsil, Beratung		2,00		
Medizin. Validierung, Befundung		3,00		
Ergebnisübermittlung			0,75	
EDV		0,50	5,25	
Fortbild. u. Einarbeitung			4,75	
Lehre		1,00		
	Overhead-Kostenstellen			
Management		5,00		
Verwaltung		1,00	3,75	
Spülküche				4,00
Labor allgemein		3,00	2,50	
Summe der Zeiten pro Arbeitstag		***30,25***	***72,75***	***4,00***

*) einschließlich unbezahlter Überstunden für Forschung

gernummer oder Kostenträgerkurzbezeichnung der betreffenden Laboratoriumsleistung. Ausgangsdatum kann ein Materialentnahmeschein oder eine Eingangsrechnung und darin der entsprechende Zeilenbetrag pro Laboratoriumsunter- suchung sein.

♠ ***Am besten werden wie im Beispiellaboratorium die Formulare 1.1 nach Kostenstellen sortiert ausgefüllt.***

8.4.2.2
Personal, Anzahl und Kosten, nach Art und Gruppen (Formular 1.2)

Das Formular 1.2 enthält
- Personalgruppen (Akademiker, medizinisch-technisches Personal, usw.), untergliedert nach Personalart (Ärzte, Nicht-Ärzte usw.)
- durchschnittliche Zahl der besetzten Stellen im betrachteten Zeitraum angegeben in Vollstellen
- Durchschnittliche Zahl der tätigen Personen im betrachteten Zeitraum (z. B. zwei Halbtagskräfte bei einer besetzten Stelle)
- Personalkosten gesamt und für die einzelnen Personalgruppen

Üblicherweise ist es problemlos möglich, die erforderlichen Angaben von der Krankenhausverwaltung zu erhalten.

♠ **Beispiel:**
Im Beispiellaboratorium sind eine med. technische Assistentin und die Laborgehilfin halbtags beschäftigt.

8.4.2.3
Gerätekosten

Reparatur und Wartung (Formular 1.3)

Das Formular 1.3. enthält:

- Leistungserbringer	E
- Rechnungsnummer	E
- Rechnungsdatum	E
- Positionsnummer	M
- Gerätebezeichnung und Beschreibung der Reparatur	E
- Netto-Rechnungseinzelbetrag (o. MWSt.)	F
- Einzelendbetrag (inkl. MWSt.)	E
- Kostenart	E
- Kostenträger oder/und Kostenstelle	E

wobei E = immer, M = bei maschineller Eingabe, F = fakultativ.

Kosten für Gerätewartung und Instandhaltung werden den entsprechenden Kostenstellen zugewiesen.

Laboratoriumseigene Werkstätten werden als eigene Hilfskostenstelle geführt und diese Kosten auf die Geräte umgelegt.

Die Kosten können nach ihrer Art in R Reparatur, W Wartung, E Ersatzteile, F Fahrtkosten, A Arbeitskosten unterteilt werden.

1.1.	Materialkosten	
Bereich:	Kostenstelle:	*Vollmech. Analysengerät 1 + 2*

Monat: *Dez.1994*

Lieferant Bezeichnung oder Nummer	Rechnungs- Nummer	Rechnungs- Datum	Rechnungs- Pos.Nr.	Artikelbezeichnung oder -nummer	Stückzahl	Einzel-Nettobetrag	Einzel-Endbetrag	Kosten-Art[1]	Kosten-Stelle o. Träger
XYZ	*12345*	*10.12.*	*1*	*Harnsäure Sys 1*	*1*		*952.36*	*R*	*HSS*
			2	*Triglyceride GPO*	*1*		*391.70*	*R*	*TRIS*
			3	*ISE Diluent 2 l*	*1*		*322.83*	*R*	*1610*
			4	*ISE KCl 0.5 l*	*1*		*96.86*	*R*	*KS*
			5	*Antithrombin 36 x 22 ml*	*1*		*3193.90*	*R*	*AT3*
Spaltensumme							*4957.65*		

[1] R Reagentien, M Sonstiges Material (Einmalartikel usw.), Q Qualitätskontrollmaterial, E EDV-Material/Untersuchungsanträge, B Büromaterial

1.2.	**Personal** **Anzahl und Kosten** **nach Art und Gruppen**

Monat: *Jan.-Dez.* 1994

	Anzahl A[1]	Anzahl B[2]	Kosten pro Art	Kosten pro Gruppe	Gesamt
Akademisches Personal	*3*	*3*	~	*405.670.-*	
Ärzte	*3*	*3*	*405.670.-*		
Nicht-Ärzte	–	–			
Med. Technisches Personal	*13,5*	*14*	~	*944.770.-*	
MTLA	*11,5*	*12*	*830.620.-*		
Arzthelferinnen	*1*	*1*	*57.320.-*		
sonst. TA	*1*	*1*	*56.830.-*		
Verwaltungspersonal	*1*	*1*	~	*61.830.-*	
Sekretärinnen	*1*	*1*	*61.830.-*		
Schreibkräfte	-	-			
Nicht-technisches Hilfspersonal (Laborgehilfen/innen)	*0,5*	*1*	~	*26.937.-*	
EDV-Personal	-	-	~		
Akademiker					
sonstige					
Laborwerkstätten	-	-	~		
Gesamtes Personal	*18*	*19*	~	~	*1.439.207.-*

[1] im Durchschnitt des betrachteten Zeitraums besetzte Vollstellen

[2] im Durchschnitt des betrachteten Zeitraums tätige Personen

Wartungsverträge (Formular 1.4)

Das Formular 1.4 enthält:

- Leistungserbringer	E
- Rechnungsnummer	E
- Rechnungsdatum	E
- Positionsnummer	M
- Gerätebezeichnung	E
- Netto-Rechnungseinzelbetrag (o.MWSt.)	F
- Einzelendbetrag (inkl.MWSt.)	E
- Kostenträger oder/und Kostenstelle	E

wobei E = immer, M = bei maschineller Eingabe, H = bei Handeingabe, F = fakultativ.

Bei Leasing oder Miete ist ein eigenes Formular analog dem für die Wartungsverträge zu erstellen.

Geräteabschreibungen (Formular 1.9)

Das Formular 1.9 enthält:

- Hersteller	E
- Rechnungsdatum	E
- Gerätebezeichnung	E
- Kaufpreis abzgl.gewährter Preisnachlässe	E
- Abschreibungsbetrag pro Jahr	E
- Kostenträger oder/und Kostenstelle	E

wobei E = immer.

Die Festlegung der Nutzungsdauer wird unterschiedlich gehandhabt. Eine durchschnittliche Nutzungsdauer von sieben Jahren für alle Geräte wird empfohlen. Im Krankenhaus handelt es sich bei den Geräteabschreibungen nicht um pflegesatzrelevante Kosten.

8.4.2.4
Sonstige Betriebskosten, pflegesatzrelevant, per Umlagen zugerechnet (Formular 1.5)

Das Formular 1.5 beinhaltet
- Raum- und Gebäudekosten
- Raumreinigung
- Energie, Ver- und Entsorgung
- Kommunikationsmittel
- Versicherungen, Steuern, Abgaben, Gebühren
- Sonstiges

oder zusammengefaßt
- Krankenhausumlage

Die auf das Laboratorium entfallenden Beträge der Krankenhausumlage sind abhängig von dem von der Verwaltung angewendeten Verteilungsschlüssel. Der Anteil an den Einzelstückkosten ist nicht unerheblich (ca. 0.50 DM/Untersuchung). Deshalb sollte man diesen Schlüssel mit der Verwaltung im Detail absprechen (s. Tab. 8-3).

Tabelle 8-3. Empfohlene Umlageschlüssel

Sonstige Betriebskosten	anteilig an
Raum- und Gebäudekosten	Laborfläche
Raumreinigung	Laborfläche
Energie	Anschlußwert (Watt)
Ver- und Entsorgung	Untersuchungsmengen
Kommunikationsmittel	Untersuchungsmengen
Versicherungen, Steuern, Abgaben, Haftpflicht	Zahl der Mitarbeiter
Gebäudeversicherungen usw.	Laborfläche
Sonstiges	
Kopierkosten, Literaturdienst,	Zahl der akademischen Mitarbeiter
Beiträge (z. B. DKG)	Betriebskosten
Personalstelle	Zahl der Mitarbeiter
Wirtschaftsstelle, Apotheke	Zahl der Bestellvorgänge

Kommunikationsmittel für den Probentransport wie die Laborprobenrohrpostanlage werden nicht auf die Kostenstelle „Laboratorium", sondern auf die einsendenden Bereiche gebucht.

8.4.2.5
Sonstige Betriebskosten, pflegesatzrelevant, direkt dem Laboratorium zugerechnet (Formular 1.6)

Das Formular 1.6 beinhaltet
- Raum- und Gebäudekosten
- Versicherungen, Steuern, Abgaben, Gebühren

Sofern die Kosten direkt der Kostenstelle „Laboratorium" zuzuordnen sind, werden sie mit diesem Formular erfaßt.

8.4.2.6
Sonstige, nicht pflegesatzrelevante Kosten (Formular 1.7)

Das Formular 1.7 beinhaltet:
- Umbaumaßnahmen
- Gebäudeabschreibungen
- Geräteabschreibungen

Sofern die Kosten direkt der Kostenstelle „Laboratorium" zuzuordnen sind, werden sie mit diesem Formular erfaßt.

8.4.2.7
Fremdleistungen (Formular 1.8)

Dem Formular liegt die Gliederungsstruktur der seit 1996 gültigen Gebührenordnung für Ärzte (GOÄ) zugrunde.

8.4.2.8 Nicht auf Laboratoriumskostenstellen zu buchende Kosten

Nicht auf die Kostenstelle „Laboratorium" werden gebucht:
- die von den Stationen verwendeten Untersuchungsantragsformulare,
- die Abnahmegefäße und Kanülen, soweit sie nicht im Laboratorium selbst verwendet werden sowie
- die Kommunikationsmittel für den Probentransport.

8.4.3 Kostenstellenrechnung

8.4.3.1 Zurechnung der Personalkosten zu den Kostenstellen

Die Kosten des Personals werden in Relation zu den Personal-IST-Zeiten den Kostenstellen zugerechnet.

Personal mit in etwa vergleichbaren Kosten wird zusammengefaßt.
- Akademiker,
- Medizinisch-technisches Personal,
- Verwaltungspersonal
- Laboratoriumswerkstättenpersonal
- EDV-Personal und
- Laboratoriumshilfspersonal (Laboratoriumsgehilfen o. ä.)

Grundsätzlich sind die IST-Kosten zu verwenden, die am besten monatsweise, zumindest aber quartalsweise von der Verwaltung abgerufen werden. Verrechnungssätze für Personalkosten stellen nur eine Notlösung dar.

8.4.3.2 Personal-IST-Zeitenerfassung

Auf der Grundlage der vorhandenen Arbeitsplätze sowie der Gerätestruktur werden die IST-Zeiten erhoben. Dabei wird empfohlen, nicht die mitarbeiterbezogene Arbeitszeit, sondern die am jeweiligen Arbeitsplatz insgesamt während des Regel- oder Schichtdienstes an einem durchschnittlichen Tag benötigte Arbeitszeit zu schätzen. Auch für die auftragsartbezogenen Personalzeiten (z.B. Bereitschaftsdienst, Forschung) und für Zeiten des nicht-produktiven Bereichs (EDV, Laboratoriumsmanagement, Verwaltung etc.) wird die Erfassung auf diesem Formular vorgenommen. Die Zeiten werden durch Befragung ermittelt. Die kleinste Zeiteinheit dabei ist üblicherweise die Viertelstunde. Schätzungen durch mehrere Personen, den Laboratoriumsleiter, die leitende MTLA und einzelne Mitarbeiter(innen), und die Bildung des arithmetischen Mittels stellen sicher, daß die so ermittelten Personalzeiten weitestgehend dem realen Zeitverbrauch entsprechen.

Eine Gliederung nach Tätigkeitsarten und Zuordnung ist in den Abb. 8-7 bis 8-9 in Form einer hierarchischen Baumstruktur dargestellt.

♠ ***Die auf diese Weise qualifiziert geschätzten Zeiten sind in Tab. 8-4 für das Beispiellaboratorium aufgeführt und sind die Basis für die weiteren Berechnungen.***

Tabelle 8-4. Personalzeiten in Stunden pro Arbeitstag für das Beispiellaboratorium (Die Tabelle 8-4. ist identisch mit der Tabelle 8-2. auf Seite 141)

Bereich	Kostenstelle	Ärztl. Dienst	Med. techn. Dienst	Hilfs-kräfte
	Produktive Kostenstellen			
Urin – Stuhl	Urin		0,50	
	Stuhl		0,25	
Hämatologie	Vollmech. Zählgerät		3,50	
	Teilmech. Zählgerät		0,50	
	Morph. Differenzierung	0,25	2,50	
	Osmot. Ery-Resistenz		0,50	
	BKS		0,25	
Blutentnahme		0,25	1,00	
Hämostaseologie	Gerinnungsmeßgerät 1		3,25	
	Gerinnungsmeßgerät 2		1,50	
	Sonstige Hämostaseologie		0,50	
Elektrophorese	CAF	0,50	2,00	
	Immunfixation		0,25	
Allg. Klin. Chemie	2 vollmech. Analysengeräte		6,50	
	Flammenphotometer		2,00	
	Osmometer		0,25	
	Coulometer		0,50	
	Atomabsorptionsspektrometer		1,00	
	Man. Photometermeßplatz		1,00	
	Sonstige allg. klin. Chemie		1,00	
Immunologie	Vollmech. Gerät 1	0,25	3,25	
	Vollmech. Gerät 2		1,25	
	Teilmech. Gerät		1,00	
	Sonstige Immunologie		0,25	
Stoffw. Chemie	HPLC		0,50	
	RIA		0,50	
	Sonstige Stoffw. Chemie		0,25	
Forsch. und Entwickl.*)		13,50	9,25	
	Hilfskostenstellen (nicht produktive Kostenstellen)			
Probenannahme und Probenverteilung			10,75	
Konsil, Beratung		2,00		
Medizin. Validierung, Befundung		3,00		
Ergebnisübermittlung			0,75	
EDV		0,50	5,25	
Fortbild. u. Einarbeitung			4,75	
Lehre		1,00		
	Overhead-Kostenstellen			
Management		5,00		
Verwaltung		1,00	3,75	
Spülküche				4,00
Labor allgemein		3,00	2,50	
Summe der Zeiten pro Arbeitstag		***30,25***	***72,75***	***4,00***

*) einschließlich unbezahlter Überstunden für Forschung

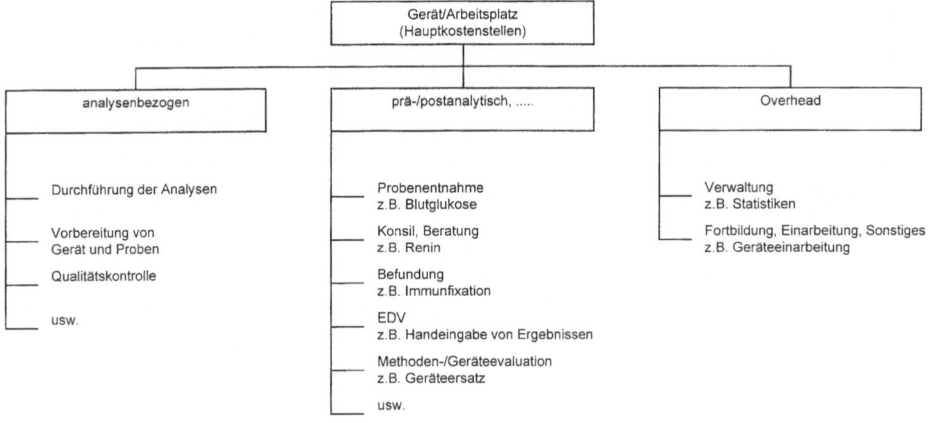

Abb. 8-7

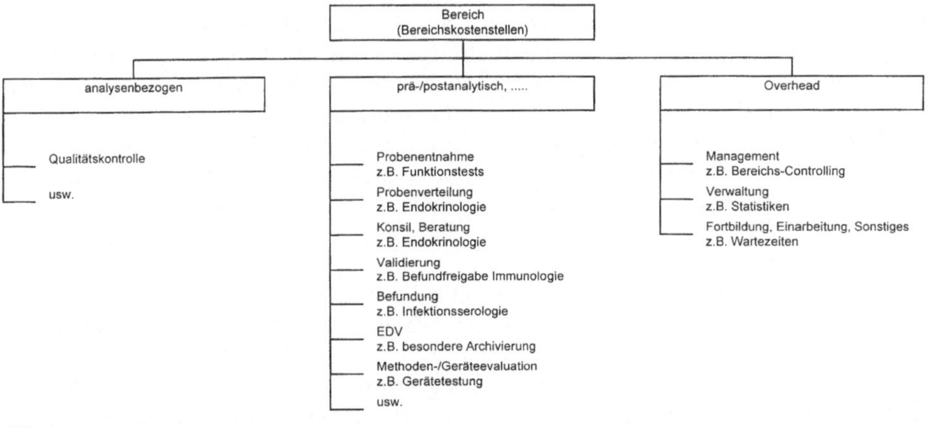

Abb. 8-8

8.4.3.3
Erhebung der Personalzeiten, arbeitsplatzbezogen, Akademisches Personal (Formular 2.1) und medizinisch-technisches Personal (Formular 2.2)

Folgende Tätigkeiten werden beim akademischen Personal unterschieden:

Analysenbezogene Tätigkeiten am Arbeitsplatz
Hierzu zählen durch die Akademiker selbst durchgeführte analytische Tätigkeiten. Auch besondere, der Untersuchung direkt zuzuordnende Maßnahmen der Qualitätssicherung werden an dieser Stelle erfaßt.

Tätigkeitsarten für die Personalzeitschätzung

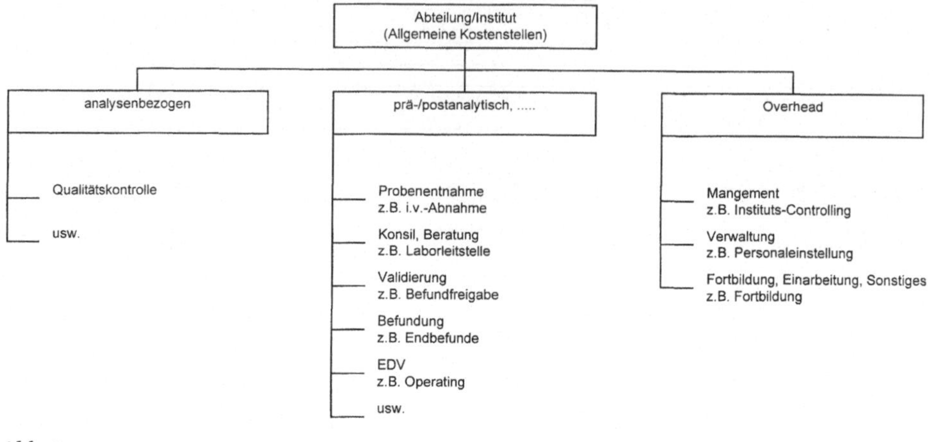

Abb. 8-9

Prä- und postanalytische Tätigkeiten direkt am Arbeitsplatz

Probennahme für besondere Untersuchungen, z. B. endokrinologische Funktionsteste, Blutgasanalysen (arterielle Abnahme), arbeitsplatzbezogenenes Konsil, Validierung und Einzelbefundung von Untersuchungsergebnissen (z. B. Befundung der Immunfixation oder der Knochenmarkzytologie usw.), Methoden- oder Geräteevaluierungen und arbeitsplatzbezogene Forschungstätigkeit (z. B. besonderer Aufwand für die Aufbereitung des Datenmaterials und Mitteilung von Untersuchungsergebnissen, die im Rahmen wissenschaftlicher Kooperation mit den bettenführenden Abteilungen anfallen) werden erfaßt.

EDV-Tätigkeit

Hierzu zählen alle Eingaben in die Datenverarbeitungsanlage und die Unterstützung des medizinisch-technischen Personals am Arbeitsplatz hinsichtlich EDV-Fragen.

Methoden- und Geräteevaluation bzw. -integration

Zeiten für die Erprobung oder Evaluierung einzuführender Methoden oder Geräte für den betreffenden Arbeitsplatz.

Forschung

Dies betrifft nur die angewandte Forschung, d. h. die Unterstützung der bettenführenden Abteilungen mit Routinemethoden für wissenschaftliche Fragestellungen und den dabei auftretenden besonderen zeitlichen Aufwand.

Overheadtätigkeiten direkt am Arbeitsplatz

Verwaltungstätigkeit

Hierunter werden all diejenigen Tätigkeiten verstanden, die im Zusammenhang mit Beschaffungen oder Bestellungen und deren Überwachung am einzelnen Arbeitsplatz anfallen, desweiteren das Führen von Statistiken.

Fortbildung, Einarbeitung, Sonstiges
Regelmäßige Fortbildung am Arbeitsplatz, Einarbeitung in Methoden und z. B. Wartezeiten werden hier erfaßt.

Folgende Tätigkeiten werden bei dem medizinisch-technischen Personal unterschieden

Analysenbezogene Tätigkeiten am Arbeitsplatz
Hierzu gehören die Vorbereitung der Geräte sowie der Proben, die Durchführung der Untersuchung, die Nachbereitung und Geräteeigenwartung bzw. Gerätepflege, die Durchführung von Kleinreparaturen, Maßnahmen zur Qualitätskontrolle, die technische Freigabe von Ergebnissen, das Telefonieren von auffälligen Befunden. Das Zeitraster für die Schätzung beträgt üblicherweise 1/4 Stunde (z. B. 1,25; 1,50; 1,75 Stunden).

Prä- und postanalytische Tätigkeiten direkt am Arbeitsplatz

Probenentnahme
Probenentnahme auf den Stationen oder im Institut für besondere Untersuchungen, z. B. Blutglukosebestimmungen durch die MTLA des Arbeitsplatzes Glukose.

Probenannahme, -verteilung
Sofern einzelne Arbeitsplätze ihre Proben selbst annehmen und bearbeiten, werden die dafür anfallenden Zeiten am Arbeitsplatz erfaßt.

EDV-Tätigkeit
Hierzu zählen im Bereich des medizinisch-technischen Personals die Eingaben in die Datenverarbeitungsanlage, das Ausdrucken von Listen (Arbeits-, Verteil-, Reste-, Sperr-, Extremwertlisten usw.). Je nach Organisation können durch Assistent(inn)en auch reine EDV-Aufgaben, wie die Archivierung, die Programmpflege oder ähnliche Tätigkeiten erfüllt werden.

Methoden- und Geräteevaluation bzw. -integration
Zeiten für die Erprobung oder Evaluierung neu einzuführender Methoden oder Geräte für den betreffenden Arbeitsplatz.

Forschung
Dies betrifft nur die angewandte Forschung, d. h. die Unterstützung der bettenführenden Abteilungen mit Routinemethoden für wissenschaftliche Fragestellungen und den dabei auftretenden besonderen zeitlichen Aufwand.

Overheadtätigkeiten

Verwaltungstätigkeit
Hierunter werden all diejenigen Tätigkeiten verstanden, die im Zusammenhang mit Beschaffung oder Bestellung und Materiallagerhaltung am einzelnen Arbeitsplatz anfallen sowie das Führen von Statistiken.

Fortbildung, Einarbeitung, Sonstiges
Regelmäßige Fortbildung im Dienst, Einarbeitung in Methoden und z. B. Wartezeiten werden hier erfaßt.

♠ ***Für das akademische Personal ist nur ein Formular beispielhaft für die CAF-Elektrophorese (Formular 2.1) ausgefüllt, für das medizinisch-technische Personal für das vollmechanisierte Zählgerät der Hämatologie (Formular 2.2).***

8.4.3.4
Erhebung der Personalzeiten, bereichs-/institutsbezogen, Akademisches Personal (Formular 2.3) und medizinisch-technisches Personal (Formular 2.4)

In diesen Formularen werden die Tätigkeiten erfaßt, die nicht direkt den einzelnen Kostenstellen, sondern den Bereichen oder dem Institut/der Abteilung zuzuordnen sind.

Gewisse Schwierigkeiten bereitet die Zuordnung von eigenständiger Forschungstätigkeit innerhalb des Laboratoriums. Man kann die Forschungslaboratorien sowohl als produktive, als auch als nicht-produktive Kostenstellen betrachten. Wichtig ist, daß im Rahmen der Vollkostenrechnung keine Kosten auf diese Kostenstellen umgelegt werden, für die kein Verursachungszusammenhang hergestellt werden kann (z. B. die Probenannahme oder die Labor-EDV). Kalkulationsobjekt ist nicht das Stück, sondern die Entwicklungsstunde.

Die geschätzten Zeiten sind in die Formulare einzutragen und zu summieren. Die Summen (jeweilige Zwischensummen A., B. und C.) der Personalzeiten der Kostenstellen (Geräte, (Teil-)Arbeitsplätze) des betreffenden Bereichs sind aus den Formularen 2.1 und 2.2 zu übertragen.

♠ ***Auf die Bereichskostenstellen anzurechnende Zeiten sind weder beim akademischen noch beim medizinisch-technischen Personal angefallen.***

8.4.3.5
Berechnung der Nacht-, Wochenend-, Feiertags- und Bereitschaftsdienststellen (Formulare 2.5 und 2.6)

Die Berechnung der Nacht-, Wochenend-, Feiertags- und Bereitschaftsdienststellen für Akademiker und medizinisch-technisches Personal ist die Basis für die Berechnung der Kosten über die Formeln in den Formularen 3.2 und 3.4.. Ob Bereitschaftdienst in Freizeit oder finanziell abgegolten wird, spielt für die Errechnung der Stellen und somit die anteilige Berechnung der Kosten keine Rolle. Bezüglich der Anrechnung der Zeiten als Arbeitszeit wird auf den BAT Anlage 2a, Nr.6[71] verwiesen. Werden in einem Laboratorium nicht Bereitschaftsdienste, sondern Schichtdienst geleistet, so gilt dieser als Volldienst. Die Schichtdienstzulage wird zu den Bezügen addiert. Um die Zahl der Bereitschaftsdienststellen zu erhalten, wird die für diese Dienste aufzubringende Summe der Minuten pro Jahr beim akademischen Personal durch 97.000, beim medizinisch-technischen Personal durch 92.500 dividiert. Der Divisor ist das Mittel der in den einzelnen Bundesländern geltenden Normjahresarbeitszeiten für die einzelnen Berufsgruppen.

[71] Pühler K-P (1995) BAT Bundes-Angestelltentarifvertrag, 10.Auflage, Rehm, München

2.1.	Personalzeiten Ist-Erfassung arbeitsplatzbezogen Akademisches Personal	Blatt 2

Bereich: *Elfo*	Kostenstelle: *Elfo*

	Personalzeit (Std.) pro Tag (Raster: 1/4 Std.)
C. Overhead-Tätigkeiten am Arbeitsplatz	
Verwaltung	
Fortbildung, Einarbeitung, Sonstiges	
Summe C.	*0,00*
Gesamtsumme A. + B. + C.	*0,50*

2.2.	**Personalzeiten Ist-Erfassung arbeitsplatzbezogen Med. Technisches Personal**	**Blatt 1**
Bereich: *Hämatologie*	Kostenstelle: *Vollmech. Zählgerät*	

	Personalzeit (Std.) pro Tag (Raster: 1/4 Std.)	
A. Analysenbezogene Tätigkeit [1] am Arbeitsplatz		
	3,50	
Summe A.		*3,50*

B. Prä- und postanalytische Tätigkeiten, Forschung Methoden- und Geräteevaluation sowie -integration am Arbeitsplatz		
Probenentnahme		
Probenannahme, -verteilung		
EDV	*0*	
Methoden- und Geräteevaluation sowie -integration		
Projekt 1		
Projekt 2		
Projekt 3		
Forschung		
Projekt 1		
Projekt 2		
Projekt 3		
Summe B.		*0*

[1] Durchführung der Analysen, Vorbereitung von Gerät und Proben, Nachbereitung, Geräteeigenwartung, Gerätepfle; Kleinreparaturen, Massnahmen zur Qualitätskontrolle, Ergebnisfreigabe, Telefonieren von auffälligen Befunden

2.2.	Personalzeiten Ist-Erfassung arbeitsplatzbezogen Med. Technisches Personal	Blatt 2

Bereich: *Hämatologie*	Kostenstelle: *Vollmech. Zählgerät*

	Personalzeit (Std.) pro Tag (Raster: 1/4 Std.)	
C. Overhead-Tätigkeiten am Arbeitsplatz		
Verwaltungstätigkeiten [2]	*0*	
Fortbildung, Einarbeitung, Sonstiges	*0*	
Summe C.		*0*
Gesamtsumme A. + B. + C.		*3,50*

[2] Bestellungen, Lagerhaltung, Führen von Statistiken

2.3.	Personalzeiten Ist-Erfassung bereichs-/abteilungsbezogen Akademisches Personal	Blatt 1

[] Bereich: oder [X] Institut

		Personalzeit (Std.) pro Tag (Raster: 1/4 Std.)
A. Ärztliche, analysenbezogene Tätigkeiten		
Zwischensumme A. der Personalzeiten der Kostenstellen des Bereichs bzw. der Abteilung (aus Formular 2.1. Blatt 1)	*0*	
Nicht auf Kostenstellen, aber auf Bereich anzurechnende Zeiten		
Übergreifende Qualitätssicherung		*0*
Summe A. (bereichs-/abteilungsbezogen)		*0*

Gesamtsumme A. (analysenbezogen und bereichs-/abteilungsbezogen)	*0*

B. Ärztliche prä- und postanalytische Tätigkeiten,
Forschung, Methoden- und Geräteevaluation sowie -integration

Probennahme		
Zwischensumme der Kostenstellen des Bereichs bzw. der Abteilung		
Nicht auf Kostenstellen, aber auf Bereich anzurechnende Zeiten		*0,25*

Übertrag B.		*0,25*

2.3.	Personalzeiten Ist-Erfassung bereichs-/abteilungsbezogen Akademisches Personal	Blatt 2
[] Bereich:	oder [X] Institut	

		Personalzeit (Std.) pro Tag (Raster: 1/4 Std.)
B. Ärztliche prä- und postanalytische Tätigkeiten Forschung, Methoden- und Geräteevaluation sowie -integration		
	0	
Übertrag B.		*0,25*
Konsil, Beratung		
Summe der Kostenstellen des Bereichs bzw. der Abteilung	*0*	
Nicht auf Kostenstellen, aber auf Bereich anzurechnende Zeiten		*2,00*
Validierung, Endkontrolle von Befunden		
Summe der Kostenstellen des Bereichs bzw. der Abteilung	*1,00*	
Nicht auf Kostenstellen, aber auf Bereich anzurechnende Zeiten		*3,00*
EDV		
Summe der Kostenstellen des Bereichs bzw. der Abteilung	*0*	
Nicht auf Kostenstellen, aber auf Bereich anzurechnende Zeiten		*0,50*
Methoden- und Geräteevaluation sowie -integration		
Summe der Kostenstellen des Bereichs bzw. der Abteilung	*0*	
Nicht auf Kostenstellen, aber auf Bereich anzurechnende Zeiten		*1,00*
	1,00	
Übertrag B.		*6,75*

2.3.	Personalzeiten Ist-Erfassung bereichs-/abteilungsbezogen Akademisches Personal	Blatt 3
[] Bereich:	oder [X] Institut	

	Personalzeit pro Tag (Raster: 1/4 Std.)	
B. Ärztliche prä- und postanalytische Tätigkeiten Forschung, Methoden- und Geräteevaluation sowie -integration		
	1,00	
Übertrag B.		*6,75*
Forschung		
Summe der Kostenstellen des Bereichs bzw. der Abteilung	*13,50*	
Nicht auf Kostenstellen, aber auf Bereich anzurechnende Zeiten		*0*
Sonstige Tätigkeiten		
Summe der Kostenstellen des Bereichs bzw. der Abteilung	*0*	
Nicht auf Kostenstellen, aber auf Bereich anzurechnende Zeiten		*0*
Zwischensumme B. der Kostenstellen		*14,50*
Zwischensumme B. bereichs-/abteilungsbezogen		*6,75*
Gesamtsumme B.		*21,25*

2.3.	**Personalzeiten Ist-Erfassung bereichs-/abteilungsbezogen Akademisches Personal**	**Blatt 4**
[] Bereich:	oder [X] Institut	

		Personalzeit (Std.) pro Tag (Raster: 1/4 Std.)
C. Ärztliche Overhead-Tätigkeiten (Management, Verwaltungs- und sonstige Tätigkeiten)		
Management		*5,00*
Verwaltung		
Summe der Kostenstellen des Bereichs bzw. der Abteilung	*0*	
Nicht auf Kostenstellen, aber auf Bereich anzurechnende Zeiten		*1,00*
Fortbildung, Einarbeitung, Sonstiges		
Summe der Kostenstellen des Bereichs bzw. der Abteilung	*0*	
Nicht auf Kostenstellen, aber auf Bereich anzurechnende Zeiten		*2,00*
Zwischensumme C. arbeitsplatzbezogen		*0*
Zwischensumme C. bereichs-/abteilungsbezogen		*8,00*
Gesamtsumme C.		*8,00*
Gesamtsumme B. und C. bereichs-/abteilungsbezogen		*14,75*
Gesamtsumme B. und C.		*29,25*

	Personalzeit pro Tag (Raster: 1/4 Std.)
D. Lehre	
Studentenunterricht	*1,00*
Schulen (z.B. MTLA)	
Gesamtsumme B. und C. und D.	*30,25*

2.4.	Personalzeiten Ist-Erfassung bereichs-/abteilungsbezogen Med. Technisches Personal	Blatt 1
[X] Bereich: *Hämatologie*	oder [] Institut	

		Personalzeit (Std.) pro Tag (Raster: 1/4 Std.)
A. Analytische Tätigkeiten [1]		
Summe der Personalzeiten der Kostenstellen des Bereichs bzw. der Abteilung	*7,25*	
Nicht auf Kostenstellen, aber auf Bereich anzurechnende Zeiten		
Zwischensumme A. bereichs-/abteilungsbezogen		*0*

Gesamtsumme A.	*7,25*

B. Prä- und postanalytische Tätigkeiten,
Forschung, Methoden- und Geräteevaluation sowie -integration

Probennahme		
Summe der Personalzeiten der Kostenstellen des Bereichs bzw. der Abteilung	*1,00*	
Nicht auf Kostenstellen, aber auf Bereich anzurechnende Zeiten		*0*
	1,00	
Übertrag B.		*0*

[1] Durchführung der Analysen, Vorbereitung von Gerät und Proben, Nachbereitung, Geräteeigenwartung, Gerätepflege, Kleinreparaturen, Massnahmen zur Qualitätskontrolle, Ergebnisfreigabe, Telefonieren von auffälligen Befunden

2.4.	**Personalzeiten Ist-Erfassung bereichs-/abteilungsbezogen Med. Technisches Personal**	**Blatt 2**
[X] Bereich: *Hämatologie*	oder [] Institut	

	Personalzeit (Std.) pro Tag (Raster: 1/4 Std.)	
B. Prä- und postanalytische Tätigkeiten, Forschung, Methoden- und Geräteevaluation sowie -integration		
	0	
Übertrag B.		*0*
Probenannahme, -verteilung		
EDV		
Summe der Kostenstellen des Bereichs bzw. der Abteilung	*0*	
Nicht auf Kostenstellen, aber auf Bereich anzurechnende Zeiten		*0,50*
Methoden- und Geräteevaluation sowie -integration		
Summe der Kostenstellen des Bereichs bzw. der Abteilung	*0*	
Nicht auf Kostenstellen, aber auf Bereich anzurechnende Zeiten		*0*
Forschung		
Summe der Kostenstellen des Bereichs bzw. der Abteilung	*0*	
Nicht auf Kostenstellen, aber auf Bereich anzurechnende Zeiten		*0*
	1,00	
Übertrag B.		*0,50*

2.4.	Personalzeiten Ist-Erfassung bereichs-/abteilungsbezogen Med. Technisches Personal	Blatt 3

[] Bereich: oder [X] Institut

		Personalzeit (Std.) pro Tag (Raster: 1/4 Std.)
B. Prä- und postanalytische Tätigkeiten **Forschung, Methoden- und Geräteevaluation sowie -integration**		
	1,00	
Übertrag B.		*0,50*
Sonstige Tätigkeiten		
Summe der Kostenstellen des Bereichs bzw. der Abteilung	*0*	
Nicht auf Kostenstellen, aber auf Bereich anzurechnende Zeiten		*0*
Zwischensumme B. arbeitsplatzbezogen		*1,00*
Zwischensumme B. bereichs-/abteilungsbezogen		*0,50*
Gesamtsumme B.		*1,50*
C. Overhead-Tätigkeiten **Verwaltungs- und sonstige Tätigkeiten**		
Verwaltung		
Summe der Kostenstellen des Bereichs bzw. der Abteilung	*0*	
Nicht auf Kostenstellen, aber auf Bereich anzurechnende Zeiten		*0,25*
	0	
Übertrag C-Tätigkeiten		*0,25*

2.4.	Personalzeiten Ist-Erfassung bereichs-/abteilungsbezogen Med. Technisches Personal	Blatt 4
[] Bereich:	oder [X] Institut	

		Personalzeit (Std.) pro Tag (Raster: 1/4 Std.)
C. Overhead- Tätigkeiten - Verwaltungs- und sonstige Tätigkeiten		
Fortbildung, Einarbeitung, Sonstiges		
Summe der Kostenstellen des Bereichs bzw. der Abteilung	*0*	
Nicht auf Kostenstellen, aber auf Bereich anzurechnende Zeiten		*1,25*
Zwischensumme C-Tätigkeiten bereichs-/abteilungsbez.		*1,50*
Gesamtsumme C-Tätigkeiten		*1,50*
Gesamtsumme B- und C-Tätigkeiten bereichs-/abteilungsbez.		*2,00*
Gesamtsumme B- und C-Tätigkeiten		*3,00*

	Personalzeit pro Tag (Raster: 1/4 Std.)
D. Mithilfe bei der akadem. Lehre	
Studentenunterricht	
Schulen (z.B. MTLA)	
Gesamtsumme B. + C. + D.	*3,00*

2.5.	Berechnung der Nacht-, Wochenend-, Feiertags- und Bereitschaftsdienststellen Akademisches Personal	Blatt 1

	pro Diensteinheit				pro Jahr	pro Jahr
	von	bis	Std.	min.	Tage	Gesamt min
Nachtdienst						
Spätdienst						
1. Nachtdienst (Volldienst)						
1. Bereitschaftsdienst Stufe [1]:						
2. Nachtdienst (Volldienst)						
2. Bereitschaftsdienst Stufe [1]:						
Zwischensumme: *Nachtdienst*					*0*	*0*

[1] Bereitschaftsdienststufen nach BAT Anlage 2a Nr. 6 und Anrechnung als Arbeitszeit.

Stufe A 15% Stufe C 40%

Stufe B 25% Stufe D 55%

zuzüglich 25% bei 1-8, 35% bei 9-12 und 45% bei mehr als 13 Bereitschaftsdiensten pro Monat.

Schichtdienst gilt als Volldienst.

2.5.	Berechnung der Nacht-, Wochenend-, Feiertags- und Bereitschaftsdienststellen Akademisches Personal	Blatt 2

	pro Diensteinheit				pro Jahr	pro Jahr
	von	bis	Std.	min.	Tage	Gesamt min
Wochenenddienst						
1. Samstagsdienst	*0815*	*1200*	*3,75*	*225*	*53*	*11.925*
2. Samstagsdienst						
1. Sonntagsdienst	*0815*	*1200*	*3,75*	*225*	*52*	*11.700*
2. Sonntagsdienst						
Zwischensumme: *Wochenenddienst*					*105*	*23.625*
Feiertagsdienst						
1. Feiertagsdienst	*0815*	*1200*	*3,75*	*225*	*10*	*2.250*
2. Feiertagsdienst						
Zwischensumme: *Feiertagsdienst*					*10*	*2.250*
Gesamtsumme					*115*	*25.875*

Stellen (Gesamtsumme der Minuten pro Jahr) / 97.000 = 0,27 AKD

2.6.	Berechnung der Nacht-, Wochenend-, Feiertags- und Bereitschaftsdienststellen Med. Technisches Personal	Blatt 1

	pro Diensteinheit				pro Jahr	pro Jahr
	von	bis	Std.	min.	Tage	Gesamt min.
Nachtdienst						
Spätdienst						
1. Nachtdienst (Volldienst)	*1630*	*0100*	*8,50*	*510*	*365*	*186.150*
1. Bereitschaftsdienst	*0100*	*0730*	*(6,50)*	*(390)*		*113.880*
Stufe [1]: *D*				*312*		
D = 55% + 25% = 80%						
2. Nachtdienst (Volldienst)						
2. Bereitschaftsdienst						
Stufe [1]:						
Zwischensumme: *Nachtdienst*					*365*	*300.030*

[1] Bereitschaftsdienststufen nach BAT Anlage 2a Nr. 6 und Anrechnung als Arbeitszeit.

Stufe A 15% Stufe C 40%

Stufe B 25% Stufe D 55%

zuzüglich 25% bei 1-8, 35% bei 9-12 und 45% bei mehr als 13 Bereitschaftsdiensten pro Monat.

Schichtdienst gilt als Volldienst.

2.6.	Berechnung der Nacht-, Wochenend-, Feiertags- und Bereitschaftsdienststellen Med. Technisches Personal	Blatt 2

	pro Diensteinheit von	bis	Std.	min.	pro Jahr Tage	pro Jahr Gesamt min
Wochenenddienst						
1. Samstagsdienst	*0730*	*1630*	*9,00*	*540*	*53*	*28.620*
2. Samstagsdienst	*0730*	*1200*	*4,50*	*270*	*53*	*14.310*
1. Sonntagsdienst	*0730*	*1630*	*9,00*	*540*	*52*	*28.080*
2. Sonntagsdienst						
Zwischensumme: *Wochenenddienst*					*158*	*71.010*

	von	bis	Std.	min.	Tage	Gesamt min
Feiertagsdienst						
1. Feiertagsdienst	*0730*	*1630*	*9,00*	*540*	*10*	*5.400*
2. Feiertagsdienst						
Zwischensumme: *Feiertagsdienst*					*10*	*5.400*

Gesamtsumme	*533*	*376.440*

Stellen (Gesamtsumme der Minuten pro Jahr)/92.5000 = 4 TA

3.1.	Berechnung der gesamten, nicht analysenbezogenen Personalkosten Akademisches Personal	Blatt 1

1994

	Personalzeit Raster 1/4 Std.	Relat. Anteil	Personal-Kosten[1] pro Jahr
		100%	*204.410,74*
B. Prae- und postanalytischeTätigkeiten, Methoden- und Geräteevaluation sowie -integration, Forschung			
Arbeitsplatzbezogen, Gesamtzeiten (aus Formular 2.1. Blatt 1)			
Probenentnahme			
Probenannahme, -verteilung			
Konsil, Beratung			
Einzelbefundung, Einzelvalidierung *(Diff., Elfo, Immunol. Gerät 1)*	*1,00*	*5,97*	*12.203,63*
EDV			
Methoden- und Geräteevaluation sowie -integration			
Forschung[2]			

Bereichsbezogen, Gesamtzeiten (aus Formular 2.3. Blatt 1-3)			
Probenentnahme			
Probenannahme, -verteilung			
Konsil, Beratung			
Endkontrolle von Befunden			
EDV			
Methoden- und Geräteevaluation sowie -integration			
Projekt 1			
Projekt 2			
Projekt 3			
Forschung[2]			
Projekt 1			
Projekt 2			
Projekt 3			
Zwischensumme	*1,00*	*5,97*	*12.203,63*

[1] aus Formular 3.2.

[2] Einsatz von Routinemethoden des Instituts für wissenschaftliche Fragestellungen

8.4.3.6 Berechnung der gesamten nicht-analysenbezogenen Personalkosten (Formulare 3.1 und 3.3)

Die Personalzeiten für die prä- und postanalytischen Tätigkeiten werden arbeitsplatz- (Blatt 1), bereichs- (Blatt 1) und abteilungs-/institutsbezogen (Blatt 2) sowie die Overheadtätigkeiten, ebenso gegliedert (Blatt 3), für die akademischen (Formular 3.1) und medizinisch-technischen (Formular 3.3) Mitarbeiter aus den Formularen 2.1 und 2.3. bzw. 2.2 und 2.4 übertragen, die Relativanteile der einzelnen nicht analysenbezogenen Tätigkeiten ermittelt und mit den Personalkosten für diese Tätigkeiten jeweils multipliziert.

8.4.3.7 Berechnung des Anteils der analysenbezogenen Personalkosten (Formulare 3.2 und 3.4)

Zur Berechnung der Bereitschaftsdienstkosten werden die Gesamtpersonalkosten der jeweiligen Berufsgruppe mit der Zahl der errechneten Bereitschaftsdienststellen aus den Formularen 2.5 und 2.6 multipliziert und durch die Anzahl der besetzten Stellen dividiert.

Die Bereitschaftsdienstkosten werden anschließend in der darunter befindlichen Tabelle von den Gesamtpersonalkosten (bei den medizinisch-technischen Assistentinnen gegebenenfalls nach Abzug der Kosten für die Sekretariatsmitarbeiter) subtrahiert. Die Differenz entspricht den Gesamtpersonalkosten für die Regeldienstzeiten.

Aus den Formularen 3.1 bzw. 3.3 werden dann die Gesamtsummen B.+C.+D. übertragen und über den Relativanteil an der Gesamtregeldienstzeit die anteiligen Kosten in der dritten Spalte errechnet. Die Differenz aus den Kosten der Gesamtregeldienstzeit entspricht den direkten, analysenbezogenen Personalkosten.

8.4.3.8 Berechnung der analysenbezogenen Personalkosten (Formulare 3.5 und 3.6)

Zur Berechnung der analysenbezogenen Personalkosten sind die analysenbezogenen Personalzeiten (A-Tätigkeiten) aller Kostenstellen (Formulare 2.1 und 2.2) zu übertragen. Anschließend ist der relative Anteil an der Gesamtsumme der analysenbezogenen Personalzeiten und -kosten zu ermitteln. Hierzu sind die aus den Formularen 3.2 und 3.4 erhaltenen analysenbezogenen Gesamt-Personalzeiten und -kosten oben in die Spalten 3 und 5 des Formulars 3.5 bzw. 3.6 zu übertragen. In den darunter folgenden Zeilen werden die einzelnen Hauptkostenstellen mit den Personalzeiten aus den Formularen 2.1 bzw. 2.2 eingetragen und die relativen Zeiten errechnet. Die Personalkostenanteile der einzelnen Hauptkostenstellen ergeben sich durch Multiplikation der Gesamtkosten mit dem jeweiligen relativen Anteil der Personalzeiten.

♠ ***Für den medizinisch-technischen Bereich ergibt sich eine Gesamt-Personalzeit laut Formular 3.4 von 43,5 Stunden und entsprechende Kosten in Höhe von 397.532,00 DM. Die Zeiten wurden aus den Erhebungsbogen „Analysenbezogene Tätigkeiten" (Formular 2.2) übertragen (z. B. vollmechanisiertes Zählgerät der Hämatologie 3,5 Stunden).***

3.1.	Berechnung der gesamten, nicht analysenbezogenen Personalkosten Akademisches Personal	Blatt 2

1994

	Personalzeit Raster 1/4 Std.	Relat. Anteil	Personal-Kosten pro Jahr
Abteilungs-/Institutsbezogen, Gesamtzeiten (aus Formular 2.3. Blatt 1-3)			
Probenentnahme	*0,25*	*1,4925*	*3.050,91*
Probenannahme, -verteilung			
Konsil, Beratung	*2,00*	*11,9403*	*24.407,26*
Validierung, Endkontrolle von Befunden	*3,00*	*17,9104*	*36.610,89*
EDV	*0,50*	*2,9851*	*6.101,82*
Methoden- und Geräteevaluation sowie -integration	*1,00*	*5,9701*	*12.203,63*
Projekt 1			
Projekt 2			
Projekt 3			
Forschung[2]			
Projekt 1			
Projekt 2			
Projekt 3			
Summe B.	*7,75*	*40,30*	*82.374,51*

[2] Einsatz von Routinemethoden des Laboratoriums für wissenschaftliche Fragestellungen

3.1.	**Berechnung der gesamten, nicht analysenbezogenen Personalkosten Akademisches Personal**	**Blatt 3**

1994

	Personalzeit Raster 1/4 Std.	Relat. Anteil	Personal-Kosten pro Jahr *204.410,81*
C. Overhead-Tätigkeiten (Management, Verwaltungs- und sonstige Tätigkeiten)			
Arbeitsplatzbezogen, Gesamtzeiten (aus Formular 2.1. Blatt 2)			
Verwaltungstätigkeit [1]			
Fortbildung, Einarbeitung, Sonstiges			
Bereichsbezogen, Gesamtzeiten (aus Formular 2.3. Blatt 4)			
Managementtätigkeiten			
Verwaltungstätigkeiten [1]			
Fortbildung, Einarbeitung, Sonstiges			
Abteilungs-/Institutsbezogen, Gesamtzeiten (aus Formular 2.3. Blatt 4)			
Managementtätigkeiten	*5,00*	*29,8507*	*61.018,15*
Verwaltungstätigkeiten [1]	*1,00*	*5,9701*	*12.203,63*
Fortbildung, Einarbeitung, Sonstiges	*2,00*	*11,9403*	*24.407,26*
Summe C.	*8,00*	*47,76*	*97.629,04*
D. akadem. Lehre	*1,00*	*5,9701*	*12.203,63*
Gesamtsumme B. + C. + D.	*16,75*	*100%*	*204.410,81*

[1] Bestellungen, Lagerhaltung, Führen von Statistiken

3.2.	**Berechnung des Anteils der analysenbezogenen Personalkosten Akademisches Personal**

(Gesamtkosten akad. Personal) x (errechnete Bereitschaftsdienststellen)/(besetzte Stellen)
= Kosten Bereitschaftdienst (aus Formularen 1.2. und 2.5.)
(405.670.- x 0,27)/3 = 36.510,30

1994

	Personalzeit und -kosten		
	Std.	%	DM
Gesamtkosten akadem. Personal	~	~	*405.670,00*
abzgl. Kosten Bereitschaftsdienst	~	~	*-36.510,30*
Gesamt Regeldienst akadem.Personal	*30,25*	100%	*369.159,70*
abzgl. nicht analysenbezogene Tätigkeiten	*-16,75*	*-55,37*	*-204.410,74*
(aus Formularen 3.1. bereichs-/institutsbezogen Blatt 3)			
Analysenbez. Personalzeiten und -kosten	*13,5*	*44,63*	*164.748,96*

3.3.	Berechnung der gesamten, nicht analysenbezogenen Personalkosten Med. Technisches Personal	Blatt 1

1994	Personalzeit Raster 1/4 Std.	Relat. Anteil	Personal-Kosten pro Jahr[1]
		100%	*267.306,00*
B. Prä-und postanalytische Tätigkeiten, Methoden- und Geräteevaluation sowie -integration, Forschung			
Arbeitsplatzbezogen, Gesamtzeiten (aus Formular 2.2. Blatt 1)			
Probenentnahme	*1,00*	*3,42*	*9.138,67*
Probenannahme, -eintragung			
Ergebnisprotokollierung, -eintragung			
EDV			
Methoden- und Geräteevaluation sowie -integration			
Forschung			
Bereichsbezogen, Gesamtzeiten (aus Formular 2.4. Blatt 1-3)			
Probenentnahme			
Probenannahme, -verteilung			
Ergebnisprotokollierung, -eintragung			
EDV	*5,25*	*17,95*	*47.978,00*
Methoden- und Geräteevaluation sowie -integration			
Forschung[2]			
Zwischensumme *B.*	*6,25*	*21,37*	*57.116,67*

[1] aus Formular 3.4.

[2] Einsatz von Routinemethoden des Laboratoriums für wissenschaftliche Fragestellungen

3.3.	**Berechnung der gesamten, nicht analysenbezogenen Personalkosten Med. Technisches Personal**	**Blatt 2**

1994	Personalzeit Raster 1/4 Std.	Relat. Anteil	Personal-Kosten pro Jahr
Abteilungsbezogen, Gesamtzeiten (aus Formular 2.4. Blatt 1-3)			
Probenentnahme			
Probenannahme, -verteilung	*10,75*	*36,75*	*98.240,67*
Ergebnisprotokollierung, -eintragung			
EDV			
Methoden- und Geräteevaluation sowie -integration	*0,50*	*1,71*	*4.569,33*
Projekt 1			
Projekt 2			
Projekt 3			
Forschung[1]			
Projekt 1			
Projekt 2			
Projekt 3			
Qualitätssicherung	*1*		*9.138,67*
Einarbeitung, Fehlersuche	*1,5*		*13.708,00*

Summe B.	*20,00*	*68,38*	*125.656,67*

[1] Einsatz von Routinemethoden des Laboratoriums für wissenschaftliche Fragestellungen

3.3.	Berechnung der gesamten nicht analysenbezogenen Personalkosten Med. Technisches Personal	Blatt 3

1994	Personalzeit Raster 1/4 Std.	Relat. Anteil	Personal-Kosten pro Jahr
C. Med.techn. Overhead-Tätigkeiten (Verwaltungs- und sonstige Tätigkeiten)			
Arbeitsplatzbezogen, Gesamtzeiten (aus Formular 2.2. Blatt 2)			
Verwaltungstätigkeit [1]			
Fortbildung, Einarbeitung, Sonstiges			
Bereichsbezogen, Gesamtzeiten (aus Formular 2.4. Blatt 3 und 4)			
Verwaltungstätigkeiten [1]	*1,75*	*5,98*	*15.992,67*
Fortbildung, Einarbeitung, Sonstiges	*5,50*	*18,80*	*50.262,67*
Abteilungsbezogen, Gesamtzeiten (aus Formular 2.4. Blatt 3 und 4)			
Verwaltungstätigkeiten [1]	*2,00*	*6,84*	*18.277,33*
Fortbildung, Einarbeitung, Sonstiges			
Summe C.	*9,25*	*31,62*	*84.532,67*
D. Mithilfe bei der Lehre	*0*	*0*	*0*
Gesamtsumme B. + C. + D.	*29,25*	100%	*210.189,34*

[1] Bestellungen, Lagerhaltung, Führen von Statistiken

3.4.	**Berechnung des Anteils der nicht analysenbezogenen Personalkosten Med. Technisches Personal**

(Gesamtkosten techn. Personal) x (errechnete Bereitschaftsdienststellen)/(besetzte Stellen)
= Kosten Bereitschaftsdienst (aus Formular 1.2. und 2.6.)
(944.770 x 4,0)/13,5 = 279.932

1994

	Personalzeit und -kosten		
	Std.	%	DM
Gesamtkosten med.techn. Personal	~	~	*944.770,00*
(abzgl. Sekretariat aus Formular 1.2)			
abzgl. Kosten Bereitschaftsdienst	~	~	*-279.932,00*
Gesamt-Regeldienst med.techn. Personal	*72,75*	100%	*664.838,00*
abzgl. nicht analysenbezogene Tätigkeiten	*-29,25*	*-40,21*	*-267.306,00*
(aus Formularen 3.3. bereichs-/institutsbezogen Blatt 3)			

Analysenbezogene Personalzeiten und -kosten	*43,50*	*59,79*	*397.532,00*

3.6.	Berechnung der analysenbezogenen Personalkosten Med. Technisches Personal

		Summe der absoluten und relativen Personalzeiten und -kosten		
		Std.	%	DM
Lfd. Nr.	Analysenbezogene Kostenstellen	*43,50*	100%	*397.532,00*
1	*Urin*	*0,50*	*1,15*	*4.569,33*
2	*Stuhl*	*0,25*	*0,57*	*2.284,67*
3	*Voll-mech. Zählgerät*	*3,50*	*8,05*	*31.985,33*
4	*Teil-mech. Zählgerät*	*0,50*	*1,15*	*4.569,33*
5	*Diff. BB*	*2,50*	*5,75*	*22.846,67*
6	*Osmot. Ery, Retikul.*	*0,50*	*1,15*	*4.569,33*
7	*BKS*	*0,25*	*0,57*	*2.284,67*
8	*Sonst. Hämatologie*	–	–	–
9	*Gerinnungsmeßgerät 1*	*3,25*	*7,47*	*29.700,67*
10	*Gerinnungsmeßgerät 2*	*1,50*	*3,45*	*13.708,00*
11	*Einzelfaktoren*	–	–	–
12	*Sonst. Hämostaseologie*	*0,50*	*1,15*	*4.569,33*
13	*CAF-Elektrophorese*	*2,00*	*4,60*	*18.277,33*
14	*Isoelektrische Fokussierung*	–	–	–
15	*Immunfixation*	*0,25*	*0,57*	*2.284,67*
16	*Voll-mech. Analysengeräte 1 +2*	*6,50*	*14,94*	*59.401,33*
17	*Flammenfotometer*	*2,00*	*4,60*	*18.277,33*
18	*Osmometer*	*0,25*	*0,57*	*2.284,67*
19	*Coulometer*	*0,50*	*1,15*	*4.569,33*
20	*AAS*	*1,00*	*2,30*	*9.138,67*
21	*Handfotometer*	*1,00*	*2,30*	*9.138,67*
22	*Sonst. allgem. Klin. Chemie*	*1,00*	*2,30*	*9.138,67*
23	*Voll-mech. Gerät 1*	*1,25*	*2,87*	*11.423,33*
24	*Voll-mech. Gerät 2*	*3,25*	*7,47*	*29.700,67*
25	*Teil-mech. Gerät 1*	*1,00*	*2,30*	*9.138,67*
26	*Sonst. Immunologie*	*0,25*	*0,57*	*2.284,67*
27	*HPLC*	*0,50*	*1,15*	*4.569,33*
28	*RiA*	*0,50*	*1,15*	*4.569,33*
29	*Sonst. Endokrinologie*	*0,25*	*0,57*	*2.284,67*
30	*Forschung Projekt 1*	*8,75*	*20,11*	*79.963,33*
Summe		*43,50*	*100,00*	*397.532,00*

8.4.3.9
Berechnung der gewichteten, analysenbezogenen Personalkosten (Formular 3.7)

Da in verschiedenen Kostenstellen Tätigkeiten zusammengefaßt werden, die unterschiedlichen Zeitaufwand erfordern (z. B. manueller Arbeitsplatz mit unterschiedlich aufwendigen Methoden) müssen in diesen Fällen die direkten Personalkosten für die einzelnen Meßgrößen gewichtet werden.

Für die jeweiligen Meßgrößen ist die durchschnittliche Serienlänge für die durchgeführten Untersuchungen anzugeben. Die durchschnittlich erforderliche analysenbezogene Personalzeit pro Serie ist entweder mit einer Stoppuhr zu messen oder qualifiziert zu schätzen. Durch Division der Personalzeit durch die Serienlänge erhält man die durchschnittliche Zeit pro Untersuchung. Diese wird mit den Mengen der Bruttostatistik multipliziert. Die Relationen dieser Produkte der einzelnen Meßgrößen zueinander stellen dann die Gewichtungsfaktoren für die Personalkostenanteile dar. Hierzu werden die analysenbezogenen Personalkosten der betrachteten Kostenstelle in der letzten Spalte der Tabelle eingetragen und diese mit den Gewichtungsfaktoren für die einzelnen Meßgrößen multipliziert.

Die IST-Zeitermittlung kann auch nach der in (22, Kapitel 4 und 5) vorgestellten Vorgehensweise ermittelt werden. Weichen die so erhobenen Zeiten deutlich von den in [22] auch aufgeführten SOLL-Zeiten nach oben ab, kann das ein Hinweis auf eine nicht optimale Ablauforganisation an diesem Arbeitsplatz sein und sollte überprüft werden.

8.4.4
Auswertungen

8.4.4.1
Personalzeiten und -kosten für die nicht analysenbezogenen Tätigkeiten (Formular 4.1)

Die Personalzeiten und -kosten für die nicht analysenbezogenen Tätigkeiten werden für das akademische (Formular 3.1) und das medizinisch-technische (Formular 3.3) Personal in Formular 4.1 übertragen.

8.4.4.2
Kostenartenübersicht (Formular 4.2)

Durch Übertragen der Kosten der einzelnen Kostenarten aus den Formularen 1.1 bis 1.9 in Formular 4.2 und Errechnung ihrer Relativanteile erhält man eine Übersicht über die Kostenartenverteilung der betrachteten Einheit.

3.7.	Berechnung der gewichteten analysenbezogenen Personalkosten Med. Technisches Personal
Bereich:	Kostenstelle:

Meßgröße:	Serienlänge[1]	Zeit pro Serie[2] (min)	Zeit pro Analyse[3] (min)	Bruttostatistik[4]	Brutto x Zeit pro Analyse (min)	Relative Personalzeit[5]	Gewichtete direkte Personalkosten[6]
Lipase	*4*	*13,5*	*3,375*	*1.068*	*3.604,50*	*0,659*	*6.022,38*
Dir. Bilirubin	*2*	*12,0 (7,0)*	*6,000*	*98*	*588*	*0,107*	*977,84*
GLDH	*2*	*8,0 (10,0)*	*4,000*	*14*	*56*	*0,010*	*91,39*
TPU	*3*	*16,0 (9,0)*	*5,330*	*141*	*751,50*	*0,137*	*1.252,00*
N4	*3*	*17,0 (11,9)*	*5,670*	*72*	*408,20*	*0,075*	*685,40*
Laktat	*3*	*8,0 (8,6)*	*2,670*	*24*	*64,10*	*0,012*	*109,66*
Summe					*5.472,30*	*1,000*	*9.138,67*

[1] Durchschnittliche Serienlänge (Zahl der Analysen)

[2] Gemessene oder geschätzte Personalzeit pro durchschnittliche Serie (einschl. Vor- und Nachbereitung)

[3] Direkte Personalzeit pro Analyse = (Zeit pro Serie)/(Durchschnittl. Serienlänge)

[4] Bruttostatistik für den betrachteten Zeitraum z.B. Jahr

[5] Rel. Personalzeit = (Brutto x Zeit pro Analyse)/(Summe (Brutto x Zeit pro Analyse)

[6] Gewichtete direkte Personalkosten = Direkte Personalkosten d.Teilarbeitsplatzes x rel. Personalzeit.
Die Division durch die Netto-Untersuchungszahlen ergeben den Personalkostenanteil der Stückkosten pro Untersuchung.

4.1.1.	Berechnung der indirekten Personalkosten Overhead Akademisches Personal	Blatt 1

1994	Personalzeit Raster 1/4 Std.	Relat. Anteil	Personal-Kosten pro Jahr
		100%	
A. Ärztliche, nicht arbeitsplatzbezogene Tätigkeiten (aus Formularen 2.5.,3.1.,3.2.)			
Qualitätssicherung	*0*	*0*	*0*
Nachtdienst	*0*	*0*	*0*
Wochenend- und Feiertagsdienst	*1,18*	*15,15*	*36.510,30*
Summe A.	*1,18*	*15,15*	*36.510,30*

B. Prä- und postanalytischer Bereich, ärztliche Beratungstätigkeiten, Forschung Methoden- und Geräteevaluation sowie -integration (aus Formular 3.1., 3.2.)			
Probenentnahme	*0,25*	*1,27*	*3.050,91*
Konsil, Beratung	*2,00*	*10,13*	*24.407,26*
Endkontrolle von Befunden, Validierung	*4,00*	*20,26*	*48.814,52*
EDV	*0,50*	*2,53*	*6.101,82*
Methoden- und Geräteevaluation sowie -integration	*1,00*	*5,07*	*12.203,63*
Projekt 1			
Projekt 2			
Projekt 3			
Forschung			
Projekt 1			
Projekt 2			
Projekt 3			
Summe B.	*7,75*	*39,26*	*94.578,14*

4.1.1.	Berechnung der indirekten Personalkosten Overhead Akademisches Personal	Blatt 2

1994

	Personalzeit Raster 1/4 Std.	Relat. Anteil	Personal-Kosten pro Jahr
C. Management, Verwaltung			
Management	*5,00*	*25,33*	*61.018,15*
Verwaltung	*1,00*	*5,07*	*12.203,63*
Fortbildung, Einarbeitung, Sonstiges	*2,00*	*10,13*	*24.407,26*
Summe C.	*8,00*	*40,53*	*97.629,04*
D. Lehre			
Summe D.	*1,00*	*5,07*	*12.203,63*
Summe A. + B. + C. + D.	*17,93*	100%	*240.921,11*

4.1.2.	Auswertungen Overhead Personalzeiten und -kosten	Blatt 1

1994	Personalzeit pro Tag Raster 1/4 Std.	Personalkosten pro Jahr
B. Prä- und postanalytischer Bereich, ärztliche Beratungstätigkeiten, Forschung, Methoden- und Geräteevaluation sowie -integration, Sonstiges		
1. Konsil - Beratung		
Akademisches Personal	*2,00*	*24.407,26*
Summe	*2,00*	*24.407,26*

2. Befundung, Validierung und Endkontrolle von Befunden		
Akademisches Personal	*4,00*	*48.814,52*
Summe	*4,00*	*48.814,52*

3. Probennahme		
Akademisches Personal	*0,25*	*3.050,91*
Technisches Personal	*1,00*	*9.138,67*
Summe	*1,25*	*12.189,58*

Zwischensumme 1	*7,25*	*85.411,36*

4.1.2.	**Auswertungen nicht analytische Tätigkeiten Personalzeiten und -kosten**	**Blatt 2**

1994	Personalzeit pro Tag Raster 1/4 Std.	Personalkosten pro Jahr
Übertrag von Overhead 1	*7,25*	*85.411,36*

4. Probenannahme - Probenverteilung		
Akademisches Personal	*0*	*0*
Med. Technisches Personal	*10,75*	*98.240,67*
Nicht-technisches Personal	*0*	*0*
Verwaltungspersonal	*0*	*0*
Summe	*10,75*	*98.240,67*

5. Übergeordnete technische Tätigkeiten [1]		
Akademisches Personal	*0*	*0*
Med. Technisches Personal	*1,50*	*13.708,00*
Summe	*1,50*	*13.708,00*

6. Spüle		
Nicht-technisches Personal	*4,50*	*26.937,00*
Summe	*4,50*	*26.937,00*

Zwischensumme 2	*23,50*	*224.297,03*

[1] Direkt nicht zuzuordnende Tätigkeiten wie allgemeine Auswertungen der statistischen Qualitätskontrolle, Reparaturen mit geringem Zeitaufwand am einzelnen Gerät usw.

4.1.2.	Auswertungen nicht analysenbezogene Tätigkeiten Personalzeiten und -kosten	Blatt 3

1994	Personalzeit pro Tag Raster 1/4 Std.	Personalkosten pro Jahr
Übertrag von Overhead 2	*23,50*	*244.297,03*

7. Datenverarbeitung EDV		
Akademisches Personal	*0,50*	*6.101,82*
Med.Technisches Personal	*5,25*	*47.978,00*
Nicht-technisches Hilfspersonal	*0*	*0*
Verwaltungspersonal	*0*	*0*
Summe	*5,75*	*54.079,82*

8. Methoden- und Geräteevaluation sowie -integration		
Akademisches Personal	*1,00*	*12.203,63*
Med. Technisches Personal	*0,50*	*4.569,33*
Nicht-technisches Hilfspersonal	*0*	*0*
Verwaltungspersonal	*0*	*0*
Summe	*1,50*	*16.772,96*

Zwischensumme 3	*30,75*	*315.149,81*

4.1.2.	Auswertungen nicht analysenbezogene Tätigkeiten Personalzeiten und -kosten	Blatt 4

1994	Personalzeit pro Tag Raster 1/4 Std.	Personalkosten pro Jahr
Übertrag von Overhead 3	*30,75*	*315.149,81*

9. Forschung		
Akademisches Personal	*0*	*0*
Med. Technisches Personal	*0*	*0*
Nicht-technisches Hilfspersonal	*0*	*0*
Verwaltungspersonal	*0*	*0*
Summe	*0*	*0*

10. Sonstiges		
Akademisches Personal	*0*	*0*
Technisches Personal	*0*	*0*
Nicht-technisches Personal	*0*	*0*
Verwaltungspersonal	*0*	*0*
Summe	*0*	*0*

Summe B.	*30,75*	*315.149,81*

4.1.2.	Auswertungen nicht analysenbezogene Tätigkeiten Personalzeiten und -kosten	Blatt 5

1994	Personalzeit pro Tag Raster 1/4 Std.	Personalkosten pro Jahr
C. Management, Verwaltung, Sonstiges		

1. Management		
Akademisches Personal	*5,00*	*61.018,15*
Summe	*5,00*	*61.018,15*

2. Verwaltung		
Akademisches Personal	*1,00*	*12.203,63*
Med. Technisches Personal	*1,75*	*15.992,67*
Nicht-technisches Hilfspersonal	*0*	*0*
Verwaltungspersonal	*8,00*	*61.830,00*
Summe	*10,75*	*90.026,30*

3. Fortbildung, Einarbeitung, Sonstiges		
Akademisches Personal	*2,00*	*24.407,26*
Med. Technisches Personal	*5,50*	*50.262,67*
Summe	*7,50*	*74.669,93*

Zwischensumme 5	*23,25*	*225.714,38*

4.1.2.	Auswertungen Overhead Personalzeiten und -kosten	Blatt 6

1994	Personalzeit pro Tag Raster 1/4 Std.	Personalkosten pro Jahr
Übertrag von Overhead 5	*23,25*	*225.714,38*

4. Akademische Lehre		
Akademisches Personal	*1,00*	*12.203,63*
Med. Technisches Personal	*0*	*0*
Summe	*1,00*	*12.203,63*

Summe B.	*30,75*	*315.149,81*

Summe C.	*24,25*	*237.918,01*

Summe B. + C.	*55,00*	*553.067,82*

4.2.	Auswertungen Kostenarten	Blatt 1

Monat: *Dez.* 1994

1.1. Reagentien

	Kosten-summe	relativer Anteil
Gesamtsumme	*400.000*	*15,30*

1.2. Material

	Kosten-summe	relativer Anteil
Gesamtsumme	*100.000*	*3,83*

2. Personalkosten

	pro Art	pro Gruppe	relativer Anteil %	Gesamt
Akademisches Personal	(-------)	*405.670*	*15,52*	
Med. Technisches Personal	(-------)	*944.770*	*36,14*	
Verwaltungspersonal	(-------)	*61.830*	*2,37*	
EDV-Personal	(-------)	*26.937*	*1,03*	
Gesamtsumme			*55,05*	*1.439.207*

3.1. Geräte - Reparaturen

	Kosten-summe	relativer Anteil
Gesamtsumme	*35.000*	*1,34*

3.2. Geräte - Wartungsverträge

	Kosten-summe	relativer Anteil
Gesamtsumme	*40.000*	*1,53*

4.2.	Auswertungen Kostenarten	Blatt 2

3.3. Geräteabschreibungen

	Kosten-summe	relativer Anteil
Gesamtsumme	*300.000*	*11,48*

4. Fremduntersuchungen

	Kosten-summe	relativer Anteil
Gesamtsumme	*100.000*	*3,83*

5. Krankenhausumlage

	Kosten-summe	relativer Anteil
Gesamtsumme	*200.000*	*7,65*

6. Gesamtsumme

	Kosten-summe	relativer Anteil
Gesamtsumme	*2.614.207*	*100%*

7. Gesamtsumme der pflegesatzrelevanten Kosten

	Kosten-summe	relativer Anteil
Gesamtsumme	*2.314.207*	*88,52*

8. Gesamtsumme der nicht pflegesatzrelevanten Kosten

	Kosten-summe	relativer Anteil
Gesamtsumme	*300.000*	*11,48*

8.4.4.3
Kostenträgerrechnung

8.4.4.3.1
auf Basis der Brutto-Statistik

Kostenträgerzeitrechnung (Formular 4.3.1)
Zur Berechnung der Gesamtkosten der einzelnen Meßgrößen pro betrachteter Periode werden in Formular 4.3.1 verschiedenen Kostenarten für die Meßgrößen aus den Formularen 1.1 direkt auf die Meßgrößen gebucht, die Kosten aus den Formularen 1.3, 1.4, Geräteabschreibungen aus 1.7 und die sonstigen direkte Fixkosten sowie die allgemeinen, indirekten Kosten aus den Formularen 1.5 bis 1.7 nach Umrechnung über Schlüssel übertragen. Der stark umrandete Teil der Tabelle enthält die Summen der drei großen Gruppen variable, direkte und indirekte fixe Kosten.

Kostenträgerstückrechnung (Formular 4.3.2)
Formular 4.3.2 ist gleich aufgebaut wie 4.3.1 Zur Errechnung der Stückkosten werden lediglich die einzelnen Kostenarten des Formulars 4.3.1 durch die Anzahl der durchgeführten Untersuchungen dividiert.

8.4.4.3.2
auf Basis der Netto-Statistik

Kostenträgerzeit- (Formular 4.4.1) und *Kostenträgerstückrechnung* (Formular 4.4.2) werden analog der auf Basis der Brutto-Statistik durchgeführt.

4.3.1.	Gesamtkosten je Untersuchung Brutto
Bereich: *Hämatologie*	Kostenstelle: *Vollmech. Zählgerät*

1994

			Variable Kosten				Fixkosten					
							Indirekte	Direkte				
Meßgröße/ Untersuchung	Menge	Gesamtkosten	Reagenz	Material	Bereichs-Hilfskosten	Summe VK	Allgem. Kosten	Summe dir. FK	Personal	Reparatur Wartung	Abschrei-bungen	Sonstige
KBB	*29.865*	*157.133,72*	*27.775,82*	*1.050,34*	*1.544,61*	*30.370,77*	*36.300,00*	*90.462,95*	*48.810,97*	*16.651,98*	*25.000,00*	
Summe	*29.865*	*157.133,72*	*27.775,82*	*1.050,34*	*1.544,61*	*30.370,77*	*36.300,00*	*90.462,95*	*48.810,97*	*16.651,98*	*25.000,00*	*0.000,00*

4.3.2.	Einzelkosten je Untersuchung Brutto
Bereich: *Hämatologie*	Kostenstelle: *Vollmech. Zählgerät*

1994

			Variable Kosten				Fixkosten					
							Indirekte	Direkte				
Meßgröße/ Untersuchung	Menge	Gesamtkosten	Reagenz	Material	Bereichs-Hilfskosten	Summe VK	Allgem. Kosten	Summe dir. FK	Personal	Reparatur Wartung	Abschreibungen	Sonstige
KBB	*29.865*	*5,26*	*0,930*	*0,04*	*0,05*	*1,02*	*1,22*	*3,02*	*1,63*	*0,55*	*0,84*	

9 Glossar wichtiger Begriffe für die Kosten- und Leistungsrechnung im medizinischen Laboratorium

Aufwand – Ertrag
Aufwendungen und Erträge (betriebliche, betriebsfremde und periodenfremde) sind Erfolgsgrößen, die im Krankenhausrechnungswesen speziell in der Gewinn- und Verlustrechnung einander gegenübergestellt werden. Im Laboratorium haben diese Größen keine Relevanz. Entsprechende Größen sind Kosten und Leistungen, die zwar inhaltlich, jedoch nicht betragsmäßig gleich sein müssen.

Aufwandsrelation
Die Aufwandsrelation ist das Verhältnis unterschiedlicher Leistungsmengen bezüglich des damit verbundenen Aufwandes. Im Laboratorium ist sie das Verhältnis der durchgeführten zu den beantragten Untersuchungen.

Ausgaben – Einnahmen
Ausgaben vermindern und Einnahmen erhöhen den Bestand des Geldvermögens.

Beantragte Untersuchungen
Von laborexternen Einsendern explizit oder über eine Fragestellung beantragte oder laborintern veranlaßte Untersuchungen (s. Netto-Statistik).

Betriebsergebnis (Operatives Ergebnis)
Differenz, der aus der Herstellung und dem Vertrieb der eigentlichen Produkte des Unternehmens entstehenden Leistungen und Kosten.

Bruttostatistik
Summe der durchgeführten Untersuchungen.

Durchgeführte Untersuchungen
Summe der Einfach- oder Mehrfachuntersuchungen und aller Zusatzuntersuchungen, die aus einer beantragten Untersuchung resultieren.

Erfolgsgröße
Umsatz, Kosten oder Gewinn sind Erfolgsgrössen und stellen ein Maß für den wirtschaftlichen Erfolg einer Einrichtung dar. Sie sind Bestandteil der Gewinn- und Verlustrechnung und unterscheiden sich von den Bestandsgrößen, die in der Bilanz zu finden sind, z. B. Material-, Kassen- oder Forderungsbestand.

Folgeuntersuchungen
Ergänzende Untersuchungen, die aufgrund des Ergebnisses einer beantragten Untersuchung für die weiterführende Diagnostik laborintern veranlaßt werden.

Gewinn- und Verlustrechnung (GuV)
In der Gewinn- und Verlustrechnung werden zum Geschäftsjahresende Erträge und Aufwendungen einander gegenübergestellt, um das Periodenergebnis zu ermitteln und damit Einblick in die Ertragslage des Unternehmens zu geben.

IST-Kostenrechnung
Bei der Ist-Kostenrechnung werden die definitiv angefallenen Kosten (der Werteverzehr hat stattgefunden) berücksichtigt. Sie ist vergangenheitsbezogen.

Kontrolluntersuchungen
Kontrolluntersuchungen sind Untersuchungen, die als integraler Bestandteil jeder einzelnen Untersuchung oder einer Untersuchungsserie zur Absicherung des Untersuchungsergebnisses mitgeführt werden. Hierzu zählen u.a. die Untersuchungen positiver und negativer Kontrollmaterialien bei semiquantitativen und qualitativen Methoden, Untersuchungen zur Überprüfung einer gespeicherten Kalibrationskurve sowie die in der Immunhämatologie durchzuführenden „Eigenkontrollen".

Kosten
Kosten sind der bewertete Verzehr von Gütern und Leistungen zur Erstellung bzw. Erbringung einer betrieblichen Leistung.

Kostenkategorien
Kosten werden nach Art
- ihrer Entstehung (z. B. Material-, Personal-, Gerätekosten),
- der Leistungsmengenänderung (variable und fixe Kosten),
- der Zurechenbarkeit auf die einzelne Leistung (direkte (Einzelkosten) und indirekte (Gemeinkosten)),
- der betrieblichen Funktion (z. B. Beschaffungs-, Betriebs-, Verwaltungs-, EDV-Kosten),
- der Kostenerfassung (aufwandsgleiche und kalkulatorische Kosten)
- der Herkunft (primäre und sekundäre Kosten),
- der Finanzierung (Betriebs- und Investivkosten)
- des Kostenrechnungsobjekts (Gesamt- und Stückkosten)

unterschieden.

Kosten, bereichsfixe
Den Bereichen direkt zurechenbare fixe Kosten für Personal, Geräte etc.

Kosten, direkte – indirekte
Direkte Kosten oder *Einzelkosten* können direkt (z. B. auf den Kostenträger) zugerechnet werden. Zu den direkten Kosten gehören z. B. die einer einzelnen klinisch-chemischen Messgrösse direkt zurechenbaren Reagenz- und Materialkosten (z. B. Glukosereagentien, Abnahmekapillaren für Glukosebestimmung).

Indirekte Kosten oder *Gemeinkosten* können nicht direkt (z. B. den jeweiligen Kostenträgern) zugeordnet werden, sie können nur indirekt (z. B. über einen Schlüssel) zugerechnet werden. Beispiele hierfür sind: Personal-, Geräte- oder Gebäudekosten.

Zwischen direkten und indirekten Kosten besteht hinsichtlich der Genauigkeit ihrer Zurechenbarkeit ein wesentlicher Unterschied.

Kosten, variable – fixe
Variable Kosten sind beschäftigungsabhängige (mengenabhängige) Kosten. Sie sind somit kurzfristig beeinflußbar (z. B. Reagenzkosten).

Im Gegensatz zu den variablen Kosten sind fixe Kosten nur mittel- oder langfristig beeinflußbar. Sie entstehen durch die Bereitstellung betrieblicher Kapazität und werden deshalb auch als Betriebsbereitschaftskosten bezeichnet.

Kosten, Overhead- oder Umlage-
Laborfixe Kosten, die in den Hilfs- und allgemeinen Bereichen anfallen (z. B. Sekretariat).

Kosten, primäre – sekundäre
Primärkosten sind Kosten von außen bezogener Produktionsmittel (z. B. Reagentien, Personal, Geräte und Dienstleistungen).

Sekundärkosten werden im Wege der innerbetrieblichen Leistungsverrechnung auf die empfangende Kostenstelle zugerechnet (z. B. Krankenhausverwaltung, Wartungskosten durch hauseigene Werkstätten).

Kosten, Sachkosten-/Personal-
Im Krankenhaus werden *Sach-* und *Personalkosten* unterschieden. Diese Unterteilung ist aber für betriebswirtschaftliche Zwecke nur bedingt brauchbar.

Kostenartenrechnung
Die Kostenartenrechnung beantwortet die Frage, *welche* Kosten angefallen sind. Die Kostenartenrechnung stellt die einfachste und gröbste Form der Kosten- und Leistungsrechnung dar. Aus ihr sind nur pauschale Aussagen ableitbar, die für Betriebsvergleiche ungeeignet sind, es sei denn, die Betriebe wären identisch. Für den innerbetrieblichen Longitudinalvergleich ist sie jedoch hilfreich.

Kostenrechnungsarten
Man unterscheidet nach Zeitbezug/Datenbasis
- IST-Kostenrechnung,
- Soll-Kostenrechnung,
- Plan-Kostenrechnung

nach Kostenumfang/Methodik
- Vollkostenrechnung,
- Teilkostenrechnung,
- Parallelkostenrechnung

Kostenstelle
Kostenstellen sind Orte der Kostenentstehung, die eine ähnliche Kostenstruktur haben und für die nach Möglichkeit ein Mitarbeiter verantwortlich zeichnet.

Kostenstellenrechnung
Die Kostenstellenrechnung beantwortet die Frage, *wo* die Kosten angefallen sind. Kostenstellen sind abgegrenzte Teilbereiche innerhalb des Gesamtbetriebs. Die Bildung von Kostenstellen kann sich an räumlichen, funktionellen, organisatorischen oder rein rechnungstechnischen Merkmalen orientieren.

Kostenträger
Der Kostenträger ist ein Produkt oder eine Leistung bzw. eine Gruppe davon.

Kostenträgerstückrechnung
Die Kostenträgerstückrechnung errechnet die Kosten pro Stück des Produkts oder der Leistung. Die Kostenträgerstückrechnung wird deshalb mit der (Stück-)Kalkulation gleichgesetzt.

Kostenträgerzeitrechnung
In der Kostenträgerzeitrechung werden die Kosten der Produkte/Leistungen für eine Zeitperiode errechnet. Werden diese den Periodenerlösen gegenübergestellt, ergibt sich das kalkulatorische Betriebsergebnis.

Laborinterne Qualitätskontrolluntersuchungen
Laborinterne Qualitätskontrolluntersuchungen umfassen Untersuchungen zur Präzision in der Serie und von Tag zu Tag sowie zur Richtigkeitskontrolle quantitativer Untersuchungsmethoden.

Leistung
Als Leistung bezeichnet man den durch Einsatz von Produktionsfaktoren entstehenden Output eines Betriebes (Produkte oder Dienstleitungen). Leistung kann sowohl als Wert, als auch als Menge beziffert werden.

Mehrfachuntersuchungen
Untersuchungen, die in Mehrfachbestimmung (z. B. als Doppeluntersuchungen oder in einer Verdünnungsreihe) durchgeführt werden.

Netto-Statistik
Beantragte Untersuchungen abzüglich der vom Laboratorium nicht bearbeiteten Untersuchungen (z. B. zu wenig Material, falsches Untersuchungsmaterial, falsche Abnahmebedingungen, nicht indizierte Untersuchungen).

Parallelkostenrechnung
Unter Parallelkostenrechnung versteht man die Durchführung sowohl einer Voll-, als auch einer Teilkostenrechnung, die die Vorteile beider verbindet.

Plan-Kostenrechnung
Bei der Plan-Kostenrechnung werden Kosten und Leistungen realitätsnah projektiert. Sie ist zukunftsbezogen.

Soll-Kostenrechnung
Bei der Soll-Kostenrechnung werden die Plan-Kosten auf die IST-Leistungsmenge (IST-Beschäftigung) bezogen. Sie ist gegenwartsbezogen.

Teilkostenrechnung
Bei der Teilkostenrechnung beschränkt man sich auf die Zurechnung nur der direkt zurechenbaren Kosten, eine Kostenumlage erfolgt nicht. Im Gegensatz zur Vollkostenrechnung ist hier die Kostenverantwortung klar erkennbar. Arten der Teilkostenrechnung sind *Grenzkosten-* und *Deckungsbeitragsrechnung.*

Untersuchungen
Untersuchungen sind die analytischen Leistungen des medizinischen Laboratoriums.

Vollkostenrechnung
Bei der Vollkostenrechnung werden sämtliche Kosten erfaßt und Kostenstellen bzw. Kostenträgern zugerechnet. Speziell die Overheadkosten werden dabei per Schlüsselung auf die produktiven Kostenstellen umgelegt (als Sekundärkosten), obwohl keine direkte Verursachungsbeziehung gegeben ist. Die Vollkostenrechnung hat den Nachteil, daß sie die Kostenverantwortlichkeit verschleiert.

Wiederholungsuntersuchungen
Untersuchungen, die z. B. wegen eines möglichen Fehlers, bei Ergebnissen außerhalb des Meßbereichs oder aufgrund der Plausibilitätsbeurteilung wiederholt wurden (s. auch Zusatzuntersuchungen).

Wirtschaftlichkeit
Wirtschaftlichkeit ist kein Synonym für Kosten, sondern bezeichnet das richtige Verhältnis von Leistung zu Kosten.

Zusatzuntersuchungen
Um einen analytisch zuverlässigen Laboratoriumsbefund zu erhalten, sind verschiedene zusätzliche Untersuchungen erforderlich wie Reagenzienleerwertmessungen, getrennte Probenleerwertmessungen, Kalibrationen, Kontrolluntersuchungen, laborinterne Qualitätskontrolluntersuchungen und Wiederholungsuntersuchungen.

10 Anhang

10.1 Leistungsverzeichnis des medizinischen Laboratoriums

10.1.1 Erklärung des Nummernschlüssels

Nummer: 1 50 01 . 020 . 01

- 1 (erste Ziffer):
  - 1: Untersuchungen von körpereigenen oder körperfremden Substanzen sowie körpereigenen Zellen
  - 2: Untersuchungen zum Nachweis und zur Charakterisierung von Krankheitserregern
- 50: Verfahren
- 01: Durchführung
- 020: Untersuchung
- 01: Material

Katalog der Materialien

01: Serum, Plasma
02: Vollblut
03: Urin
04: Stuhl
05: Liquor cerebrosp.
06: Knochenmark

07: Ejakulat
08: Fruchtwasser
09: Galle
10: Magensaft
11: Mekonium
12: Muttermilch
13: Nabelschnurblut
14: Spongiosa
15: Abszeßeiter
16: BAL
17: Drainagenflüssigkeit
18: Fistelflüssigkeit
19: Sputum
20: Tracheobronchialsekret
21: sonstiges Sekret

25: Aszitespunktat
26: Blasenpunktat
27: Gallenblasenpunktat
28: Gelenkpunktat
29: Nasennebenhöhlenpunktat
30: Perikardpunktat
31: Pleurapunktat
32: sonst. Punktat

35: Analabstrich
36: Armabstrich
37: Augenabstrich
38: Bauchhöhlenabstrich
39: Barthol.-Drüsenabstrich
40: Beinabstrich
41: Brust-/Thoraxabstrich
42: Cervixabstrich
43: Douglasabstrich
44: Drainageabstrich
45: Finger-/Handabstrich
46: Gallenblasenabstrich
47: Hautabstrich
48: Hodenabstrich
49: Hüftabstrich
50: Leistenabstrich
51: Mammaabstrich

52: Mundabstrich
53: Nabelabstrich
54: Nasenabstrich
55: Narbenabstrich
56: Nierenabstrich
57: Ohrabstrich
58: Ösophagusabstrich
59: Parotisabstrich
60: Penisabstrich
61: Plazentaabstrich
62: Pustelabstrich
63: Rachenabstrich
64: Rektumabstrich
65: Rückenabstrich
66: Stumpfabstrich
67: Tonsillenabstrich
68: Tracheaabstrich
69: Ulcusabstrich
70: Vaginalabstrich
71: Urethraabstrich
72: Wundabstrich
73: Zungenabstrich
74: sonstiger Abstrich
80: Cava-Katheter
81: Herzklappe
82: Pleuradrainage
83: Spirale
84: Spülflüssigkeit
85: Tubusspitze
86: Venenkatheter
90–99: sonstiges Material (vorläufige laboratoriumsinterne Numerierung)

Anmerkung: Die Punkte in der Nummer stellen keine Kommastellen dar, sie dienen einzig der besseren Lesbarkeit des Katalogs.

Beispiel:

15001.020.01 Qualitative Agglutinationsreaktion [15001] zur Bestimmung der Fibrinspaltprodukte (Dimertest) [020] im Serum oder Plasma [01]. (Die Kennzeichnung des Materials ist im Katalog weggelassen)

10.1.2 Methodisches Verzeichnis

10.1.2.1 Untersuchungen von körpereigenen oder körperfremden Substanzen sowie körpereigenen Zellen mit Hilfe von

15000. Agglutinations- oder Fällungsreaktionen
15001. qualitativ
15002. semiquantitativ
15003. zum Nachweis von Blutgruppenantigenen bzw. -antikörpern
15100. Aggregometrie
15200. Aräometrie
15300. Atomabsorptionsspektrometrie
15400. Bakterienwachstumstests
15500. Biosensormessungen
15600. Coulometrie und Voltametrie
15700. Dünnschichtchromatographie
15800. Durchflußzytometrie
15900. Elektrophoretische Verfahren
16000. Flammenemissionsphotometrie
16100. Fluorimetrie
16200. Funktionsteste
16300. Funktionsuntersuchungen am Patienten (Bedside-Tests)
16400. Gaschromatographie

16500.	Gaschromatographie-Massenspektrometrie
16600.	Hochleistungsflüssigkeitschromatographie
16700.	Immundiffusion (radiale), Elektroimmundiffusion, Nephelometrie oder Turbidimetrie
16701.	qualitativ
16702.	quantitativ
16800.	Infrarotspektrometrie
16900.	Koagulometrie
17000.	Komplementbindungsreaktion
17100.	Lichtmikroskopie
17101.–17103.	Lichtmikroskopie, qualitativ
17104.	Lichtmikroskopie, semiquantitativ
17105.–17106.	Lichtmikroskopie, quantitativ
17107.–17109.	Lichtmikroskopie mit Fluoreszenz- (Immunfluoreszenz) oder anderer Markierung
17110.	Lichtmikroskopische Chromosomenanalyse
17200.	Ligandenassays (z. B. Enzym-, Chemilumineszenz-, Fluoreszenz-, Radioimmunoassay)
17201.	Ligandenassay, qualitativ
17202.	Ligandenassay, semiquantitativ
17203.	Ligandenassay, quantitativ
17300.	Lumineszenzmessungen
17400.	Lysis und Lysisreaktionen
17500.	Magnetresonanz (NMR)
17600.	Molekularbiologische Verfahren
17601.	Identifizierung von humanen DNA/RNA-Fragmenten mittels Hybridisierung
17602.–17603.	Identifizierung von humanen DNA/RNA-Fragmenten mittels Amplifikation
17604.	Identifizierung von Amplifikaten mittels Gelelektrophorese
17605.	Identifizierung von Amplifikaten mittels Hybridisierungsverfahren
17606.	Identifizierung von Amplifikaten mittels DNA-Sequenzermittlung
17700.	Osmometrie
17800.	Partikeleigenschaftenbestimmungen
17801.	Partikelgrößenmessungen, elektronisch
17802.	Partikelzählung, elektronisch oder optisch-elektronisch
18000.	Photometrie
18002.	nach vorangegangener säulenchromatographischer Trennung
18100.	Potentiometrie
18200.	Reflektometrie und Reagenzträger
18300.	Rezeptorassays
18400.	Rheologie
18500.	Röntgendiffraktion
18600.	Sedimentationsbestimmungen
18700.	Spektralphotometrie
18800.	Titrimetrie

18900. Ultrazentrifugation
19000. Visuelle Verfahren
19100. Zellkultivierung
19200. Zellfunktionstests
19300. Zentrifugationsuntersuchungen

10.1.2.2 Untersuchungen zum Nachweis und zur Charakterisierung von Krankheitserregern

20000. Untersuchungen zum Nachweis und zur Charakterisierung von Bakterien

20100. Untersuchungen im Nativmaterial
21101. Agglutinationsreaktion
20102. Durchflußzytometrie
20103. Lichtmikroskopie ohne Anfärbung
20104. Lichtmikroskopische Untersuchung mit Anfärbung qualitativ
20105. Lichtmikroskopische, immunologische Untersuchung zum Nachweis von Bakterien mit Fluoreszenz-, Enzym- oder anderer Markierung
20106. Ligandenassay zum Nachweis von Bakterienantigenen, qualitativ
20107.–20111. Molekularbiologische Verfahren
20200. Züchtung/Gewebekultur
20300. Identifizierung/Typisierung
20301. orientierend
20302.–20303. einfache/aufwendige Verfahren
20304. Mehrtestverfahren
20305.–20306. erweiterte bunte Reihe
20307.–20309. Mikroskopie
20310. Ligandenassay
20311.–20313. Gaschromatographie
20314. Agglutination
20315. Phagentypisierung
20316.–20324. Molekularbiologische Identifizierung
20321. teil- und vollmechanisierte Verfahren für Blutkulturen, Tb u. a.
20400. Toxinnachweis
20500. Keimzahl
20600. Empfindlichkeitstestung

21000. Untersuchungen zum Nachweis und zur Charakterisierung von Viren

21100. Untersuchungen im Nativmaterial
21101. Agglutinationsreaktion
21102. Lichtmikroskopische Untersuchung, qualitativ
21103. Lichtmikroskopische, immunologische Untersuchung
21104. Elektronenmikroskopischer Nachweis und Identifizierung
21105. Ligandenassay
21106.–21111. Molekularbiologische Verfahren
21200. Züchtung
21300. Identifizierung/Charakterisierung
21301. Einfache Verfahren
21302. Hämabsorption, Hämagglutination, Hämagglutinationshemmung
21303. Neutralisationstest
21304. Immunoblotting
21305.–21310. Molekularbiologische Verfahren
21311. Lichtmikroskopische, immunologische Untersuchungen
21312. Elektronenmikroskopie
21313. Ligandenassays

22000. Untersuchungen zum Nachweis und zur Charakterisierung von Pilzen

22100. Untersuchungen im Nativmaterial
22200. Züchtung
22300. Identifizierung/Charakterisierung
22301. Röhrchen- oder Mehrkammerverfahren
22302. Erweiterte bunte Reihe
22303. Lichtmikroskopie
22304.–22309 Molekularbiologische Verfahren
22200. Empfindlichkeitstestung

23000. Untersuchungen zum Nachweis und zur Charakterisierung von Parasiten

23100. Untersuchungen im Nativmaterial oder nach Anreicherung
23200. Züchtung
23300. Identifizierung
23400. Xenodiagnostische Untersuchungen

10.1.3
Verzeichnis der Untersuchungen

10.1.3.1
Untersuchungen von körpereigenen oder körperfremden Substanzen sowie körpereigenen Zellen mit Hilfe von

15000. Agglutinations- oder Fällungsreaktionen

15001. Agglutinationsreaktion oder Fällungsreaktion (z. B. Hämagglutination, Hämagglutinationshemmung, Latexagglutination, Bakterienagglutination) zum Nachweis von Antigenen/Haptenen oder Antikörpern, qualitativ

Katalog	
15001.001	Agglutinierende Antikörper (WIDAL-Reaktion)
15001.002	Antikörper gegen Brucellen
15001.003	Antikörper gegen Campylobacter/Helicobacter
15001.004	Antikörper gegen Candida albicans
15001.005	Antikörper gegen Epstein-Barr-Virus (heterophile Antikörper = PAUL-BUNNELL-Test)
15001.006	Antikörper gegen Fc von IgM (Rheumafaktor)
15001.007	Antikörper gegen Francisellen
15001.008	Antikörper gegen Legionella pneumophila
15001.009	Antikörper gegen Leptospiren
15001.010	Antikörper gegen Listerien
15001.011	Antikörper gegen Rickettsien (WEIL-FELIX-Reaktion)
15001.012	Antikörper gegen typhöse Salmonellen-H-Antigene
15001.013	Antikörper gegen typhöse Salmonellen-O-Antigene
15001.014	Antikörper gegen Staphylolysin
15001.015	Antikörper gegen Streptolysin
15001.016	Antikörper gegen Thyreoglobulin (TGAK, TAK) (Boydentest)
15001.017	Antikörper gegen Treponema pallidum (TPHA oder Cardiolipinmikroflockungstest, VDRL-Test)
15001.018	Antikörper gegen Vibrio cholerae
15001.019	Antikörper gegen Yersinien
15001.020	Fibrinogenspaltprodukte
15001.021	Fibrinspaltprodukte, quervernetzt (Dimertest)
15001.022	Schwangerschaftstest
15001.023–.899	nicht besetzt
15001.900–.999	vorläufige laboratoriumsinterne Numerierung von Untersuchungen analogen Aufwandes

15002.	**Agglutinationsreaktion oder Fällungsreaktion (z. B. Hämagglutination, Hämagglutinationshemmung, Latexagglutination, Bakterienagglutination) zum Nachweis von Antigenen/Haptenen oder Antikörpern, semiquantitativ**

Katalog

15002.001	Agglutinierende Antikörper (WIDAL-Reaktion)
15002.002	Antikörper gegen Brucellen
15002.003	Antikörper gegen Campylobacter/Helicobacter
15002.004	Antikörper gegen Candida albicans
15002.005	Antikörper gegen extrahierbares, nukleäres Antigen (ENA)
15002.006	Antikörper gegen Fc von IgM (Rheumafaktor)
15002.007	Antikörper gegen Francisellen
15002.008	Antikörper gegen Legionellen
15002.009	Antikörper gegen Leptospiren
15002.010	Antikörper gegen Listerien
15002.011	Antikörper gegen Röteln-Virus
15002.012	Antikörper gegen Salmonellen-H-Antigene
15002.013	Antikörper gegen Salmonellen-O-Antigene
15002.014	Antikörper gegen Staphylolysin
15002.015	Antikörper gegen Streptolysin
15002.016	Antikörper gegen Thyreoidea (Mikrosomen TMAK; Peroxidase hTPO)
15002.017	Antikörper gegen Thyreoglobulin (TGAK, TAK)
15002.018	Antikörper gegen Treponema pallidum (TPHA, Cardiolipinmikroflockungstest, VDRL-Test)
15002.019	Antikörper gegen Vibrio cholerae
15002.020	Antikörper gegen Yersinien
15002.021	Fibrinogenspaltprodukte
15002.022	Fibrinspaltprodukte, quervernetzt (D-Dimertest)
15002.023	Luteotropin (LH)
15002.024	Myoglobin
15002.025–.899	nicht besetzt
15002.900–.999	vorläufige laboratoriumsinterne Numerierung von Untersuchungen analogen Aufwandes

15003.	**Agglutinationsreaktion zum Nachweis von Blutgruppenantigenen bzw. antikörpern**

Katalog

15003.001	Bestimmung der AB0-Merkmale
15003.002	Bestimmung der Isoantikörper
15003.003	Bestimmung des Merkmals D mit monoklonalen oder polyklonalen Antikörpern aus einer Erythrozytensuspension (einschließlich Kontrolle)

15003.004	Bestimmung der Merkmale CcEe mit monoklonalen oder polyklonalen Antikörpern aus einer Erythrozytensuspension (gegebenenfalls einschließlich Inkubation bei 37 °C)
15003.005	Bestimmung weiterer Merkmale wie C^w, CDE, D-Varianten mit monoklonalen oder polyklonalen Antikörpern aus einer Erythrozytensuspension (gegebenenfalls einschließlich Inkubation bei 37 °C) (je mitgeteiltem Ergebnis)
15003.006	Bestimmung der Merkmale MN
15003.007	Bestimmung des Merkmals P
15003.008	Bestimmung der Lewis Merkmale
15003.009	Bestimmung eines weiteren Merkmals aus einer Erythrozytensuspension im NaCl-Milieu
15003.010	Bestimmung eines weiteren Merkmals (z. B. Lewis, D-Varianten) im Enzym-Milieu (je mitgeteiltem Ergebnis)
15003.011	Bestimmung der Merkmale Kell, Cellano, Penney, Rautenberg in der indirekten Coombs-Technik (je mitgeteiltem Ergebnis)
15003.012	Bestimmung der Duffy-Merkmale in der indirekten Coombs-Technik
15003.013	Bestimmung der Kidd-Merkmale in der indirekten Coombs-Technik
15003.014	Bestimmung der Ss-Merkmale in der indirekten Coombs-Technik
15003.015	Bestimmung des Merkmals D^u in der indirekten Coombs-Technik
15003.016	Bestimmung der D-Varianten in der indirekten Coombs-Technik
15003.017	Bestimmung eines weiteren Merkmals in der indirekten Coombs-Technik
15003.018	Antikörpersuchtest mit mindestens zwei Antigenmustern
15003.019	Antikörpersuchtest mit mindestens drei Antigenmustern
15003.020	Antikörperdifferenzierung in der dem Antikörpersuchtest entsprechenden Technik mit wenigstens sieben verschiedenen Antigenmustern
15003.021	Antikörperdifferenzierung in der dem Antikörpersuchtest entsprechenden Technik mit wenigstens elf verschiedenen Antigenmustern
15003.022	Direkter Coombstest (je eingesetztem Antiserum)
15003.023	Verträglichkeitsprobe (Kreuztest) einschließlich indirektem Coombstest und AB0-D-Kontrolle des Patientenblutes
15003.024	Bestimmung temperaturabhängiger Antikörper (Kälteagglutinine)
15003.025	Antikörper-Absorption mit anschließender Antikörperdifferenzierung
15003.026	Antikörper-Elution mit anschließender Antikörperdifferenzierung im Eluat
15003.027	Nachweis von thrombozytären Antikörpern
15003.028	Nachweis von leukozytären Antikörpern
15003.029–.899	nicht besetzt
15003.900–.999	vorläufige laboratoriumsinterne Numerierung

15100. **Aggregometrie**

15101. **Aggregometrische Untersuchung**

Katalog

15101.001	Ristocetin-Cofaktor, F VIII Rcof
15101.002	Thrombozytenaggregationstest
15101.003–.899	nicht besetzt
15101.900–.999	vorläufige laboratoriumsinterne Numerierung von Untersuchungen analogen Aufwandes

15200. **Aräometrie**

15201. **Aräometrische Untersuchung**

Katalog

15201.001	Relative Dichte (Urin)
15201.002–.899	nicht besetzt
15201.900–.999	vorläufige laboratoriumsinterne Numerierung von Untersuchungen analogen Aufwandes

15300. **Atomabsorptionsspektrometrie**

15301. **Atomabsorptionsspektrometrische Untersuchung mit einfacher Probenvorbereitung**

Katalog

15301.001	Calcium
15301.002	Magnesium
15301.003	Eisen
15301.004	Kupfer
15301.005	Zink
15301.006–.899	nicht besetzt
15301.900–.999	vorläufige laboratoriumsinterne Numerierung von Untersuchungen analogen Aufwandes

15302. **Atomabsorptionsspektrometrische Untersuchung mit flammenloser Technik oder mit aufwendiger Probenvorbereitung (z. B. Extraktion, Komplexierung, Hydridgenerierung)**

Katalog

15302.001	Aluminium
15302.002	Arsen
15302.003	Blei
15302.004	Cadmium

15302.005	Chrom
15302.006	Gold
15302.007	Kupfer
15302.008	Mangan
15302.009	Quecksilber
15302.010	Selen
15302.011	Thallium
15302.012	Vanadium
15302.013–.899	nicht besetzt
15302.900–.999	vorläufige laboratoriumsinterne Numerierung von Untersuchungen analogen Aufwandes

15400. Bakterienwachstumstests

15401. Bakterienwachstumstest, semiquantitativ

Katalog

15401.001	Phenylalanin (Guthrie-Test)
15401.002	Galaktose
15401.003	Leucin-Screening
15401.004	Methionin-Screening
15401.005–.899	nicht besetzt
15401.900–.999	vorläufige laboratoriumsinterne Numerierung von Untersuchungen analogen Aufwandes

15500. Biosensormessungen

15501. Biosensormessung (Funktionsmessung am Patienten).

15600. Coulometrie und Voltametrie

15601. Coulometrische Untersuchung

Katalog

15601.001	Chlorid
15601.002–.899	nicht besetzt
15601.900–.999	vorläufige laboratoriumsinterne Numerierung von Untersuchungen analogen Aufwandes

15602. Voltametrische Untersuchung

Katalog

15602.001	Blei
15602.002	Cadmium
15602.003	Kupfer
15602.004	Schwermetallscreening

15602.005	Selen
15602.006	Thallium
15602.007	Zink
15602.008–.899	nicht besetzt
15602.900–.999	vorläufige laboratoriumsinterne Numerierung von Untersuchungen analogen Aufwandes

15700. **Dünnschichtchromatographie (DC)**

15701. **Dünnschichtchromatographische Untersuchung (ein- oder zweidimensional), qualitativ oder semiquantitativ**

Katalog

15701.001	Aminosäuren
15701.002	Toxikologische Untersuchungen
15701.003	Vanillinmandelsäure (Urin) (VMA)
15701.004–.899	nicht besetzt
15701.900–.999	vorläufige laboratoriumsinterne Numerierung von Untersuchungen analogen Aufwandes

15702. **Dünnschichtchromatographische Untersuchung (ein- oder zweidimensional) mit vorangegangener Extraktion und/oder Derivatisierung, qualitativ oder quantitativ**

Katalog

15702.001	Lecithin/Sphingomyelin-Quotient (L/S-Quotient), Sphingomyelin, Lecithin
15702.002	Phosphatidylglycerin
15702.003	Porphyrinprofil (Urin, Stuhl, Erythrozyten)
15702.004	Toxikologische Untersuchungen
15702.005–.899	nicht besetzt
15702.900–.999	vorläufige laboratoriumsinterne Numerierung von Untersuchungen analogen Aufwandes

15800. **Durchflußzytometrie**

15801. **Durchflußzytometrische Untersuchung ohne Probenvorbereitung (Zelldifferenzierung physikalisch, immunologisch und/oder chemisch)**

Katalog

15801.001	Differenzierung der Leukozyten
15801.002	Retikulozytenzählung
15801.003–.899	nicht besetzt
15801.900–.999	vorläufige laboratoriumsinterne Numerierung von Untersuchungen analogen Aufwandes

15802. **Durchflußzytometrische Untersuchung mit Probenvorbereitung (Zelldifferenzierung physikalisch, immunologisch und/oder chemisch, ggf. einschließlich Zellisolierung)**

Katalog

15802.001	Aneuploidie von Tumorzellen
15802.002	Antikörpernachweis auf oder in Zellen
15802.003	Chromosomenanalyse
15802.004	Infektiöse Organismen
15802.005	Phänotypisierung von Zellen (je Antiserum)
15802.006	Rezeptornachweis auf Zellen (je Rezeptor)
15802.007–.899	nicht besetzt
15802.900–.999	vorläufige laboratoriumsinterne Numerierung von Untersuchungen analogen Aufwandes

15900. **Elektrophoretische Verfahren**

15901. **Elektrophoretische Trennung (ohne Einengung des Probenmaterials, mit einfacher Visualisierung der Banden)**

Katalog

15901.001	Elektrophorese, zweidimensional
15901.002	Hämoglobinelektrophorese
15901.003	Lipidelektrophorese, qualitativ
15901.004	Proteinelektrophorese (Serum)
15901.005	SDS-PAGE-Elektrophorese
15901.006	Überwanderungselektrophorese
15901.007–.899	nicht besetzt
15901.900–.999	vorläufige laboratoriumsinterne Numerierung von Untersuchungen analogen Aufwandes

15902. **Elektrophoretische Trennung (ohne Einengung des Probenmaterials, mit aufwendiger Visualisierung der Banden)**

Katalog

15902.001	Alkalische Phosphatase-Isoenzyme
15902.002	Creatinkinase-Isoenzyme
15902.003	Elektrophorese mit anschließender Immunreaktion (z. B. AChRA)
15902.004	Elektrophorese, zweidimensional
15902.005	Immunelektrophorese
15902.006	Immunfixation
15902.007	Laktatdehydrogenase-Isoenzyme

15902.008 Lipoproteinelektrophorese, quantitativ
15902.009 SDS-PAGE-Elektrophorese
15902.010 SDS-Elektrophorese mit anschließender Immunreaktion (z.B. Westernblot)
15902.011 Überwanderungselektrophorese
15902.012–.899 nicht besetzt
15902.900–.999 vorläufige laboratoriumsinterne Numerierung von Untersuchungen analogen Aufwandes

15903. Elektrophoretische Trennung (mit Einengung des Probenmaterials)

Katalog
15903.001 Proteinelektrophorese (Urin)
15903.002 Proteinelektrophorese (andere biologische Flüssigkeiten)
15903.003–.899 nicht besetzt
15903.900–.999 vorläufige laboratoriumsinterne Numerierung von Untersuchungen analogen Aufwandes

15904. Isoelektrische Fokussierung (IEF)

Katalog
15904.001 Hämoglobine
15904.002 IEF mit anschließender Immunreaktion (z.B. Westernblot)
15904.003 Oligoklonale Banden
15904.004 Phänotypisierung α_1-Antitrypsin (α_1-Proteinaseinhibitor)
15904.005–.899 nicht besetzt
15904.900–.999 vorläufige laboratoriumsinterne Numerierung von Untersuchungen analogen Aufwandes

16000. Flammenemissionsphotometrie

16001. Flammenemissionsphotometrische Untersuchung

Katalog
16001.001 Kalium
16001.002 Natrium
16001.003 Calcium
16001.004 Lithium
16001.005–.899 nicht besetzt
16001.900–.999 vorläufige laboratoriumsinterne Numerierung von Untersuchungen analogen Aufwandes

16100. **Fluorimetrie**

16101. **Fluorimetrische Untersuchung**

Katalog

16101.001 Antistreptokokken-NAD-Glykohydrolase-Titer
16101.002–.899 nicht besetzt
16101.900–.999 vorläufige laboratoriumsinterne Numerierung von Untersuchungen analogen Aufwandes

16102. **Fluorimetrische Untersuchung mit aufwendiger Probenvorbereitung (z. B. Säulenchromatographie)**

Katalog

16102.001 Porphyrine, gesamt (Urin)
16102.002–.899 nicht besetzt
16102.900–.999 vorläufige laboratoriumsinterne Numerierung von Untersuchungen analogen Aufwandes

16200. **Funktionsteste**

Bei den Funktionstesten sind in der Leistungsstatistik die durchgeführten Untersuchungen zu zählen

16300. **Funktionsuntersuchungen am Patienten (Bedside-Tests)**

16301. **Funktionsuntersuchungen am Patienten (Bedside-Tests)**

Katalog

16301.001 Blutungszeit
16301.002–.899 nicht besetzt
16301.900–.999 vorläufige laboratoriumsinterne Numerierung von Untersuchungen analogen Aufwandes

16400. **Gaschromatographie (GC)**

16401. **Gaschromatographische Untersuchung mit einfacher Probenvorbereitung (ohne Derivatisierung oder mit Derivatisierung im Einspritzblock)**

Katalog

16401.001 BTX-Aromaten
16401.002 Ethanol
16401.003 Fettsäuren
16401.004 leichtflüchtige Halogenkohlenwasserstoffe
16401.005 Lösungsmittel

16401.006 Methanol
16401.007 Phytansäure
16401.008 Valproinsäure
16401.009–.899 nicht besetzt
16401.900–.999 vorläufige laboratoriumsinterne Numerierung von Untersuchungen analogen Aufwandes

16402. Gaschromatographische Untersuchung mit Derivatisierungsreaktion außerhalb des Geräts

Katalog
16402.001 Fettsäuren
16402.002 Homovanillinsäure (Urin) (HVA)
16402.003 Toxikologische Untersuchungen
16402.004 Vanillinmandelsäure (Urin) (VMA)
16402.005–.899 nicht besetzt
16402.900–.999 vorläufige laboratoriumsinterne Numerierung von Untersuchungen analogen Aufwandes

16403. Gaschromatographische Untersuchung mit aufwendiger Probenvorbereitung (z. B. Hydrolyse, Säulenchromatographie, Dünnschichtchromatographie) und Derivatisierungsreaktion

Katalog
16403.001 Fettsäurenprofil
16403.002 Organ. Säurenprofil
16403.003 Steroidprofil
16403.004 Toxikologische Untersuchungen
16403.005–.899 nicht besetzt
16403.900–.999 vorläufige laboratoriumsinterne Numerierung von Untersuchungen analogen Aufwandes

16500. Gaschromatographie-Massenspektrometrie

16501. Gaschromatographisch-massenspektrometrische Untersuchung (GC-MS)

Katalog
16501.001 Homovanillinsäure (HVA)
16501.002 Organ. Säurenprofil
16501.003 Phytansäure
16501.004 Serotonin
16501.005 Steroidprofil
16501.006 Toxikologische Untersuchungen
16501.007 Vanillinmandelsäure (VMA)
16501.008–.899 nicht besetzt

16501.900–.999 vorläufige laboratoriumsinterne Numerierung von Untersuchungen analogen Aufwandes

16502. Gaschromatographisch-massenspektrometrische Untersuchung (hochauflösende GC-MS)

Katalog

16502.001 Adrenalin und/oder Noradrenalin
16502.002 Homovanillinsäure
16502.003 Vanillinmandelsäure (VMA)
16502.004–.899 nicht besetzt
16502.900–.999 vorläufige laboratoriumsinterne Numerierung von Untersuchungen analogen Aufwandes

16600. Hochleistungsflüssigkeitschromatographie (HPLC)

16601. Hochleistungsflüssigkeitschromatographische Untersuchung (ohne oder mit einfacher Probenvorbereitung)

Katalog

16601.001 Amiodarone
16601.002 Antibiotika
16601.003 Antiepileptika (Ethosuximid, Phenobarbital, Primidon, Diphenylhydantoin, Lamotrigin)
16601.004 Antimykotika
16601.005 Benzodiazepine
16601.006 Chinidin
16601.007 Glykierte Hämoglobine (HbA_1, HbA_{1c})
16601.008 Phenylalanin
16601.009 Tyrosin
16601.010 Vitamin A
16601.011 Vitamin E
16601.012–.899 nicht besetzt
16601.900–.999 vorläufige laboratoriumsinterne Numerierung von Untersuchungen analogen Aufwandes

16602. Hochleistungsflüssigkeitschromatographische Untersuchung mit aufwendiger Probenvorbereitung (z. B. Säulenchromatographie, Festphasenextraktion, aufwendige Extraktion)

Katalog

16602.001 Adrenalin und/oder Noradrenalin und/oder Dopamin
16602.002 Aminosäuren
16602.003 Antibiotika
16602.004 Antimykotika

16602.005	Hydroxyindolessigsäure (5-HIES)
16602.006	Metanephrine
16602.007	Pharmaka
16602.008	Porphyrinprofil (Urin, Stuhl, Erythrozyten)
16602.009	Pyridinium- und/oder Deoxypyridinium-Crosslinks
16602.010	Toxikologische Untersuchungen
16602.011	Vanillinmandelsäure (VMA)
16602.012	Vitamin B1
16602.013	Vitamin B6
16602.014	Vitamin D2
16602.015	25-OH-Vitamin D2
16602.016	Vitamin D3
16602.017	25-OH-Vitamin D3
16602.018	Vitamin K
16602.019–.899	nicht besetzt
16602.900–.999	vorläufige laboratoriumsinterne Numerierung von Untersuchungen analogen Aufwandes

16700. Immundiffusion (radiale), Elektroimmundiffusion, Nephelometrie oder Turbidimetrie

16701. Immundiffusionsuntersuchung (einschließlich Identitätsprüfung), qualitativ

Katalog

16701.001	Albumin
16701.002	Autoantikörper
16701.003	Sekretorisches IgA
16701.004	Subformen nukleärer Antikörper (je Antikörper)
16701.005	Transferrin
16701.006–.899	nicht besetzt
16701.900–.999	vorläufige laboratoriumsinterne Numerierung von Untersuchungen analogen Aufwandes

16702. Immundiffusions- (radiale), Elektroimmundiffusions-, nephelometrische oder turbidimetrische Untersuchung, quantitativ

Katalog

16702.001	α_1-Antitrypsin
16702.002	α_1-Mikroglobulin
16702.003	α_2-Makroglobulin
16702.004	alpha-Fetoprotein (AFP)
16702.005	Antikörper gegen Fc von IgM (Rheumafaktor)
16702.006	Antithrombin III (AT III)
16702.007	Autoantikörper
16702.008	β_2-Glykoprotein II (C3-Proaktivator)

16702.009	C1-Esteraseinhibitor (C1-Inaktivator, C1-INH)
16702.010	C-reaktives Protein (CRP)
16702.011	Carcinoembryonales Antigen (CEA)
16702.012	Coeruloplasmin
16702.013	Ferritin
16702.014	Fibrinogen
16702.015	Gerinnungsfaktor VIII (Ag F VIII AP)
16702.016	Gerinnungsfaktor XIII (F XIII)
16702.017	Hämopexin
16702.018	Haptoglobin
16702.019	Immunglobulin A (IgA)
16702.020	Immunglobulin D (IgD)
16702.021	Immunglobulin E (IgE)
16702.022	Immunglobulin G (IgG)
16702.023	Immunglobulin M (IgM)
16702.024	Komplementfaktor C3
16702.025	Komplementfaktor C4
16702.026	Leichtketten
16702.027	Myoglobin
16702.028	Präalbumin
16702.029	Protein S (Konzentration)
16702.030	Retinolbindendes Protein (RBP)
16702.031	Transferrin
16702.032–.899	nicht besetzt
16702.900–.999	vorläufige laboratoriumsinterne Numerierung von Untersuchungen analogen Aufwandes

16800. Infrarotspektrometrie (IR)

16801. Infrarotspektrometrische Untersuchungen

Katalog

16801.001	Gallensteinanalyse
16801.002	Harnsteinanalyse
16801.003–.899	nicht besetzt
16801.900–.999	vorläufige laboratoriumsinterne Numerierung von Untersuchungen analogen Aufwandes

16900. Koagulometrie

16901. Koagulometrische Untersuchung

Katalog

16901.001	Fibrinogen
16901.002	Partielle Thromboplastinzeit (PTT, aPTT)
16901.003	Plasmathrombinzeit (TZ, PTZ)
16901.004	Protein C (Gerinnungstest)

16901.005	Reptilasezeit
16901.006	Thrombinkoagulasezeit
16901.007	Thromboplastinzeit (Prothrombinzeit, TPZ, PT, Quickwert)
16901.008–.899	nicht besetzt
16901.900–.999	vorläufige laboratoriumsinterne Numerierung von Untersuchungen analogen Aufwandes

16902. Koagulometrische Untersuchung (aufwendige Untersuchungen)

Katalog

16902.001	APC-Resistenz
16902.002	Gerinnungsfaktor II (F II)
16902.003	Gerinnungsfaktor V (F V)
16902.004	Gerinnungsfaktor VII (F VII)
16902.005	Gerinnungsfaktor VIII (F VIII, F VIII C)
16902.006	Gerinnungsfaktor IX (F IX)
16902.007	Gerinnungsfaktor X (F X)
16902.008	Gerinnungsfaktor XI (F XI)
16902.009	Gerinnungsfaktor XII (F XII)
16902.010	Gerinnungsfaktor XIII (F XIII)
16902.011	Plasmatauschversuch (z. B. Lupusantikoagulans)
16902.012	Protein C-Aktivität
16902.013	Protein S-Aktivität
16902.014	Thrombelastogramm
16902.015–.899	nicht besetzt
16902.900–.999	vorläufige laboratoriumsinterne Numerierung von Untersuchungen analogen Aufwandes

17000. Komplementbindungsreaktion

17001. Komplementbindungsreaktion, semiquantitativ

Katalog

17001.001	Antikörper gegen Adeno-Viren
17001.002	Antikörper gegen Campylobacter/Helicobacter
17001.003	Antikörper gegen Chlamydia psittaci (Ornithosegruppe)
17001.004	Antikörper gegen Chlamydia trachomatis
17001.005	Antikörper gegen Corona-Viren
17001.006	Antikörper gegen Coxiella burneti
17001.007	Antikörper gegen Gonokokken
17001.008	Antikörper gegen Influenza A-Virus
17001.009	Antikörper gegen Influenza B-Virus
17001.010	Antikörper gegen Influenza C-Virus
17001.011	Antikörper gegen Leptospiren
17001.012	Antikörper gegen Listerien
17001.013	Antikörper gegen lymphozytäres Choriomeningitis-Virus

17001.014	Antikörper gegen Mycoplasma pneumoniae
17001.015	Antikörper gegen Parainfluenza-Virus 1
17001.016	Antikörper gegen Parainfluenza-Virus 3
17001.017	Antikörper gegen Polyoma-Viren
17001.018	Antikörper gegen Reo-Viren
17001.019	Antikörper gegen Respiratory syncytial virus
17001.020	Antikörper gegen Rickettsien
17001.021	Antikörper gegen Toxoplasma gondii
17001.022	Antikörper gegen Treponema pallidum (Cardiolipinreaktion)
17001.023	Antikörper gegen Yersinien
17001.024–.899	nicht besetzt
17001.900–.999	vorläufige laboratoriumsinterne Numerierung von Untersuchungen analogen Aufwandes

17100. Lichtmikroskopie

17101. Lichtmikroskopische Untersuchung ohne Anfärbung bzw. mit Vitalfärbung einschließlich spezieller Beleuchtungsverfahren (z. B. Phasenkontrast), qualitativ

Katalog

17101.001	Duodenalsekret, mikroskopisch
17101.002	Zervixsekret–Farnkrauttest
17101.003	Gallensediment
17101.004	Harnsediment
17101.005	Magensekret, mikroskopisch
17101.006–.899	nicht besetzt
17101.900–.999	vorläufige laboratoriumsinterne Numerierung von Untersuchungen analogen Aufwandes

17102. Lichtmikroskopische Untersuchung ohne oder mit einfacher Anfärbung (z. B. Lugol, Methylenblau) einschließlich spezieller Beleuchtungsverfahren (z. B. Phasenkontrast), qualitativ

Katalog

17102.001	Spermienagglutination und -motilität
17102.002–.899	nicht besetzt
17102.900–.999	vorläufige laboratoriumsinterne Numerierung von Untersuchungen analogen Aufwandes

17103. Lichtmikroskopische Untersuchung ohne Anfärbung, Auflichtmikroskopie, mit anschließenden, chemischen Nachweisreaktionen, qualitativ

Katalog

17103.001	Steinanalyse, mikroskopisch

17103.002–.899 nicht besetzt
17103.900–.999 vorläufige laboratoriumsinterne Numerierung von Untersuchungen analogen Aufwandes

17104. Lichtmikroskopische Untersuchung mit Anfärbung, semiquantitativ

Katalog

17104.001 Alkalische Leukozytenphosphatase-Färbung (Blut-, Knochenmarkausstrich)
17104.002 Eisen-Färbung (Blut-, Knochenmarkausstrich)
17104.003 Leukozytenesterase-Färbung (Blut-, Knochenmarkausstrich)
17104.004 Leukozytenperoxidase-Färbung (Blut-, Knochenmarkausstrich)
17104.005 PAS-Färbung (Blut-, Knochenmarkausstrich)
17104.006 Tartratresistente saure Phosphatase-Färbung (Blut-, Knochenmarkausstrich)
17104.007 Terminale Desoxynukleotidyltransferase-Färbung (Blut-, Knochenmarkausstrich)
17104.008 Thrombozytenausbreitung
17104.009–.899 nicht besetzt
17104.900–.999 vorläufige laboratoriumsinterne Numerierung von Untersuchungen analogen Aufwandes

17105. Lichtmikroskopische Untersuchung ohne oder mit Anfärbung, quantitativ

Katalog

17105.001 Eosinophile, segmentkernige Granulozyten (sog. absolute Eosinophilenzahl)
17105.002 Erythrozytenzahl (Blut, Liquor)
17105.003 Fetales Hämoglobin (HbF)
17105.004 Leukozytenzahl (Blut, Liquor)
17105.005 Morphologische Differenzierung des Blutausstrichs
17105.006 Morphologische Differenzierung des Liquorzellausstrichs
17105.007 Morphologische Differenzierung des Spermas
17105.008 Morphologische Differenzierung des Knochenmarkausstrichs
17105.009 Retikulozytenzählung, mikroskopisch
17105.010 Spermienzahl
17105.011 Thrombozytenzahl
17105.012 Zellzählung (Urin) (Addis-Count)
17105.013–.899 nicht besetzt
17105.900–.999 vorläufige laboratoriumsinterne Numerierung von Untersuchungen analogen Aufwandes

17106. Lichtmikroskopische Untersuchung mit Anfärbung und EDV-unterstützter Befundmusterauswertung, quantitativ

Katalog

17106.001	Morphologische Differenzierung des Blutausstrichs
17106.002–.899	nicht besetzt
17106.900–.999	vorläufige laboratoriumsinterne Numerierung von Untersuchungen analogen Aufwandes

17107. Lichtmikroskopische Untersuchung mit Fluoreszenz-(Immunfluoreszenz), Enzym- oder anderer Markierung, qualitativ

Katalog

17107.001	Antikörper gegen Adeno-Viren
17107.002	Antikörper gegen Basalmembran (GBM)
17107.003	Antikörper gegen Bordetella pertussis
17107.004	Antikörper gegen Borrelia burgdorferi
17107.005	Antikörger gegen Candida albicans
17107.006	Antikörper gegen Centromerregion
17107.007	Antikörper gegen Chlamydia trachomatis
17107.008	Antikörper gegen Coxiella burneti
17107.009	Antikörper gegen Echinokokken
17107.010	Antikörper gegen Endomysium (IgA-EMA)
17107.011	Antikörper gegen Entamoeba histolytica
17107.012	Antikörper gegen Epstein-Barr-Virus Capsid (IgG)
17107.013	Antikörper gegen Epstein-Barr-Virus Capsid (IgM)
17107.014	Antikörper gegen Epstein-Barr-Virus Capsid (IgA)
17107.015	Antikörper gegen Epstein-Barr-Virus Nukleäres Antigen (EBNA)
17107.016	Antikörper gegen Epstein-Barr-Virus Early Antigen diffus
17107.017	Antikörper gegen Epstein-Barr-Virus Early Antigen restricted
17107.018	Antikörper gegen extrahierbares nukleäres Antigen (ENA)
17107.019	Antikörper gegen FSME-Virus (IgG oder IgM)
17107.020	Antikörper gegen glatte Muskulatur (SMA, GMA)
17107.021	Antikörper gegen Gliadin (IgG oder IgA)
17107.022	Antikörper gegen Haut (AHA = BMA und ICS)
17107.023	Antikörper gegen Herzmuskulatur (HMA)
17107.024	Antikörper gegen Herpes simplex-Virus 1 (IgG oder IgM)
17107.025	Antikörper gegen Herpes simplex-Virus 2 (IgG)
17107.026	Antikörper gegen Herpes simplex-Virus 2 (IgG oder IgM)
17107.027	Antikörper gegen HIV 1
17107.028	Antikörper gegen HIV 2
17107.029	Antikörper gegen Influenza A-Virus
17107.030	Antikörper gegen Influenza B-Virus
17107.031	Antikörper gegen Kollagen
17107.032	Antikörper gegen Lamblia intestinalis
17107.033	Antikörper gegen Langerhans-Inseln (ICA)
17107.034	Antikörper gegen Lebermembran-Antigen
17107.035	Antikörper gegen Leber-, Nieren-Mikrosomen (LKM)
17107.036	Antikörper gegen Legionella pneumophila

17107.037	Antikörper gegen Leishmania donovani
17107.038	Antikörper gegen lymphozytäres Choriomeningitis-Virus
17107.039	Antikörper gegen Masern-Virus
17107.040	Antikörper gegen Mitochondrien (AMA)
17107.041	Antikörper gegen Mumps-Virus
17107.042	Antikörper gegen Mycoplasma pneumoniae
17107.043	Antikörper gegen nDNA
17107.044	Antikörper gegen Nebenniere (NNR-AK)
17107.045	Antikörper gegen Parainfluenza-Virus 1
17107.046	Antikörper gegen Parainfluenza-Virus 2
17107.047	Antikörper gegen Parainfluenza-Virus 3
17107.048	Antikörper gegen Parietalzellen (PCA)
17107.049	Antikörper gegen Plasmodien
17107.050	Antikörper gegen Pneumocystis carinii
17107.051	Antikörper gegen Respiratory syncytial virus
17107.052	Antikörper gegen Rickettsien
17107.053	Antikörper gegen Schistosomen
17107.054	Antikörper gegen Skelettmuskulatur (SkMA, SMA)
17107.055	Antikörper gegen Speichelgangepithel
17107.056	Antikörper gegen Spermien
17107.057	Antikörper gegen Thyreoglobulin (TGAK, TAK)
17107.058	Antikörper gegen Tollwut-Virus
17107.059	Antikörper gegen Toxoplasma gondii
17107.060	Antikörper gegen Treponema pallidum (IgG)
17107.061	Antikörper gegen Treponema pallidum (IgM), (19S-IgM FTA-Abs-Test)
17107.062	Antikörper gegen Trypanosoma cruzi
17107.063	Antikörper gegen Trypanosoma brucei, gambiense und rhodiense
17107.064	Antikörper gegen Varizella-Zoster-Virus
17107.065	Antikörper gegen Zellkerne (ANA)
17107.066	Antikörper gegen zytoplasmatische Antigene in neutrophilen Granulozyten (ACPA, ANCA)
17107.067–.899	nicht besetzt
17107.900–.999	vorläufige laboratoriumsinterne Numerierung von Untersuchungen analogen Aufwandes

17108. Lichtmikroskopische Untersuchung mit Fluoreszenz- (Immunfluoreszenz), Enzym- oder anderer (z. B. Immunobeads) Markierung, qualitativ oder semiquantitativ, einschließlich Zellisolierung

Katalog

17108.001	Phänotypisierung von Zellen
17108.002	Rezeptornachweis auf Zellen
17108.003–.899	nicht besetzt
17108.900–.999	vorläufige laboratoriumsinterne Numerierung von Untersuchungen analogen Aufwandes

17109. **Lichtmikroskopische Untersuchung mit Fluoreszenz- (Immunfluoreszenz), Enzym- oder anderer (z. B. Immunobeads) Markierung, semiquantitativ (3 und mehr Titerstufen)**

Katalog

17109.001	Antikörper gegen Adeno-Viren
17109.002	Antikörper gegen Basalmembran (GBM)
17109.003	Antikörper gegen Bordetella pertussis
17109.004	Antikörper gegen Borrelia burgdorferi
17109.005	Antikörper gegen Candida albicans
17109.006	Antikörper gegen Centromerregion
17109.007	Antikörper gegen Chlamydia trachomatis
17109.008	Antikörper gegen Coxiella burneti
17109.009	Antikörper gegen nDNA
17109.010	Antikörper gegen Endomysium (IgA-EMA)
17109.011	Antikörper gegen Entamoeba histolytica
17109.012	Antikörper gegen Epstein-Barr-Virus Capsid (IgG)
17109.013	Antikörper gegen Epstein-Barr-Virus Capsid (IgM)
17109.014	Antikörper gegen Epstein-Barr-Virus Nukleäres Antigen (EBNA)
17109.015	Antikörper gegen Epstein-Barr-Virus Early Antigen diffus
17109.016	Antikörper gegen Epstein-Barr-Virus Early Antigen restricted
17109.017	Antikörper gegen extrahierbares nukleäres Antigen (ENA)
17109.018	Antikörper gegen glatte Muskulatur (SMA, GMA)
17109.019	Antikörper gegen Gliadin (IgG oder IgA)
17109.020	Antikörper gegen Haut (AHA = BMA und ICS)
17109.021	Antikörper gegen Herpes simplex-Virus 1 (IgG)
17109.022	Antikörper gegen Herpes simplex-Virus 1 (IgM)
17109.023	Antikörper gegen Herpes simplex-Virus 2 (IgG)
17109.024	Antikörper gegen Herpes simplex-Virus 2 (IgM)
17109.025	Antikörper gegen Herzmuskulatur (HMA)
17109.026	Antikörper gegen Histon-Proteine
17109.027	Antikörper gegen HIV 1
17109.028	Antikörper gegen Influenza A-Virus
17109.029	Antikörper gegen Influenza B-Virus
17109.030	Antikörper gegen Kollagen
17109.031	Antikörper gegen Lamblia intestinalis
17109.032	Antikörper gegen Langerhans-Inseln (ICA)
17109.033	Antikörper gegen Lebermembran-Antigen
17109.034	Antikörper gegen Leber-, Nieren-Mikrosomen (LKM)
17109.035	Antikörper gegen Legionellen
17109.036	Antikörper gegen Leishmania donovani
17109.037	Antikörper gegen lymphozytäres Choriomeningitis-Virus
17109.038	Antikörper gegen Masern-Virus
17109.039	Antikörper gegen Mitochondrien (AMA)
17109.040	Antikörper gegen Mumps-Virus
17109.041	Antikörper gegen Mycoplasma pneumoniae
17109.042	Antikörper gegen Parainfluenza-Virus 1
17109.043	Antikörper gegen Parainfluenza-Virus 2

17109.044 Antikörper gegen Parainfluenza-Virus 3
17109.045 Antikörper gegen Parietalzellen (PCA)
17109.046 Antikörper gegen Pneumocystis carinii
17109.047 Antikörper gegen Respiratory syncytial virus
17109.048 Antikörper gegen Skelettmuskulatur (SkMA, SMA)
17109.049 Antikörper gegen Speichelgangepithel
17109.050 Antikörper gegen Spermien
17109.051 Antikörper gegen Thyreoglobulin (TGAK, TAK)
17109.052 Antikörper gegen Tollwut-Virus
17109.053 Antikörper gegen Toxoplasma gondii
17109.054 Antikörper gegen Treponema pallidum (IgG)
17109.055 Antikörper gegen Treponema pallidum (IgM) (19S-IgM FTA-Abs-Test)
17109.056 Antikörper gegen Trypanosoma cruzi
17109.057 Antikörper gegen Varizella-Zoster-Virus
17109.058 Antikörper gegen Zellkerne (ANA)
17109.059 Antikörper gegen zytoplasmatische Antigene in neutrophilen Granulozyten (ACPA, ANCA)
17109.060 Antikörper gegen Nebenniere
17109.061–.899 nicht besetzt
17109.900–.999 vorläufige laboratoriumsinterne Numerierung von Untersuchungen analogen Aufwandes

17110. Lichtmikroskopische Chromosomenanalyse von Zellen im Durchlichthellfeldverfahren mit Reflexionskontrastmikroskopie- oder Fluoreszenzmikroskopie aus Blutzellpräparationen gegebenenfalls nach Gewebekultur einschließlich Anfärbung

Katalog

17110.001 Philadelphiachromosom
17110.002–.899 nicht besetzt
17110.900–.999 vorläufige laboratoriumsinterne Numerierung von Untersuchungen analogen Aufwandes

17200. Ligandenassays (z. B. Enzym-, Chemilumineszenz-, Fluoreszenz-, Radioimmunoassay)

17201. Ligandenassay, (z. B. Enzym-, Chemilumineszenz-, Fluoreszenz-, Radioimmunoassay), auch bei Verwendung trägergebundener Reagenzien, qualitativ

Katalog

17201.001 Allergenspezifisches IgE, Mischallergentest, (z. B. RAST) (je Mischallergen)
17201.002 Antikörper gegen Cytomegalie-Virus (IgM oder IgG)
17201.003 Antikörper gegen HBcAg
17201.004 Antikörper gegen HBcAg (IgM)

17201.005	Antikörper gegen HBeAg
17201.006	Antikörper gegen HBsAg
17201.007	Antikörper gegen Hepatitis A-Virus
17201.008	Antikörper gegen Hepatitis A-Virus (IgM)
17201.009	Antikörper gegen Herpes simplex-Virus gesamt
17201.010	Antikörper gegen Herpes simplex-Virus (IgM oder IgG)
17201.011	Antikörper gegen HIV
17201.012	Antikörper gegen Masern-Virus gesamt
17201.013	Antikörper gegen Masern-Virus (IgM oder IgG)
17201.014	Antikörper gegen Mumps-Virus gesamt
17201.015	Antikörper gegen Mumps-Virus (IgM oder IgG)
17201.016	Antikörper gegen nukleäre Subformen (dDNS, Ro(SS-A), La(SS-B), RNP, Sm) (je Subform)
17201.017	Antikörper gegen Röteln-Virus gesamt
17201.018	Antikörper gegen Röteln-Virus (IgM oder IgG)
17201.019	Antikörper gegen Toxoplasma gondii
17201.020	Antikörper gegen Varizella-Zoster-Virus gesamt
17201.021	Antikörper gegen Varizella-Zoster-Virus (IgM oder IgG)
17201.022	Choriongonadotropin (Urin) (HCG), Schwangerschaftstest, hochempfindlich (Nachweisgrenze des Tests < 50 IE/l)
17201.023	Drogenscreening (Urin) (je Droge)
17201.024	Troponin
17201.025–.899	nicht besetzt
17201.900–.999	vorläufige laboratoriumsinterne Numerierung von Untersuchungen analogen Aufwandes

17202. **Ligandenassay (z. B. Enzym-, Chemilumineszenz-, Fluoreszenz-, Radioimmunoassay), auch bei Verwendung trägergebundener Reagenzien, semiquantitativ**

Katalog

17202.001	Albumin (Urin)
17202.002	Allergenspezifisches IgE, Einzelallergentest (z. B. RAST) (je Allergen)
17202.003	Antikörper gegen Cardiolipin (IgG oder IgM)
17202.004	Antikörper gegen Cytomegalie-Virus
17202.005	Antikörper gegen DNS (dsDNS oder ssDNS)
17202.006	Antikörper gegen HBcAg
17202.007	Antikörper gegen HBcAg (IgM)
17202.008	Antikörper gegen HBeAg
17202.009	Antikörper gegen HBsAg
17202.010	Antikörper gegen Hepatitis A-Virus
17202.011	Antikörper gegen Hepatitis A-Virus (IgM)
17202.012	Antikörper gegen Hepatitis delta-Antigen
17202.013	Antikörper gegen Hepatitis E-Antigen
17202.014	Antikörper gegen Herpes simplex-Virus
17202.015	Antikörper gegen Histon-Proteine

17202.016	Antikörper gegen Intrinsic Factor (IFA)
17202.017	Antikörper gegen Jo-1
17202.018	Antikörper gegen Masern-Virus
17202.019	Antikörper gegen Maus-Immunglobuline (IgG oder IgM) (HAMA)
17202.020	Antikörper gegen Mumps-Virus (IgG)
17202.021	Antikörper gegen Mitochondriale Antigene (AMA-Subformen)
17202.022	Antikörper gegen PM-Scl-100
17202.023	Antikörper gegen RNP
17202.024	Antikörper gegen Röteln-Virus
17202.025	Antikörper gegen Scl 70
17202.026	Antikörper gegen Sm
17202.027	Antikörper gegen SS-A (Ro)
17202.028	Antikörper gegen SS-B (La)
17202.029	Antikörper gegen Thyreoidea (Mikrosomen TMAK, MAK; Peroxidase hTPO)
17202.030	Antikörper gegen Thyreoglobulin (TGAK, TAK)
17202.031	Antikörper gegen Thrombozyten
17202.032	Antikörper gegen Toxoplasma gondii
17202.033	Antikörper gegen TSH-Rezeptor (TRAK)
17202.034	Antikörper gegen Varizella-Zoster-Virus
17202.035	Antikörper gegen zytoplasmatische Antigene in neutrophilen Granulozyten (ACPA, ANCA)
17202.036	Barbiturate
17202.037	Benzodiazepine
17202.038	Cannabinoide
17202.039	Choriongonadotropin (HCG)
17202.040	Cocainmetabolite
17202.041	D-Dimere
17202.042	Fibronectin
17202.043	Fibrinmonomere
17202.044	Drogenscreening (Urin) (je Droge)
17202.045	Methadon
17202.046	Opiate
17202.047	Renin-Aktivität (PRA)
17202.048	Zirkulierende Immunkomplexe
17202.049-.899	nicht besetzt
17202.900-.999	vorläufige laboratoriumsinterne Numerierung von Untersuchungen analogen Aufwandes

17203. **Ligandenassay (z. B. Enzym-, Chemilumineszenz-, Fluoreszenz-, Radioimmunoassay), auch bei Verwendung trägergebundener Reagenzien, quantitativ**

Katalog

17203.001	Albumin (Urin)
17203.002	Aldosteron

17203.003	Alkalische Phosphatase (Knochen-Isoenzym)
17203.004	17alpha-Hydroxyprogesteron
17203.005	alpha-Amanitin
17203.006	alpha-Fetoprotein (AFP)
17203.007	Amikacin
17203.008	Amphetamin
17203.009	Androstendion
17203.010	Antikörper gegen Acetylcholin-Rezeptor (AchRA)
17203.011	Antikörper gegen Maus-Immunglobuline (IgG oder IgM) (HAMA)
17203.012	Apolipoprotein A1
17203.013	Apolipoprotein A2
17203.014	Apolipoprotein B
17203.015	β_2-Mikroglobulin
17203.016	Barbiturate
17203.017	Benzodiazepine
17203.018	Biogene Amine (Adrenalin oder Noradrenalin oder Metanephrin oder Normetanephrin oder Serotonin oder Histamin)
17203.019	Ca-125
17203.020	Ca 15-3
17203.021	Ca 19-9
17203.022	Ca 72-4
17203.023	Calcitonin
17203.024	Cannabinoide
17203.025	Carbamazepin
17203.026	Carbohydrate deficient transferrin (CDT)
17203.027	Carcinoembryonales Antigen (CEA)
17203.028	CK-MB Konzentration
17203.029	Chinidin
17203.030	Choriongonadotropin (HCG)
17203.031	Cocainmetabolite
17203.032	Coffein
17203.033	Corticotropin (ACTH)
17203.034	Cortisol
17203.035	C-Peptid (Insulin C-Peptid)
17203.036	Cyclosporin (mono- oder polyspezifisch)
17203.037	Cyfra 21-1
17203.038	D-Dimere
17203.039	Dehydroepiandrosteron (DHEA)
17203.041	Dehydroepiandrosteronsulfat (DHEAS)
17203.042	Desipramin
17203.043	Dibekazin
17203.044	Digitoxin
17203.045	Digoxin
17203.046	Erythropoietin
17203.047	Ethosuximid
17203.048	Ferritin
17203.049	Fibronectin

17203.050 Fibrin A (I) und Fibrin B (II)
17203.051 Flecainid
17203.052 Follitropin (FSH)
17203.053 Folsäure
17203.054 Freies T3 (fT3)
17203.055 Freies T4 (fT4)
17203.056 Gallensäuren
17203.057 Gastric inhibitory polypeptide (GIP)
17203.058 Gastrin
17203.059 Gentamicin
17203.060 Glukagon
17203.061 Gonadotropin-releasing-Hormon (GnRH)
17203.062 HbA_{1c} (glykierte Hämoglobine)
17203.063 Interleukine
17203.064 Isepamicin
17203.065 Immunglobulin E (IgE)
17203.066 Insulin
17203.067 Insulin-Antikörper
17203.068 Kanamycin
17203.069 Lidocain
17203.070 Lipoprotein (a) (Lp(a))
17203.071 Luteinisierendes Hormon (LH)
17203.072 MEGX (Mono-ethyl-glycin-xylidid)
17203.073 Methadon
17203.074 Methotrexat
17203.075 Myoglobin
17203.076 N-Acetylprocainamid
17203.077 Netilmicin
17203.078 Neuronenspezifische Enolase (NSE)
17203.079 Neurotensin
17203.080 Nortriptylin
17203.081 Östradiol
17203.082 Östriol
17203.083 Opiate
17203.084 Osteocalcin
17203.085 Oxytocin
17203.086 Pankreatisches Polypeptid (PP)
17203.087 Paracetamol
17203.088 Parathormon (PTH)
17203.089 Parathyroid hormone related peptide
17203.090 Phencyclidin
17203.091 Phenobarbital
17203.092 Phenytoin
17203.093 Plazentalaktogen (HPL)
17203.094 Plättchenfaktor 4
17203.095 PMN-Elastase
17203.096 Primidon
17203.097 Progesteron

17203.098	Prolaktin
17203.099	Propeptide des Prokollagens (Typ I oder Typ III)
17203.100	Propoxyphen
17203.101	Prostataspezifisches Antigen (PSA), gesamt
17203.102	Prostataspezifisches Antigen (PSA), frei
17203.103	Prostataspezifische saure Phosphatase (PAP)
17203.104	Protein C-Konzentration
17203.105	Protein S-Konzentration
17203.106	Pyridinium- und/oder Deoxypyridinium-Crosslinks und/oder Telopeptide
17203.107	Renin-Aktivität (PRA) (kinetische Bestimmung mit mindestens 4 Meßpunkten)
17203.108	Renin-Konzentration
17203.109	reverse T3 (rT3)
17203.110	Salizylat
17203.111	SCC
17203.112	Schwangerschaftsspezifisches β_1-Glykoprotein (SP-1)
17203.113	Sexualhormonbindendes Globulin (SHBG)
17203.114	Somatomedin
17203.115	Streptomycin
17203.116	t-PA (tissue-plasminogen-activator)
17203.117	T3-Uptake-Test (auch Doppelbestimmung) (TBI)
17203.118	Tacrolimus (FK 506)
17203.119	Testosteron
17203.120	Theophyllin
17203.121	Thrombin-Antithrombin-Komplex (TAT-Komplex)
17203.122	Thymidinkinase
17203.123	Thyreoglobulin
17203.124	Thyreoidea stimulierendes Hormon (TSH)
17203.125	Thyroxin (T4)
17203.126	Thyroxin-bindendes Globulin (TBG)
17203.127	Tobramicin
17203.128	TPA oder TPS
17203.129	Tricyclische Antidepressiva (Amitriptylin, Imipramin, Nortriptylin etc.)
17203.130	Trijodthyronin (T3)
17203.131	Troponin I
17203.132	Troponin T
17203.133	Trypsin
17203.134	Tumornekrosefaktor (TNF)
17203.135	Tumornekrosefaktor-Rezeptor (p55)
17203.136	Valproinsäure
17203.137	Vancomycin
17203.138	Vasoaktives intestinales Polypeptid (VIP)
17203.139	Vasopressin
17203.140	Vitamin B12
17203.141	Vitamin D2
17203.142	25-OH-Vitamin D2

17203.143	Vitamin D3
17203.144	25-OH-Vitamin D3
17203.145	von Willebrand-Faktor (vWF)
17203.146	Wachstumshormon (HGH, STH)
17203.147	Zelladhäsionsmolekül 1 (ICAM)
17203.148	Zirkulierende Immunkomplexe
17203.149–.899	nicht besetzt
17203.900–.999	vorläufige laboratoriumsinterne Numerierung von Untersuchungen analogen Aufwandes

17300. Lumineszenzmessungen

17301. Lumineszenzbestimmung (Fluoreszenz, Phosphoreszenz oder Chemilumineszenz), quantitativ

Katalog

17301.001	O_2-Radikale (Granulozyten)
17301.002–.899	nicht besetzt
17301.900–.999	vorläufige laboratoriumsinterne Numerierung von Untersuchungen analogen Aufwandes

17400. Lysis und Lysisreaktionen

17401. Lysis (Erythrozytolyse), qualitativ

Katalog

17401.001	Hämolysine, qualitativ
17401.002–.899	nicht besetzt
17401.900–.999	vorläufige laboratoriumsinterne Numerierung von Untersuchungen analogen Aufwandes

17402. Lysis (Erythrozytolyse), semiquantitativ

Katalog

17402.001	Hämolysine, semiquantitativ
17402.002–.899	nicht besetzt
17402.900–.999	vorläufige laboratoriumsinterne Numerierung von Untersuchungen analogen Aufwandes

17403. Lysisreaktion und nachfolgend Komplementbindungsreaktion (KBR)

Katalog

17403.001	Antikörper gegen Staphylokokken
17403.002	Antikörper gegen Streptokokken
17403.003–.899	nicht besetzt

17403.900–.999	vorläufige laboratoriumsinterne Numerierung von Untersuchungen analogen Aufwandes

17404. Lysisreaktion (Zytotoxizität)

Katalog

17404.001	Gesamtkomplement AH 50
17404.002	Gesamtkomplement CH 50
17404.003	Gesamtkomplement CH 100
17404.004	Komplementfaktor C3 (Aktivität)
17404.005	Komplementfaktor C4 (Aktivität)
17404.006–.899	nicht besetzt
17404.900–.999	vorläufige laboratoriumsinterne Numerierung von Untersuchungen analogen Aufwandes

17405. Untersuchungen im Rahmen von Gewebetypisierungen

Katalog

17405.001	Dichtegradientenisolierung von Zellen
17405.002	Nachweis eines HLA-Antigens der Klasse I im Lymphozytotoxizitätstest
17405.003	Gesamttypisierung der HLA-Antigene der Klasse I im Lymphozytotoxizitätstest mit mindestens 60 Antiseren
17405.004	Nachweis eines HLA-Antigens der Klasse II im Lymphozytotoxitätstest
17405.005	Gesamttypisierung der HLA-Antigene der Klasse II mittels molekularbiologischer Verfahren mit bis zu 15 Sonden
17405.006	Subtypisierung der HLA-Antigene der Klasse II mittels molekularbiologischer Verfahren (bis zu 40 Sonden)
17405.007	HLA-Antikörpernachweis
17405.008	HLA-Antikörperidentifizierung
17405.009	Serologische Verträglichkeitsprobe im HLA-System (crossmatch)
17405.010	Lymphozytenmischkultur bei Empfänger und Spender
17405.011–.899	nicht besetzt
17405.900–.999	vorläufige laboratoriumsinterne Numerierung von Untersuchungen analogen Aufwandes

17500. Magnetresonanz (NMR Verfahren)

17501. Untersuchungen mit Magnetresonanz (NMR)

17600. Molekularbiologische Verfahren

17601. Molekularbiologische Untersuchung zur Identifizierung von humanen DNA/RNA-Fragmenten mittels Hybridisierungsverfahren (je Restriktionsenzym und Sonde)

17602.	**Identifizierung, Untersuchung von humanen DNA/RNA-Fragmenten mittels Amplifikation**
17603.	**Identifizierung, Untersuchung von humanen DNA/RNA-Fragmenten mittels aufwendiger Amplifikation (nested PCR, o. ä.)**
17604.	**Identifizierung von Amplifikaten mittels Gelelektrophorese, RLFP oder ähnlichen Verfahren**
17605.	**Identifizierung von Amplifikaten mittels Hybridisierungsverfahren (markierte Sonden oder ähnliche Verfahren)**
17606.	**Identifizierung von Amplifikaten mittels DNA-Sequenzermittlung**

17700.	**Osmometrie**
17701.	**Osmometrische Untersuchung**

Katalog

17701.001	Osmolalität
17701.002–.899	nicht besetzt
17701.900–.999	vorläufige laboratoriumsinterne Numerierung von Untersuchungen analogen Aufwandes

17800.	**Partikeleigenschaftenbestimmungen**
17801.	**Partikeleigenschaftenbestimmung mittels Impedanzmessung, Konduktivitätsmessung und Laserstreulichtmessung**

Katalog

17801.001	5-modale Verteilung der Leukozyten (physikalisch), zusätzlich zu Kleines Blutbild (17803.001)
17801.002–.899	nicht besetzt
17801.900–.999	vorläufige laboratoriumsinterne Numerierung von Untersuchungen analogen Aufwandes

17802.	**Partikelgrößenbestimmung, elektronisch**

Katalog

17802.001	3-modale Verteilung der Leukozyten, zusätzlich zu Kleines Blutbild (17803.001)
17802.002–.899	nicht besetzt
17802.900–.999	vorläufige laboratoriumsinterne Numerierung von Untersuchungen analogen Aufwandes

17803. **Partikelzählung, elektronisch oder optisch-elektronisch einschließlich der photometrischen Untersuchung von Inhaltsstoffen**

Katalog

17803.001	Kleines Blutbild (Erythrozytenzahl und/oder Leukozytenzahl und/oder Thrombozytenzahl und/oder Hämoglobin und/oder mittleres Zellvolumen (MCV) sowie die errechneten Kenngrößen und die Erythrozytenverteilungskurve)
17803.002–.899	nicht besetzt
17803.900–.999	vorläufige laboratoriumsinterne Numerierung von Untersuchungen analogen Aufwandes

18000. Photometrie

18001. **Photometrische Untersuchung**

Katalog

18001.001	Albumin
18001.002	Alkalische Phosphatase
18001.003	Alkalische Phosphatase-Isoenzyme, photometrisch (chemische oder thermische Hemmung oder Fällung)
18001.004	α_2-Antiplasmin
18001.005	Ammoniak (NH_4)
18001.006	Amylase
18001.007	Amylase-Isoenzyme (chemische Hemmung)
18001.008	Amylase-Isoenzyme (z. B. Immuninhibition)
18001.009	Angiotensin I Converting Enzyme (Angiotensin I-Convertase, ACE)
18001.010	Anorganisches Phosphat
18001.011	Antithrombin III (chromogenes Substrat)
18001.012	Bilirubin, gesamt
18001.013	Bilirubin, konjugiert
18001.014	Calcium
18001.015	C1-Esteraseinhibitor (chromogenes Substrat)
18001.016	Chlorid, enzymatisch
18001.017	Cholesterin
18001.018	Cholinesterase (Pseudocholinesterase, CHE, PCHE)
18001.019	Chymotrypsin (Stuhl)
18001.020	Creatinkinase
18001.021	Creatinkinase MB (Immuninhibitionsmethode) (CK-MB)
18001.022	Eisen
18001.023	Enzyme der Hämsynthese (delta-Aminolaevulinsäure-Dehydratase, Uroporphyrinsynthase und ähnliche)
18001.024	Erythrozytenenzyme (Glukose-6-Phosphat-Dehydrogenase, Pyruvatkinase und ähnliche)
18001.025	Ethanol

18001.026	Fructosamin
18001.027	Fruktose
18001.028	Gammaglutamyltranspeptidase (gamma-Glutamyltransferase, γ-GT)
18001.029	Gesamtöstrogene (Urin)
18001.030	Gesamtprotein
18001.031	Gewebsplasminogenaktivator, chromogenes Substrat (TPA)
18001.032	Glukose
18001.033	Glutamatdehydrogenase (GLDH)
18001.034	Glutamatoxalazetattransaminase (GOT, Aspartataminotransferase, ASAT, AST)
18001.035	Glutamatpyruvattransaminase (GPT, Alaninaminotransferase, ALAT, ALT)
18001.036	Glykierte Hämoglobine (HbA_1, HbA_{1c})
18001.037	Glykierte Proteine
18001.038	Harnsäure
18001.039	Hämoglobin
18001.040	HDL-Cholesterin
18001.041	Heparin, chromogenes Substrat
18001.042	Harnstoff (Harnstoff-N, BUN)
18001.043	2-Hydroxybutyratdehydrogenase (HBDH)
18001.044	Kalium (enzymatisch)
18001.045	Kreatin
18001.046	Kreatinin (enzymatisch)
18001.047	Kreatinin (Pikrat-Methode, Jaffé-Methode)
18001.048	Kupfer
18001.049	Laktat
18001.050	Laktatdehydrogenase (LDH)
18001.051	LDH_1-Isoenzym (Immunpräzipitation)
18001.052	LDL-Cholesterin
18001.053	Lecithin/Sphingomyelin-Quotient (L/S-Quotient), Sphingomyelin, Lecithin
18001.054	Leucin-Arylamidase (LAP)
18001.055	Lipase
18001.056	Lysozym
18001.057	Magnesium
18001.058	Methämoglobin
18001.059	Natrium (enzymatisch)
18001.060	Plasminogen (chromogenes Substrat)
18001.061	Plasminogenaktivatorinhibitor (PAI) (chromogenes Substrat)
18001.062	Protein C-Konzentration (chromogenes Substrat)
18001.063	Protein (Urin)
18001.064	Saure Phosphatase (sP)
18001.065	Partielle Thromboplastinzeit, chromogenes Substrat (PTT, aPTT)
18001.066	Tatrathemmbare saure Phosphatase (PSP)
18001.067	Thromoplastinzeit, chromogenes Substrat (TPZ, Prothrombinzeit, PT, Quickwert)
18001.068	Triglyzeride

18001.069	Vanillinmandelsäure (Urin) (VMA) (Pisanomethode)
18001.070	D-Xylose
18001.071–.899	nicht besetzt
18001.900–.999	vorläufige laboratoriumsinterne Numerierung von Untersuchungen analogen Aufwandes

18002. **Photometrische Untersuchung nach vorangegangener säulenchromatographischer Trennung**

Katalog

18002.001	Aminolaevulinsäure (delta-ALS, delta-ALA, DALS)
18002.002	Gesamtporphyrine
18002.003	Homovanillinsäure (HVA)
18002.004	Hydroxyindolessigsäure (5-HIES)
18002.005	Metanephrine
18002.006	Porphobilinogen (PBG)
18002.007–.899	nicht besetzt
18002.900–.999	vorläufige laboratoriumsinterne Numerierung von Untersuchungen analogen Aufwandes

18100. **Potentiometrie**

18101. **Potentiometrische Untersuchung**

Katalog

18101.001	Blutgasanalyse (pH und/oder pCO_2 und/oder pO_2 und/oder Hb (Blutgasanalyse))
18101.002	Calcium
18101.003	Calcium, ionisiert
18101.004	Chlorid
18101.005	Glukose
18101.006	Kalium
18101.007	Laktat
18101.008	Natrium
18101.009	Wasserstoffionenkonzentration (pH), jedoch keine Bestimmung in Blut oder Urin
18101.010–.899	nicht besetzt
18101.900–.999	vorläufige laboratoriumsinterne Numerierung von Untersuchungen analogen Aufwandes

18200. **Reflektometrie und Reagenzträger**

18201. **Reflektometrische Untersuchung mit Hilfe von Reagenzträgern, semiquantitativ**

Katalog	
18201.001	Streifentest (Urin) (pH, Protein, Glukose, Hb, Keton, Leukozyten, Urobilinogen, Bilirubin, Ascorbinsäure, und/oder Nitrit), 5 bis 10 Felder
18201.002–.899	nicht besetzt
18201.900–.999	vorläufige laboratoriumsinterne Numerierung von Untersuchungen analogen Aufwandes

18202. **Reflektometrische oder potentiometrische Untersuchung mit Hilfe von Reagenzträgern, auch auf mechanisierten Analysegeräten**

Katalog	
18202.001	Albumin
18202.002	Ammoniak (NH_4)
18202.003	Amylase
18202.004	Alkalische Phosphatase
18202.005	Anorganisches Phosphat
18202.006	Bilirubin, gesamt
18202.007	Bilirubin, konjugiert
18202.008	Calcium, photometrisch
18202.009	Cholesterin
18202.010	Cholinesterase (Pseudocholinesterase, CHE, PCHE)
18202.011	Chlorid
18202.012	CO_2
18202.013	Creatinkinase (CK)
18202.014	Creatinkinase MB (Immuninhibitionsmethode) (CK-MB)
18202.015	CRP (C-reaktives Protein)
18202.016	Eisen
18202.017	Gammaglutamyltranspeptidase (Gamma-Glutamyltransferase, γ-GT)
18202.018	Gesamtprotein
18202.019	Glukose
18202.020	Glutamatoxalazetattransaminase (GOT, Aspartataminotransferase, ASAT, AST)
18202.021	Glutamatpyruvattransaminase (GPT, Alaninaminotransferase, ALAT, ALT)
18202.022	Hämoglobin
18202.023	Harnsäure
18202.024	Harnstoff (Harnstoff-N, BUN)
18202.025	Kalium
18202.026	Kreatinin
18202.027	Kupfer
18202.028	Laktat
18202.029	Laktatdehydrogenase (LDH)
18202.030	Lipase
18202.031	Lithium
18202.032	Magnesium

18202.033 Natrium
18202.034 Partielle Thromboplastinzeit (PTT, aPTT) (chromogenes Substrat)
18202.035 Phenytoin
18202.036 Salizylat
18202.037 Saure Phosphatase (sP)
18202.038 Theophyllin
18202.039 Thromboplastinzeit (TPZ, Prothrombinzeit, PT, Quickwert) (chromogenes Substrat)
18202.040 Triglyzeride
18202.041–.899 nicht besetzt
18202.900–.999 vorläufige laboratoriumsinterne Numerierung von Untersuchungen analogen Aufwandes

18300. Rezeptorassays

18301. Rezeptorassay, quantitativ

Katalog
18301.001 Östrogenrezeptoren
18301.002 Progesteronrezeptoren
18301.003–.899 nicht besetzt
18301.900–.999 vorläufige laboratoriumsinterne Numerierung von Untersuchungen analogen Aufwandes

18400. Rheologie

18401. Rheologische Untersuchung (Viskosimetrie) (Messung bei bis zu 3 Temperaturen)

Katalog
18401.001 Blutviskosität
18401.002 Plasmaviskosität
18401.003 Serumviskosität
18401.004 Viskosität anderer Körperflüssigkeiten
18401.005–.899 nicht besetzt
18401.900–.999 vorläufige laboratoriumsinterne Numerierung von Untersuchungen analogen Aufwandes

18402. Thrombozyten-Funktionsprüfung

Katalog
18402.001 PFA (platelet function assay)
18402.002 Retentionstest
18402.003–.899 nicht besetzt
18402.900–.999 vorläufige laboratoriumsinterne Numerierung von Untersuchungen analogen Aufwandes

18500. Röntgendiffraktion

18501. Röntgendiffraktionsuntersuchung

Katalog

18501.001	Gallensteinanalyse
18501.002	Harnsteinanalyse
18501.003–.899	nicht besetzt
18501.900–.999	vorläufige laboratoriumsinterne Numerierung von Untersuchungen analogen Aufwandes

18600. Sedimentation

18601. Sedimentationsbestimmung

Katalog

18601.001	Blutkörperchensenkungsgeschwindigkeit (BKS, BSG)
18601.002–.899	nicht besetzt
18601.900–.999	vorläufige laboratoriumsinterne Numerierung von Untersuchungen analogen Aufwandes

18700. Spektralphotometrie

18701. Spektralphotometrische Untersuchung, quantitativ

Katalog

18701.001	Bilirubin, gesamt
18701.002	Bilirubin (Fruchtwasser)
18701.003	Carboxyhämoglobin (CO-Hb)
18701.004	Freies Hämoglobin
18701.005	Methämoglobin (Met-Hb)
18701.006	Sauerstoffsättigung
18701.007–.899	nicht besetzt
18701.900–.999	vorläufige laboratoriumsinterne Numerierung von Untersuchungen analogen Aufwandes

18800. Titrimetrie

18801. Titrimetrische Untersuchung im Magensaft- oder Duodenalsekret

Katalog

18801.001	Bikarbonat
18801.002	HCl
18801.003–.899	nicht besetzt
18801.900–.999	vorläufige laboratoriumsinterne Numerierung von Untersuchungen analogen Aufwandes

18802. **Titrimetrische Untersuchung nach vorausgangener Extraktion**

Katalog

18802.001	Stuhlfettbestimmung
18802.002–.899	nicht besetzt
18802.900–.999	vorläufige laboratoriumsinterne Numerierung von Untersuchungen analogen Aufwandes

18900. Ultrazentrifugation

18901. **Ultrazentrifugationsuntersuchungen**

Katalog

18901.001	Fraktionierung der Lipoproteine
18901.002–.899	nicht besetzt
18901.900–.999	vorläufige laboratoriumsinterne Numerierung von Untersuchungen analogen Aufwandes

19000. Visuelle Verfahren

19001. **Visuelle Untersuchung**

Katalog

19001.001	Kryoglobuline
19001.002–.899	nicht besetzt
19001.900–.999	vorläufige laboratoriumsinterne Numerierung von Untersuchungen analogen Aufwandes

19002. **Visuelle Untersuchung mit vorausgegangener Farbreaktion, qualitativ**

Katalog

19002.001	Homogentisinsäure
19002.002	Schwefelhaltige Aminosäuren (Cystin, Cystein, Homocystin)
19002.003	Porphobilinogen (PBG, Hösch-Test, Schwarz-Watson-Test) mit Rückextraktion
19002.004	Hydroxyindolessigsäure (5-HIES)
19002.005–.899	nicht besetzt
19002.900–.999	vorläufige laboratoriumsinterne Numerierung von Untersuchungen analogen Aufwandes

19003. **Visuelle Untersuchung mit vorausgegangener Farbreaktion, semiquantitativ**

Katalog

19003.001	Antikörper gegen Hyaluronidase
19003.002	Antikörper gegen Streptokokken-Desoxyribonuklease (Antistreptodornase, ADNAse B)
19003.003	Antikörper gegen Streptokokken NAD-Glykohydrolase
19003.004–.899	nicht besetzt
19003.900–.999	vorläufige laboratoriumsinterne Numerierung von Untersuchungen analogen Aufwandes

19004. **Visuelle Untersuchung mit Hilfe von Reagenzträgern, qualitativ**

Katalog

19004.001	Blut (Stuhl), dreimalige Bestimmung, Hämoccult®-Test
19004.002	Albumin (stuhl), einmalige Bestimmung
19004.003–.899	nicht besetzt
19004.900–.999	vorläufige laboratoriumsinterne Numerierung von Untersuchungen analogen Aufwandes

19005. **Visuelle Untersuchung mit Hilfe von Reagenzträgern, semiquantitativ**

Katalog

19005.001	Streifentest (Urin) (pH, Protein, Glukose, Hb, Keton, Leukozyten, Urobilinogen und/oder Nitrit) 3 bis 4 Felder
19005.002	Streifentest (Urin) (pH, Protein, Glukose, Hb, Keton, Leukozyten, Urobilinogen, Bilirubin, Ascorbinsäure und/oder Nitrit) 5 bis 10 Felder
19005.001	Glukose (Blut)
19005.002	Harnstoff (Blut)
19005.003–.899	nicht besetzt
19005.900–.999	vorläufige laboratoriumsinterne Numerierung von Untersuchungen analogen Aufwandes

19006. **Visuelle Untersuchung, Osmotische Resistenz**

Katalog

19006.001	Osmotische Resistenz der Erythrozyten
19006.002–.899	nicht besetzt
19006.900–.999	vorläufige laboratoriumsinterne Numerierung von Untersuchungen analogen Aufwandes

19100.	**Zellkultivierung**
19101.	**Zellkultivierungsuntersuchungen**

Katalog

19101.001	Lymphozytenkultur, gemischte
19101.002–.899	nicht besetzt
19101.900–.999	vorläufige laboratoriumsinterne Numerierung von Untersuchungen analogen Aufwandes

19200.	**Zellfunktion**
19201.	**Zellfunktionsuntersuchungen**

Katalog

19201.001	Granulozytenadhäsivität
19201.002	Granulozytenchemotaxis
19201.003	Granulozytenregranulierung
19201.004	Granulozytensauerstoffaufnahme
19201.005	Lymphozytenproliferationstest
19201.006	Lymphozytentransformationstest
19201.007	Phagozytäre Funktion neutrophiler Granulozyten (Nitrotetrazolblautest = NBT-Test)
19201.008–.899	nicht besetzt
19201.900–.999	vorläufige laboratoriumsinterne Numerierung von Untersuchungen analogen Aufwandes

19300.	**Zentrifugation**
19301.	**Zentrifugationsuntersuchungen**

Katalog

19301.001	Hämatokrit
19301.002–.899	nicht besetzt
19301.900–.999	vorläufige laboratoriumsinterne Numerierung von Untersuchungen analogen Aufwandes

10.1.3.2 Untersuchungen zum Nachweis und zur Charakterisierung von Krankheitserregern

20000.	**Untersuchungen zum Nachweis und zur Charakterisierung von Bakterien**
20100.	**Untersuchungen im Nativmaterial**

21101. **Nachweis von bakteriellen Antigenen im Nativmaterial mittels Agglutinationsreaktion (z. B. Latexagglutination)**

20102. **Durchflußzytometrie**

20103. **Lichtmikroskopische Untersuchung des Nativmaterials ohne Anfärbung, qualitativ**

20104. **Lichtmikroskopische Untersuchung des Nativmaterials mit Anfärbung, qualitativ**

Katalog

20104.001	Auramin-Färbung
20104.002	Lugol-Färbung
20104.003	Giemsa-Färbung
20104.004	Gram-Färbung
20104.005	Methylenblau-Färbung
20104.006	Ziehl-Neelsen-Färbung
20104.007–.899	nicht besetzt
20104.900–.999	vorläufige laboratoriumsinterne Numerierung von Untersuchungen analogen Aufwandes

20105. **Lichtmikroskopische, immunologische Untersuchung des Nativmaterials zum Nachweis von Bakterien mit Fluoreszenz-, Enzym- oder anderer Markierung**

20106. **Ligandenassay, Untersuchung des Nativmaterials zum Nachweis von Bakterienantigenen mittels Ligandenassay, (z. B. Enzym-, Radioimmunoassay), qualitativ**

20107. **Identifizierung, Untersuchung zur Identifizierung von Bakteriengenomen im Nativmaterial mittels Hybridisierungsverfahren (je Sonde)**

20108. **Identifizierung, Untersuchung zur Identifizierung von Bakteriengenomen im Nativmaterial mittels Amplifikation**

20109. **Identifizierung, Untersuchung zur Identifizierung von Bakteriengenomen im Nativmaterial mittels aufwendiger Amplifikationsverfahren (nested PCR o. ä.)**

20110. **Identifizierung von Amplifikaten bakterieller Genome mittels Agarosegelelektrophorese, RLFP oder ähnlichen Verfahren**

20111. **Identifizierung von Amplifikaten bakterieller Genome mittels Hybridisierungsverfahren (markierte Sonden oder ähnlichen Verfahren)**

20112.	**Identifizierung von Amplifikaten bakterieller Genome mittels DNA-Sequenzermittlung**
20200.	**Züchtung/Gewebekultur**
20201.	**Züchtung, Untersuchung zum Nachweis und/oder zur Identifizierung von Bakterien nach einfacher Anzüchtung oder Weiterzüchtung auf Nährböden, aerob (je Material oder weitergezüchtetem Keim)**

Katalog

20201.001	Blut-Agar
20201.002	CLED-Agar
20201.003	Endo-Agar
20201.004	McConkey-Agar
20201.005	Nährbouillon
20201.006–.899	nicht besetzt
20201.900–.999	vorläufige laboratoriumsinterne Numerierung von Untersuchungen analogen Aufwandes

20202.	**Züchtung, Untersuchung zum Nachweis und/oder zur Identifizierung von Bakterien nach Anzüchtung oder Weiterzüchtung bei besonderer Temperatur (je Material oder weitergezüchtetem Keim)**
20203.	**Züchtung, Untersuchung zum Nachweis und/oder zur Identifizierung von Bakterien nach Anzüchtung oder Weiterzüchtung in besonderer Atmosphäre (je Material oder weitergezüchtetem Keim)**
20204.	**Züchtung, Untersuchung zum Nachweis oder zur Identifizierung von Bakterien nach Anzüchtung oder Weiterzüchtung auf Selektiv- oder Anreicherungsmedien, aerob (je Material oder weitergezüchtetem Keim)**

Katalog

20204.001	Blut-Agar mit Antibiotikazusätzen
20204.002	Schokoladen-Agar
20204.003	Yersinien-Agar
20204.004	Columbia-Agar
20204.005	Kochsalz-Mannit-Agar
20204.006	Thayer-Martin-Medium
20204.005–.899	nicht besetzt
20204.900–.999	vorläufige laboratoriumsinterne Numerierung von Untersuchungen analogen Aufwandes

20205.	**Züchtung, Untersuchung zum Nachweis oder zur Identifizierung von Bakterien nach besonders aufwendiger Anzüchtung oder Weiterzüchtung auf Selektiv-oder Anreicherungsmedien (je Material oder weitergezüchtetem Keim)**

Katalog

20205.001	Campylobacter/Helicobacter
20205.002	Legionellen
20205.003	Mycoplasmen
20205.004	Clostridium difficile
20205.005–.899	nicht besetzt
20205.900–.999	vorläufige laboratoriumsinterne Numerierung von Untersuchungen analogen Aufwandes

20206.	**Anzüchtung von Mykobakterien mit mindestens zwei festen und einem flüssigen Nährmedium**
20207.	**Gewebekultur, Untersuchung zum Nachweis von Bakterien nach Anzüchtung auf Gewebekultur oder Subkultur**

Katalog

20207.001	Chlamydien
20207.002–.899	nicht besetzt
20207.900–.999	vorläufige laboratoriumsinterne Numerierung von Untersuchungen analogen Aufwandes

20208.	**Gewebekultur, Untersuchung zum Nachweis von bakteriellen Toxinen, semiquantitativ**
20209.	**Gewebekultur, Untersuchung zum Nachweis von bakteriellen Toxinen mit Spezifitätsprüfung mittels Neutralisationstest, semiquantitativ**
20300.	**Identifizierung/Typisierung**
20301.	**Orientierende Identifizierung, Untersuchung von angezüchteten Bakterien mit einfachen Verfahren (je Test und Keim)**

Katalog

20301.001	Galle-Test
20301.002	Katalase-Test
20301.003	Klumpungstest
20301.004	Optochin-Test
20301.005	Oxidase-Test

20301.006–.899	nicht besetzt
20301.900–.999	vorläufige laboratoriumsinterne Numerierung von Untersuchungen analogen Aufwandes

20302. **Identifizierung, Untersuchung von angezüchteten Bakterien mittels aufwendiger Verfahren (je Test und Keim)**

Katalog

20302.001	Ammen-Test
20302.002	Äskulin-Harnstoffspaltung
20302.003	CAMP-Test
20302.004	DNAase-Test
20302.005	Harnstoffspaltung
20302.006	Koagulase-Test
20302.007	Methylenblaureduktion
20302.008	Nitratreduktion
20302.009	O-F-Test
20302.010–.899	nicht besetzt
20202.900–.999	vorläufige laboratoriumsinterne Numerierung von Untersuchungen analogen Aufwandes

20303. **Identifizierung, Untersuchung von angezüchteten Bakterien mittels Mehrtestverfahren (z. B. Kombination von Zitrat-, Kligler-, SIM-Agar) (je Keim)**

20304. **Identifizierung, Untersuchung von aerob angezüchteten Bakterien mittels bunter Reihe (bis zu 8 Reaktionen) (je Keim)**

20305. **Identifizierung, Untersuchung von aerob angezüchteten Bakterien mittels erweiterter bunter Reihe (mehr als 8 Reaktionen) (je Keim)**

20306. **Identifizierung, Untersuchung anaerob angezüchteter Bakterien mittels erweiterter bunter Reihe in besonderer Atmosphäre (je Keim)**

20307. **Identifizierung, lichtmikroskopische Untersuchung mit Anfärbung, qualitativ**

Katalog

20307.001	Gram-Färbung (Bakterienkulturausstrich)
20307.002	Neisser-Färbung (Bakterienkulturausstrich)
20307.003	Ziehl-Neelsen-Färbung (Bakterienkulturausstrich)
20307.004–.899	nicht besetzt
20307.900–.999	vorläufige laboratoriumsinterne Numerierung von Untersuchungen analogen Aufwandes

20308. **Identifizierung, lichtmikroskopische Untersuchung mit Anfärbung mit Fluorochromen, qualitativ**

Katalog

20308.001 Auramin-Färbung (Bakterienkulturausstrich)
20308.002–.899 nicht besetzt
20308.900–.999 vorläufige laboratoriumsinterne Numerierung von Untersuchungen analogen Aufwandes

20309. **Identifizierung, lichtmikroskopische, immunologische Untersuchung von Bakterien mit Fluoreszenz-, Enzym- oder anderer Markierung (je Antiserum)**

20310. **Identifizierung, Ligandenassay, Untersuchung zum Nachweis von Bakterienantigenen mittels Ligandenassay, (z. B. Enzym-, Radioimmunoassay), qualitativ**

20311. **Identifizierung, Untersuchung von angezüchteten Bakterien über Metabolitprofil mittels Gaschromatographie**

Katalog

20311.001 Anaerobier
20311.002–.899 nicht besetzt
20311.900–.999 vorläufige laboratoriumsinterne Numerierung von Untersuchungen analogen Aufwandes

20312. **Identifizierung, Untersuchung von angezüchteten Bakterien über Metabolitprofil (z. B. Fettsäurenprofil) mittels gaschromatographischer Untersuchung mit aufwendiger Probenvorbereitung (z. B. Extraktion) und Derivatisierungreaktion**

20313. **Identifizierung, Untersuchung von angezüchteten Bakterien mittels chromatographischer Analyse struktureller Komponenten**

20314. **Identifizierung, Untersuchung von angezüchteten Bakterien mittels Agglutination**

Katalog

20314.001 β-hämolysierende Streptokokken
20314.002 E. coli
20314.003 Salmonellen
20314.004 Shigellen
20314.005–.899 nicht besetzt
20314.900–.999 vorläufige laboratoriumsinterne Numerierung von Untersuchungen analogen Aufwandes

20315.	**Untersuchung mittels Phagentypisierung von angezüchteten Bakterien**

Katalog

20315.001	Brucellen
20315.002	Pseudomonaden
20315.003	Staphylokokken
20315.004	Salmonellen
20315.005–.899	nicht besetzt
20315.900–.999	vorläufige laboratoriumsinterne Numerierung von Untersuchungen analogen Aufwandes

20316.	**Typisierung, Untersuchung zur Typisierung angezüchteter Bakterien mit molekularbiologischen Verfahren (z. B. Restriktionsendonukleasespaltung)**
20317.	**Typisierung, Identifikation bakterieller DNA mittels Chromatographie**
20318.	**Typisierung, Identifizierung bakterieller DNA mittels Pulsfeld-Gel-Elektrophorese**
20319.	**Identifizierung, Untersuchung von angezüchteten Bakterien mittels Hybridisierungsverfahren (je Sonde)**
20320.	**Identifizierung, Untersuchung zur Identifizierung von Bakteriengenomen mittels Amplifikation**
20321.	**Identifizierung, Untersuchung zur Identifizierung von Bakteriengenomen mittels aufwendiger Amplifikationsverfahren (nested PCR o. ä.)**
20322.	**Identifizierung, Identifizierung von Amplifikaten bakterieller Genome mittels Agarosegelelektrophorese, RLFP oder ähnlichen Verfahren**
20323.	**Identifizierung, Identifizierung von Amplifikaten bakterieller Genome mittels Hybridisierungsverfahren (markierte Sonden oder ähnliche Verfahren)**
20324.	**Identifizierung, Identifizierung von Amplifikaten bakterieller Genome mittels DNA-Sequenzermittlung**

20325.	**Photometrische oder radiochemische Untersuchung zum Nachweis und zur Identifizierung von Bakterien mittels Anzüchtung in Flüssigmedien und Nachweis von Substratverbrauch oder Reaktionsprodukten durch spektrometrische Verfahren durch Anzüchtung in entsprechenden Flüssigmedien und photometrische, turbidimetrische oder nephelometrische Messung (z. B. teil- oder vollmechanisierte Geräte für Blutkulturen, Tb u. a.)**
20400.	**Toxinnachweis**
20401.	**Toxinnachweis mittels Agglutinationsreaktion**
20402.	**Ligandenassay, Untersuchung zum Nachweis von Bakterientoxinen mittels Ligandenassay, (z. B. Enzym-, Radioimmunoassay), qualitativ**

Katalog

20402.001	C. diphtheriae
20402.002	C. difficile, tetani oder botulinum
20402.003	enteropathogene E.coli-Stämme
20402.004	S. aureus
20402.005	Vibrionen
20402.006–.899	nicht besetzt
20402.900–.999	vorläufige laboratoriumsinterne Numerierung von Untersuchungen analogen Aufwandes

20403.	**Präzipitation, Untersuchung zum Nachweis von Bakterienantigenen oder -toxinen mittels Präzipitation im Agargel mittels Antitoxinen**

Katalog

20403.001	C. diphtheriae
20403.002	Staphylokokken
20403.003–.899	nicht besetzt
20403.900–.999	vorläufige laboratoriumsinterne Numerierung von Untersuchungen analogen Aufwandes

20404.	**Inokulation, Untersuchung zum Nachweis von Bakterientoxinen mittels Inokulation in Versuchstiere**
20500.	**Keimzahl**
20501.	**Keimzahl, Untersuchung zur Bestimmung der Keimzahl mittels Tauchobjektträgerkultur, semiquantitativ**

20502. **Keimzahl, Untersuchung zur Bestimmung der Keimzahl mittels Oberflächenkultur oder Plattengußverfahren nach quantitativer Aufbringung des Untersuchungsmaterials**

20503. **Hemmstoffnachweis, Untersuchung zum Nachweis von Hemmstoffen mittels trägergebundener Substanzen (je Material)**

20600. **Empfindlichkeitstestung**

20601. **Empfindlichkeitstestung, Untersuchung zur Prüfung der Empfindlichkeit von Bakterien gegen Antibiotika und/oder Chemotherapeutika mittels semiquantitativem Agardiffusionstest und trägergebundenen Testsubstanzen (je Keim und getesteter Substanz)**

20602. **Empfindlichkeitstestung, Untersuchung zur Prüfung der Empfindlichkeit von Bakterien gegen Antibiotika und/oder Chemotherapeutika nach der Break-Point-Methode (je Keim und getesteter Substanz)**

20603. **Empfindlichkeitstestung, Untersuchung zur Prüfung der Empfindlichkeit von Bakterien gegen Antibiotika und/oder Chemotherapeutika mittels semiquantitativem Antibiotikadilutionstest (Agardilution oder MHK-Bestimmung) (je Keim und getesteter Substanz)**

20603. **Empfindlichkeitstestung, Untersuchung zur Prüfung der Empfindlichkeit von Bakterien gegen Antibiotika und/oder Chemotherapeutika mittels E-Test (je Keim und getesteter Substanz)**

20604. **Empfindlichkeitstestung, Untersuchung zur Prüfung der Empfindlichkeit von Bakterien gegen Antibiotika und/oder Chemotherapeutika mittels semiquantitativer Bestimmung der minimalen mikrobiziden Antibiotikakonzentration (MBC) (je Keim und getesteter Substanz)**

20605. **Empfindlichkeitstestung, photometrischer Nachweis, Untersuchung zur quantitativen Prüfung der Empfindlichkeit von Bakterien gegen Antibiotika und/oder Chemotherapeutika mittels Anzüchtung in entsprechenden Flüssigmedien und photometrische, turbidimetrische, nephelometrische oder radiochemische Messung (z. B. teil- oder vollmechanisierte Geräte) (je Keim und getesteter Substanz)**

21000.	**Untersuchungen zum Nachweis und zur Charakterisierung von Viren**
21100.	**Untersuchungen im Nativmaterial**
21101.	**Nachweis von viralen Antigenen im Nativmaterial mittels Agglutinationsreaktion (z. B. Latexagglutination)**

Katalog

21101.001	Rota-Viren
21101.002–.899	nicht besetzt
21101.900–.999	vorläufige laboratoriumsinterne Numerierung von Untersuchungen analogen Aufwandes

21102.	**Lichtmikroskopische Untersuchung im Nativmaterial zum Nachweis von Einschluß- oder Elementarkörperchen aus Zellmaterial mit Anfärbung, qualitativ**

Katalog

21102.001	Tollwut-Virus
21102.002	Herpes simplex-Virus
21102.003–.899	nicht besetzt
21102.900–.999	vorläufige laboratoriumsinterne Numerierung von Untersuchungen analogen Aufwandes

21103.	**Lichtmikroskopische, immunologische Untersuchung im Nativmaterial zum Nachweis von Viren mit Fluoreszenz-, Enzym- oder anderer Markierung (je Antiserum)**
21104.	**Elektronenmikroskopischer Nachweis und Identifizierung von Viren im Nativmaterial**
21105.	**Ligandenassay (z. B. Enzym-, Radioimmunoassay) zum Nachweis von viralen Antigenen im Nativmaterial**

Katalog

21105.001	Adeno-Viren
21105.002	Hepatitis A-Virus
21105.003	Hepatitis B-Virus HBsAg
21105.004	Hepatitis B-Virus HBeAg
21105.005	Influenza-Viren
21105.006	Parainfluenza-Viren
21105.007	Rota-Virus
21105.008	Respiratory syncytial virus
21105.009–.899	nicht besetzt
21105.900–.999	vorläufige laboratoriumsinterne Numerierung von Untersuchungen analogen Aufwandes

21106. **Identifizierung, Untersuchung zur Identifizierung von Virusgenomen im Nativmaterial mittels Hybridisierungsverfahren (je Sonde)**

21107. **Identifizierung, Untersuchung zur Identifizierung von Virusgenomen im Nativmaterial mittels Amplifikation**

21108. **Identifizierung, Untersuchung zur Identifizierung von Virusgenomen im Nativmaterial mittels aufwendiger Amplifikationsverfahren (nested PCR o. ä.)**

21109. **Identifizierung von Amplifikaten viraler Genome mittels Agarosegelelektrophorese, RLFP oder ähnlicher Verfahren**

21110. **Identifizierung von Amplifikaten viraler Genome mittels Hybridisierungsverfahren (markierte Sonden oder ähnliche Verfahren)**

21111. **Identifizierung von Amplifikaten viraler Genome mittels DNA-Sequenzermittlung**

21200. **Züchtung**

21201. **Anzüchtung, Untersuchung zum Nachweis von Viren nach Anzüchtung auf Gewebekultur oder Subkultur (je Ansatz)**

21300. **Identifizierung/Charakterisierung**

21301. **Charakterisierung, Untersuchung zur Charakterisierung von Viren mittels einfacher Verfahren (je Ansatz)**

Katalog

21301.001	Ätherresistenz
21301.002	Chloroformresistenz
21301.003	pH3-Test
21301.004–.899	nicht besetzt
21301.900–.999	vorläufige laboratoriumsinterne Numerierung von Untersuchungen analogen Aufwandes

21302. **Identifizierung von Viren mittels aufwendigerer Verfahren (Hämabsorption, Hämagglutination, Hämagglutinationshemmung)**

21303. **Identifizierung von Viren mittels Neutralisationstest**

21304. **Identifizierung von Virus-Antigenen mittels Immunoblotting**

21305. **Identifizierung von Viren mittels Hybridisierungsverfahren (je Sonde)**

Katalog

21305.001	Adeno-Viren
21305.002	Cytomegalie-Virus
21305.003	Epstein-Barr-Viren
21305.004	Hepatitis B-Virus
21305.005	Herpes simplex-Virus
21305.006–.899	nicht besetzt
21305.900–.999	vorläufige laboratoriumsinterne Numerierung von Untersuchungen analogen Aufwandes

21306. **Identifizierung, Untersuchung zur Identifizierung von Virusgenomen mittels Amplifikation**

21307. **Identifizierung, Untersuchung zur Identifizierung von Virusgenomen mittels aufwendiger Amplifikationsverfahren (nested PCR o. ä.)**

21308. **Identifizierung, Identifizierung von Amplifikaten viraler Genome mittels Agarosegelelektrophorese, RLFP oder ähnlicher Verfahren**

21309. **Identifizierung, Identifizierung von Amplifikaten viraler Genome mittels Hybridisierungsverfahren (markierte Sonden oder ähnliche Verfahren)**

21310. **Identifizierung, Identifizierung von Amplifikaten viraler Genome mittels DNA-Sequenzermittlung**

21311. **Lichtmikroskopische, immunologische Untersuchung zur Identifizierung von Viren mit Fluoreszenz-, Enzym- oder anderer Markierung**

21312. **Elektronenmikroskopischer Nachweis und Identifizierung von Viren**

21313. **Ligandenassay (z. B. Enzym-, Radioimmunoassay) zum Nachweis von viralen Antigenen**

Katalog

21313.001	Adeno-Viren
21313.002	Influenza-Viren
21313.003	Parainfluenza-Viren
21313.004	Rota-Virus
21313.005	Respiratory syncytial virus

21313.006–.899	nicht besetzt
21313.900–.999	vorläufige laboratoriumsinterne Numerierung von Untersuchungen analogen Aufwandes

22000. Untersuchungen zum Nachweis und zur Charakterisierung von Pilzen

22100. Untersuchungen im Nativmaterial

22101. Nachweis von Pilzantigenen im Nativmaterial mittels Agglutinationsreaktion (z. B. Latexagglutination)

22102. Lichtmikroskopische Untersuchung zum Nachweis von Pilzen ohne Anfärbung im Nativmaterial

22103. Lichtmikroskopische Untersuchung zum Nachweis von Pilzen im Nativmaterial nach Präparation oder aufwendigerer Anfärbung (je Material)

Katalog

22103.001	Präparation mit Kalilauge
22103.002	Gram-Färbung
22103.003	Giemsa-Färbung
22103.004	Baumwollblau-Färbung
22103.005	Tusche-Färbung
22103.006–.899	nicht besetzt
22103.900–.999	vorläufige laboratoriumsinterne Numerierung von Untersuchungen analogen Aufwandes

22104. Ligandenassay, Untersuchung im Nativmaterial zum Nachweis von Pilzantigenen mittels Ligandenassay (z. B. Enzym-, Radioimmunoassay)

22105. Identifizierung, Untersuchung zur Identifizierung von Pilzgenomen im Nativmaterial mittels Hybridisierungsverfahren (je Sonde)

22106. Identifizierung, Untersuchung zur Identifizierung von Pilzgenomen im Nativmaterial mittels Amplifikation

22107. Identifizierung, Untersuchung zur Identifizierung von Pilzgenomen im Nativmaterial mittels aufwendiger Amplifikationsverfahren (nested PCR o. ä.)

22108. Identifizierung von Amplifikaten von Pilzgenomen mittels Agarosegelelektrophorese, RLFP oder ähnlicher Verfahren

22109.	**Identifizierung von Amplifikaten von Pilzgenomen mittels Hybridisierungsverfahren (markierte Sonden oder ähnliche Verfahren)**
22110.	**Identifizierung von Amplifikaten von Pilzgenomen mittels DNA-Sequenzermittlung**
22200.	**Züchtung**
22201.	**Züchtung, Untersuchung zum Nachweis von Pilzen nach An- oder Weiterzüchtung auf einfachen Nährmedien (je Material oder weitergezüchtetem Pilz)**

Katalog

22201.001	Sabouraud-Agar
22201.002	Reisnährboden-Agar
22201.003	Würz-Agar
22201.004–.899	nicht besetzt
22201.900–.999	vorläufige laboratoriumsinterne Numerierung von Untersuchungen analogen Aufwandes

22202.	**Züchtung, Untersuchung zum Nachweis von Pilzen nach Anzüchtung auf aufwendigeren Nährmedien**

Katalog

22202.001	mit Antibiotikazusatz
22202.002–.899	nicht besetzt
22202.900–.999	vorläufige laboratoriumsinterne Numerierung von Untersuchungen analogen Aufwandes

22203.	**Züchtung von Pilzen auf Differenzierungsmedien**

Katalog

22203.001	Harnstoff-Auxanogramm
22203.002	Stärkeagar
22203.003	Agarplatten-Auxanogramm
22203.004–.899	nicht besetzt
22203.900–.999	vorläufige laboratoriumsinterne Numerierung von Untersuchungen analogen Aufwandes

22300.	**Identifizierung/Charakterisierung**
22301.	**Identifizierung, Untersuchung von angezüchteten Pilzen mittels Röhrchen-oder Mehrkammerverfahren**
22302.	**Identifizierung, Untersuchung von angezüchteten Pilzen mittels erweiterter bunter Reihe**

22303. **Lichtmikroskopische Identifizierung angezüchteter Pilze mit einfacher Anfärbung**

Katalog

22303.001	Gram-Färbung
22303.002	Giemsa-Färbung
22303.003	Baumwollblau-Färbung
22303.004	Tusche-Färbung
22303.005–.899	nicht besetzt
22303.900–.999	vorläufige laboratoriumsinterne Numerierung von Untersuchungen analogen Aufwandes

22304. **Identifizierung, Untersuchung von angezüchteten Pilzen mittels Hybridisierungsverfahren (je Sonde)**

22305. **Identifizierung, Untersuchung zur Identifizierung von Pilzgenomen mittels Amplifikation**

22306. **Identifizierung, Untersuchung zur Identifizierung von Pilzgenomen mittels aufwendiger Amplifikationsverfahren (z. B. nested PCR o. ä.)**

22307. **Identifizierung, Identifizierung von Amplifikaten von Pilzgenomen mittels Agarosegelelektrophorese, RLFP oder ähnlicher Verfahren**

22308. **Identifizierung, Identifizierung von Amplifikaten von Pilzgenomen mittels Hybridisierungsverfahren (markierte Sonden oder ähnliche Verfahren)**

22309. **Identifizierung, Identifizierung von Amplifikaten von Pilzgenomen mittels DNA-Sequenzermittlung**

22400. **Empfindlichkeitstestung**

22401. **Empfindlichkeitstestung, Untersuchung zur Prüfung der Empfindlichkeit von angezüchteten Pilzen gegen Antimykotika und/oder Chemotherapeutika mittels trägergebundener Testsubstanzen (je Pilz und getesteter Substanz)**

22402. **Empfindlichkeitstestung, Untersuchung zur Prüfung der Empfindlichkeit von angezüchteten Pilzen gegen Antimykotika und/oder Chemotherapeutika mittels Reihenverdünnungstest (je Pilz und getesteter Substanz)**

23000. **Untersuchungen zum Nachweis und zur Charakterisierung von Parasiten**

23100. **Untersuchungen im Nativmaterial oder nach Anreicherung**

23101. **Lichtmikroskopische Untersuchung ohne oder mit einfacher Anfärbung (z. B. Lugol, Methylenblau) einschließlich spezieller Beleuchtungsverfahren (z. B. Phasenkontrast), qualitativ**

Katalog

23101.001	Amöben
23101.002	Protozoen
23101.003	Sarcoptes scabiei (Krätzmilbe)
23101.004	Würmer und deren Bestandteile, Wurmeier
23101.005–.899	nicht besetzt
23101.900–.999	vorläufige laboratoriumsinterne Numerierung von Untersuchungen analogen Aufwandes

23102. **Lichtmikroskopische Untersuchung ohne oder mit einfacher Anfärbung (z. B. Lugol, Methylenblau) einschließlich spezieller Beleuchtungsverfahren (z. B. Phasenkontrast), nach einfacher Anreicherung (z. B. Sedimentation, Filtration, Kochsalzaufschwemmung), qualitativ**

Katalog

23102.001	Amöben
23102.002	Protozoen
23102.003	Würmer und deren Bestandteile, Wurmeier
23102.004–.899	nicht besetzt
23102.900–.999	vorläufige laboratoriumsinterne Numerierung von Untersuchungen analogen Aufwandes

23103. **Lichtmikroskopische Untersuchung auf Parasiten mit aufwendigerer Anfärbung, qualitativ**

Katalog

23103.001	Giemsa-Färbung (Blutausstrich) z. B. Malariaplasmodien
23103.002–.899	nicht besetzt
23103.900–.999	vorläufige laboratoriumsinterne Numerierung von Untersuchungen analogen Aufwandes

23104. **Lichtmikroskopische Untersuchung ohne oder mit einfacher Anfärbung (z. B. Lugol, Methylenblau) oder speziellen Beleuchtungsverfahren (z. B. Phasenkontrast) zum Nachweis von Parasiten, nach aufwendiger Anreicherung (z. B. Schlüpfversuch, Formalin-Äther-Verfahren), qualitativ**

23105. **Lichtmikroskopische Untersuchung ohne oder mit einfacher Anfärbung (z. B. Lugol, Methylenblau) oder speziellen Beleuchtungsverfahren (z. B. Phasenkontrast) zum Nachweis von Parasiten, nach aufwendiger Anreicherung (z. B. Schlüpfversuch, Formalin-Äther-Verfahren), quantitativ (z. B. Filtermethode, Zählkammer)**

23106. **Ligandenassay (z. B. Enzym-, Radioimmunoassay) zum Nachweis von Parasitenantigenen im Nativmaterial**

23107. **Identifizierung, Untersuchung zur Identifizierung von Parasitengenomen im Nativmaterial mittels Hybridisierung (je Sonde)**

23108. **Identifizierung, Untersuchung zur Identifizierung von Parasitengenomen im Nativmaterial mittels Amplifikation**

23109. **Identifizierung, Untersuchung zur Identifizierung von Parasitengenomen im Nativmaterial mittels aufwendiger Amplifikationsverfahren (nested PCR o. ä.)**

23110. **Identifizierung von Amplifikaten von Parasitengenomen mittels Agarosegelelektrophorese, RLFP oder ähnlicher Verfahren**

23111. **Identifizierung von Amplifikaten von Parasitengenomen mittels Hybridisierungsverfahren (markierte Sonden oder ähnliche Verfahren)**

23112. **Identifizierung von Amplifikaten von Parasitengenomen mittels DNA-Sequenzermittlung**

23200. **Züchtung**

23201. **Züchtung von Parasiten auf Kulturmedien**

Katalog

23201.001	Trichomonaden
23201.002	Amöben
23201.003	Lamblien
23201.004–.899	nicht besetzt
23201.900–.999	vorläufige laboratoriumsinterne Numerierung von Untersuchungen analogen Aufwandes

23300. **Identifizierung**

23301. **Lichtmikroskopische Untersuchung zur Identifizierung von Parasiten nach Kultur**

Katalog

23301.001	Trichomonaden
23301.002–.899	nicht besetzt
23301.900–.999	vorläufige laboratoriumsinterne Numerierung von Untersuchungen analogen Aufwandes

23302. **Ligandenassay (z. B. Enzym-, Radioimmunoassay) zum Nachweis von Parasitenantigen**

22303. **Identifizierung, Untersuchung von angezüchteten Parasiten mittels Hybridisierungsverfahren (je Sonde)**

22304. **Identifizierung, Untersuchung zur Identifizierung von Parasitengenomen mittels Amplifikation**

22305. **Identifizierung, Untersuchung zur Identifizierung von Parasitengenomen mittels aufwendiger Amplifikationsverfahren (nested PCR o. ä.)**

22306. **Identifizierung, Identifizierung von Amplifikaten von Parasitengenomen mittels Agarosegelelektrophorese, RLFP oder ähnlicher Verfahren**

22307. **Identifizierung, Identifizierung von Amplifikaten von Parasitengenomen mittels Hybridisierungsverfahren (markierte Sonden oder ähnliche Verfahren)**

22308. **Identifizierung, Identifizierung von Amplifikaten von Parasitengenomen mittels DNA-Sequenzermittlung**

23400. **Xenodiagnostische Untersuchungen**

23401. **Xenodiagnostische Untersuchung zum Nachweis von parasitären Krankheitserregern**

Katalog

23401.001	Trypanosoma cruzi
23401.002–.899	nicht besetzt
23401.900–.999	vorläufige laboratoriumsinterne Numerierung von Untersuchungen analogen Aufwandes

10.1.4
Index des Leistungsverzeichnisses

10.2
Formulare

Erhebungsbogen für Untersuchungszahlen	U1	Jahr	Monat	

Untersuchung: Leistungsnummer: ________ . ______

Methode/Gerät: Mechanisierungsgrad:
manuell ( )
teilmechanisiert ( )
vollmechanisiert ( )

Erbracht während ( ) außerhalb ( ) der regulären Arbeitszeit als Routine- ( ) als Notfall-Untersuchung ( )

1	2	3							4
	Nettostatistik	Bruttostatistik – durchgeführte Untersuchungen							
		3a	3b	3c	3d	3e	3f	3g	
	Beantragte Untersuchungen	Ein-/Mehrfachuntersuchungen	Reagenzien- und Probenleerwerte	Proben für die Kalibration	Kontrolluntersuchungen	laborinterne Qualitätskontrollen	Wiederholungsuntersuchungen	durchgeführte Untersuchungen Σ 3a–3f	Aufwandsrelation
1									
2									
3									
4									
5									
6									
7									
8									
9									
10									
11									
12									
13									
14									
15									
16									
17									
18									
19									
20									
21									
22									
23									
24									
25									
26									
27									
28									
29									
30									
31									
Σ									x=

Erhebungsbogen für Untersuchungszahlen	U2	Jahr	Monat	

Untersuchung:	Leistungsnummer: ______ . ______
Methode/Gerät:	Mechanisierungsgrad: manuell ( ) teilmechanisiert ( ) vollmechanisiert ( )

Erbracht während ( ) außerhalb ( ) der regulären Arbeitszeit als Routine- ( ) als Notfall-Untersuchung ( )

1	2	3	4
	Nettostatistik	Bruttostatistik	
	beantragte Untersuchungen	durchgeführte Untersuchungen	Aufwandsrelation
1			
2			
3			
4			
5			
6			
7			
8			
9			
10			
11			
12			
13			
14			
15			
16			
17			
18			
19			
20			
21			
22			
23			
24			
25			
26			
27			
28			
29			
30			
31			

Σ		x=

1.1.	Materialkosten
Bereich:	Kostenstelle:

Monat:

Lieferant Bezeichnung oder Nummer	Rechnungs- Nummer	Rechnungs- Datum	Rechnungs- Pos.Nr.		Stück-zahl	Einzel-Netto-betrag	Einzel-End-betrag	Kosten-Art[1]	Kosten-Stelle o. Träger
Spaltensumme									

[1] R Reagentien, M Sonstiges Material (Einmalartikel usw.), Q Qualitätskontrollmaterial, E EDV-Material/Untersuchungsanträge, B Büromaterial

1.2.	**Personal Anzahl und Kosten nach Art und Gruppen**

Monat: 199.

	Anzahl A[1]	Anzahl B[2]	Kosten pro Art	Kosten pro Gruppe	Gesamt
Akademisches Personal			~		
Ärzte Nicht-Ärzte					
Med. Technisches Personal			~		
MTA Arzthelferinnen sonst. TA					
Verwaltungspersonal			~		
Sekretärinnen Schreibkräfte					
Nicht-technisches Hilfspersonal (Laborgehilfen/innen)			~		
EDV-Personal			~		
Akademiker sonstige					
Laborwerkstätten			~		
Gesamtes Personal			~	~	

[1] im Durchschnitt des betrachteten Zeitraums besetzte Stellen

[2] im Durchschnitt des betrachteten Zeitraums tätige Personen

1.3. Gerätekosten Reparatur- und Wartung

Bereich:	Kostenstelle:

Monat: 199.

Leistungserbringer Bezeichnung oder Nummer	Rechnungs- Nummer	Datum	Pos.Nr.	Gerätebezeichnung und Beschreibung der Reparatur	Einzel- Netto- betrag	Einzel- End- betrag	Kosten- Art[1]	Kosten- Stelle o. Träger
Übertrag:								
Spaltensumme								

[1] R Reparatur, W Wartung, E Ersatzteile, F Fahrtkosten, A Arbeitskosten

1.4.	Gerätekosten Wartungsverträge

Bereich:	Kostenstelle:

Monat: 199.

Leistungserbringer Bezeichnung oder Nummer	Rechnungs- Nummer	Rechnungs- Datum	Rechnungs- Pos.Nr.	Gerätebezeichnung und Beschreibung der Reparatur	Einzel-Netto-betrag	Einzel-End-betrag	Kosten-Art[1]	Kosten-Stelle o. Träger
Übertrag:								
Spaltensumme								

[1] R Reparatur, W Wartung, E Ersatzteile, F Fahrtkosten, A Arbeitskosten

1.5.	**Sonstige Betriebskosten (pflegesatzrelevant) per Umlagen zugerechnet**	**Blatt 2**

Monat: 199.

	Einzel-beträge	Zwischen- bzw. End-summe
Übertrag von Sonstige Kosten 1		

Versicherungen, Steuern, Abgaben, Gebühren		
Haftpflicht Gebäudeversicherungen Grundbesitzsteuern Grundbesitzabgaben		
Zwischensumme:		

Sonstiges		
Kopierkosten Literaturdienst, Bibliothek Beiträge (z.B. DKG) Sonstiges (Gemeinsame Dienste: Pforte, Telefonvermittlung usw.) (Verwaltungsdienste: Personalstelle, Wirtschaftsstelle, Apotheke usw.)		
Zwischensumme:		

Gesamtsumme		

oder

Krankenhausumlage gesamt	

1.6.	**Sonstige Betriebskosten (pflegesatzrelevant) direkt zugerechnet**

Monat: 199.

	Einzel-beträge	Zwischen- bzw. End-summe
Raum- und Gebäudekosten		
Raummieten, ausgabenwirksam		
Instandhaltung des Laboratoriums		
Gebäude		
Aussenanlagen		
Zwischensumme:		

Versicherung, Steuern, Abgaben, Gebühren		
Gesetzliche Überwachungs-gebühren		
Zwischensumme:		

Gesamtsumme:		

1.7.	**Sonstige Kosten (nicht pflegesatzrelevant)**

Monat: 199.

Umbaumaßnahmen	
Gebäudeabschreibungen	
Geräteabschreibungen	

Gesamtsumme	

1.8.	Fremdleistungen Anzahl und Kosten

Monat: 199.

	GOÄ Kapitel M III+IV	Anzahl	Kosten
Hämatologische Untersuchungen	3		
Allgemeine klinisch-chemische Untersuchungen	1, 2, 4, 5,7		
Proteinuntersuchungen, Immunologische Untersuchungen	6, 8, 9		
Tumormarkeruntersuchungen	10		
Untersuchungen von Nukleinsäuren	11		
Hämostaseologische und Komplementuntersuchungen	12		
Blutgruppenserologische, HLA-Untersuchungen, Rezeptoren	13		
Hormonuntersuchungen	14		
Porphyrinuntersuchungen	16		
Untersuchungen von Spurenelementen und Vitaminen	17		
Drug Monitoring	18		
Toxikologische Untersuchung	18		
Mikrobiologische Untersuchungen von			
Bakterien	19		
Viren	20		
Pilzen	21		
Parasiten	22		
Spaltensumme			

1.9.	Gerätekosten Abschreibungen
Bereich:	Kostenstelle:

Monat: 199.

Hersteller	Rechnungs-datum	Gerätebezeichnung	Kaufpreis	Abschr. betrag	Kosten-stelle o.-träger
Übertrag:					
Spaltensumme					

2.1.	Personalzeiten Ist-Erfassung arbeitsplatzbezogen Akademisches Personal	Blatt 1
Bereich:	Kostenstelle:	

	Personalzeit (Std.) pro Tag (Raster: 1/4 Std.)	
A. Analysenbezogene Tätigkeiten[1] am Arbeitsplatz		
Qualitätssicherung		
Summe A.		

B. Prä- und postanalytische Tätigkeiten, Beratungstätigkeiten, Methoden- und Geräteevaluation sowie -integration, Forschung am Arbeitsplatz		
Probennahme Konsil, Beratung Validierung von Einzelergebnissen Einzelbefundung EDV Methoden- und Geräteevaluation sowie -integration Projekt 1 Projekt 2 Projekt 3 Forschung Projekt 1 Projekt 2 Projekt 3		
Summe B.		

[1] Durchführung der Analysen, Vorbereitung von Gerät und Proben, Nachbereitung, Geräteeigenwartung, Gerätepflege, Kleinreparaturen, Massnahmen zur Qualitätskontrolle, Ergebnisfreigabe, Telefonieren von auffälligen Befunden

2.1.	Personalzeiten Ist-Erfassung arbeitsplatzbezogen Akademisches Personal	Blatt 2

Bereich:	Kostenstelle:

	Personalzeit (Std.) pro Tag (Raster: 1/4 Std.)	
C. Overhead-Tätigkeiten am Arbeitsplatz		
Verwaltung		
Fortbildung, Einarbeitung, Sonstiges		
Summe C.		

Gesamtsumme A.+B.+C.	

2.2.	**Personalzeiten Ist-Erfassung arbeitsplatzbezogen Med. Technisches Personal**	**Blatt 1**

Bereich:	Kostenstelle:

	Personalzeit (Std.) pro Tag (Raster: 1/4 Std.)
A. Analysenbezogene Tätigkeiten[1] am Arbeitsplatz	
Summe A.	

B. Prä- und postanalytische Tätigkeiten, Forschung Methoden- und Geräteevaluation sowie -integration am Arbeitsplatz	
Probenentnahme	
Probenannahme, -verteilung	
EDV	
Methoden- und Geräteevaluation sowie -integration	
Projekt 1	
Projekt 2	
Projekt 3	
Forschung	
Projekt 1	
Projekt 2	
Projekt 3	
Summe B.	

[1] Durchführung der Analysen, Vorbereitung von Gerät und Proben, Nachbereitung, Geräteeigenwartung, Gerätepflege, Kleinreparaturen, Maßnahmen zur Qualitätskontrolle, Ergebnisfreigabe, Telefonieren von auffälligen Befunden

2.2.	Personalzeiten Ist-Erfassung arbeitsplatzbezogen Med. Technisches Personal	Blatt 2

Bereich:	Kostenstelle:

	Personalzeit (Std.) pro Tag (Raster: 1/4 Std.)
C. Overhead-Tätigkeiten am Arbeitsplatz	
Verwaltungstätigkeiten [2] Fortbildung, Einarbeitung, Sonstiges	
Summe C.	
Gesamtsumme A.+B.+C.	

[2] Bestellungen, Lagerhaltung, Führen von Statistiken

2.3.	Personalzeiten Ist-Erfassung bereichs-/abteilungsbezogen Akademisches Personal	Blatt 1
[] Bereich:	oder [] Institut	

	Personalzeit (Std.) pro Tag (Raster: 1/4 Std.)	
A. Ärztliche, analysenbezogene Tätigkeiten		
Zwischensumme A. der Personalzeiten der Kostenstellen des Bereichs bzw. der Abteilung (aus Formular 2.1. Blatt 1)		
Nicht auf Kostenstellen, aber auf Bereich anzurechnende Zeiten		
Übergreifende Qualitätssicherung		
Summe A. (bereichs-/abteilungsbezogen)		

Gesamtsumme A. (analysenbezogen und bereichs-/abteilungsbezogen)	

B. Ärztliche prä- und postanalytische Tätigkeiten,
Forschung, Methoden- und Geräteevaluation sowie -integration

Probennahme		
Zwischensumme der Kostenstellen des Bereichs bzw. der Abteilung		
Nicht auf Kostenstellen, aber auf Bereich anzurechnende Zeiten		
Übertrag B.		

2.3.	Personalzeiten Ist-Erfassung bereichs-/abteilungsbezogen Akademisches Personal	Blatt 2
[] Bereich:	oder [] Institut	

		Personalzeit (Std.) pro Tag (Raster: 1/4 Std.)
B. Ärztliche prä- und postanalytische Tätigkeiten Forschung, Methoden- und Geräteevaluation sowie -integration		
Übertrag B.		
Konsil, Beratung		
Summe der Kostenstellen des Bereichs bzw. der Abteilung		
Nicht auf Kostenstellen, aber auf Bereich anzurechnende Zeiten		
Validierung, Endkontrolle von Befunden		
Summe der Kostenstellen des Bereichs bzw. der Abteilung		
Nicht auf Kostenstellen, aber auf Bereich anzurechnende Zeiten		
EDV		
Summe der Kostenstellen des Bereichs bzw. der Abteilung		
Nicht auf Kostenstellen, aber auf Bereich anzurechnende Zeiten		
Methoden- und Geräteevaluation sowie -integration		
Summe der Kostenstellen des Bereichs bzw. der Abteilung		
Nicht auf Kostenstellen, aber auf Bereich anzurechnenden Zeiten		
Übertrag B.		

2.3.	**Personalzeiten Ist-Erfassung bereichs-/abteilungsbezogen Akademisches Personal**	**Blatt 3**
[] Bereich:	oder [] Institut	

		Personalzeit (Std.) pro Tag (Raster: 1/4 Std.)
B. Ärztliche prä- und postanalytische Tätigkeiten Forschung, Methoden- und Geräteevaluation sowie -integration		
Übertrag B.		
Forschung		
Summe der Kostenstellen des Bereichs bzw. der Abteilung		
Nicht auf Kostenstellen, aber auf Bereich anzurechnende Zeiten		
Sonstige Tätigkeiten		
Summe der Kostenstellen des Bereichs bzw. der Abteilung		
Nicht auf Kostenstellen, aber auf Bereich anzurechnende Zeiten		
Zwischensumme B. der Kostenstellen		
Zwischensumme B. bereichs-/abteilungsbezogen		
Gesamtsumme B.		

2.3.	Personalzeiten Ist-Erfassung bereichs-/abteilungsbezogen 4 Akademisches Personal	Blatt 4

[] Bereich: oder [] Institut

	Personalzeit (Std.) pro Tag (Raster: 1/4 Std.)
C. Ärztliche Overhead-Tätigkeiten (Management, Verwaltungs- und sonstige Tätigkeiten)	
Management	
Verwaltung	
Summe der Kostenstellen des Bereichs bzw. der Abteilung	
Nicht auf Kostenstellen, aber auf Bereich anzurechnende Zeiten	
Fortbildung, Einarbeitung, Sonstiges	
Summe der Kostenstellen des Bereichs bzw. der Abteilung	
Nicht auf Kostenstellen, aber auf Bereich anzurechnende Zeiten	
Zwischensumme C. arbeitsplatzbezogen	
Zwischensumme C. bereichs-/abteilungsbezogen	
Gesamtsumme C.	
Gesamtsumme B. und C. bereichs-/abteilungsbezogen	
Gesamtsumme B. und C.	

	Personalzeit pro Tag (Raster: 1/4 Std.)
D. Lehre	
Studentenunterricht	
Schulen (z.B. MTLA)	

Gesamtsumme B. und C. und D.	

2.4.	**Personalzeiten Ist-Erfassung bereichs-/abteilungsbezogen Med. Technisches Personal**	**Blatt 1**

[] Bereich: oder [] Institut

		Personalzeit (Std.) pro Tag (Raster: 1/4 Std.)
A. Analytische Tätigkeiten [1]		
Summe der Personalzeiten der Kostenstellen des Bereichs bzw. der Abteilung		
Nicht auf Kostenstellen, aber auf Bereich anzurechnende Zeiten		
Zwischensumme A. bereichs-/abteilungsbezogen		
Gesamtsumme A.		

B. Prä- und postanalytische Tätigkeiten, Forschung, Methoden- und Geräteevaluation sowie -integration		
Probennahme		
Summe der Personalzeiten der Kostenstellen des Bereichs bzw. der Abteilung		
Nicht auf Kostenstellen, aber auf Bereich anzurechnende Zeiten		
Übertrag B.		

[1] Durchführung der Analysen, Vorbereitung von Gerät und Proben, Nachbereitung, Geräteeigenwartung, Gerätepflege, Kleinreparaturen, Massnahmen zur Qualitätskontrolle, Ergebnisfreigabe, Telefonieren von auffälligen Befunden

2.4.	Personalzeiten Ist-Erfassung bereichs-/abteilungsbezogen Med. Technisches Personal	Blatt 2
[] Bereich:	oder [] Institut	

		Personalzeit (Std.) pro Tag (Raster: 1/4 Std.)
B. Prä- und postanalytische Tätigkeiten, Forschung, Methoden- und Geräteevaluation sowie -integration		
Übertrag B.		
Probenannahme, -verteilung		
EDV		
Summe der Kostenstellen des Bereichs bzw. der Abteilung		
Nicht auf Kostenstellen, aber auf Bereich anzurechnende Zeiten		
Methoden- und Geräteevaluation sowie -integration		
Summe der Kostenstellen des Bereichs bzw. der Abteilung		
Nicht auf Kostenstellen, aber auf Bereich anzurechnenden Zeiten		
Forschung		
Summe der Kostenstellen des Bereichs bzw. der Abteilung		
Nicht auf Kostenstellen, aber auf Bereich anzurechnende Zeiten		
Übertrag B.		

2.4.	Personalzeiten Ist-Erfassung bereichs-/abteilungsbezogen Med. Technisches Personal	Blatt 3
[] Bereich:	oder [] Institut	

	pro Tag (Raster: 1/4 Std.)	
B. Prä- und postanalytische Tätigkeiten **Forschung, Methoden- und Geräteevaluation sowie -integration**		
Übertrag B.		
Sonstige Tätigkeiten		
Summe der Kostenstellen des Bereichs bzw. der Abteilung		
Nicht auf Kostenstellen, aber auf Bereich anzurechnende Zeiten		
Zwischensumme B. arbeitsplatzbezogen		
Zwischensumme B. bereichs-/abteilungsbezogen		
Gesamtsumme B.		
C. Overhead-Tätigkeiten - Verwaltungs- und sonstige Tätigkeiten		
Verwaltung		
Summe der Kostenstellen des Bereichs bzw. der Abteilung		
Nicht auf Kostenstellen, aber auf Bereich anzurechnende Zeiten		
Übertrag C-Tätigkeiten		

2.4.	Personalzeiten Ist-Erfassung bereichs-/abteilungsbezogen Med. Technisches Personal	Blatt 4
[] Bereich:	oder [] Institut	

	Personalzeit (Std.) pro Tag (Raster: 1/4 Std.)
C. Overhead- Tätigkeiten - Verwaltungs- und sonstige Tätigkeiten	
Fortbildung, Einarbeitung, Sonstiges	
Summe der Kostenstellen des Bereichs bzw. der Abteilung	
Nicht auf Kostenstellen, aber auf Bereich anzurechnende Zeiten	
Zwischensumme C-Tätigkeiten bereichs-/abteilungsbez.	
Gesamtsumme C-Tätigkeiten	
Gesamtsumme B- und C-Tätigkeiten bereichs-/abt.bez.	
Gesamtsumme B- und C-Tätigkeiten	

	Personalzeit pro Tag (Raster: 1/4 Std.)
D. Mithilfe bei der akadem. Lehre	
Studentenunterricht	
Schulen (z.B. MTLA)	
Gesamtsumme B.+C.+D.	

2.5.	**Berechnung der Nacht-, Wochenend-, Feiertags- und Bereitschaftsdienststellen Akademisches Personal**	**Blatt 1**

	pro Diensteinheit				pro Jahr	pro Jahr
	von	bis	Std.	min	Tage	Gesamt min
Nachtdienst						
Spätdienst						
1. Nachtdienst (Volldienst)						
1. Bereitschaftsdienst Stufe [1]:						
2. Nachtdienst (Volldienst)						
2. Bereitschaftsdienst Stufe [1]:						
Zwischensumme						

[1] Bereitschaftsdienststufen nach BAT Anlage 2a Nr. 6 und Anrechnung als Arbeitszeit.

Stufe A 15% Stufe C 40%

Stufe B 25% Stufe D 55%

zuzüglich 25% bei 1-8, 35% bei 9-12 und 45% bei mehr als 13 Bereitschaftsdiensten pro Monat.

Schichtdienst gilt als Volldienst.

2.5.	Berechnung der Nacht-, Wochenend-, Feiertags- und Bereitschaftsdienststellen Akademisches Personal	Blatt 2

	pro Diensteinheit				pro Jahr	pro Jahr
	von	bis	Std.	min	Tage	Gesamt min
Wochenenddienst						
1. Samstagsdienst						
2. Samstagsdienst						
1. Sonntagsdienst						
2. Sonntagsdienst						
Zwischensumme						

Feiertagsdienst						
1. Feiertagsdienst						
2. Feiertagsdienst						
Zwischensumme						

Gesamtsumme		

Stellen (Gesamtsumme der Minuten pro Jahr) / 97.000 =	**AKD**

2.6.	**Berechnung der Nacht-, Wochenend-, Feiertags- und Bereitschaftsdienststellen Med. Technisches Personal**	**Blatt 1**

	pro Diensteinheit				pro Jahr	pro Jahr
	von	bis	Std.	min	Tage	Gesamt min
Nachtdienst						
Spätdienst						
1. Nachtdienst (Volldienst)						
1. Bereitschaftsdienst Stufe [1]:						
2. Nachtdienst (Volldienst)						
2. Bereitschaftsdienst Stufe [1]:						
Zwischensumme						

[1] Bereitschaftsdienststufen nach BAT Anlage 2a Nr. 6 und Anrechnung als Arbeitszeit.

Stufe A 15% Stufe C 40%

Stufe B 25% Stufe D 55%

zuzüglich 25% bei 1-8, 35% bei 9-12 und 45% bei mehr als 13 Bereitschaftsdiensten pro Monat.

Schichtdienst gilt als Volldienst.

2.6.	Berechnung der Nacht-, Wochenend-, Feiertags- und Bereitschaftsdienststellen Med. Technisches Personal	Blatt 2

	pro Diensteinheit				pro Jahr	pro Jahr
	von	bis	Std.	min	Tage	Gesamt min
Wochenenddienst						
1. Samstagsdienst						
2. Samstagsdienst						
1. Sonntagsdienst						
2. Sonntagsdienst						
Zwischensumme						
Feiertagsdienst						
1. Feiertagsdienst						
2. Feiertagsdienst						
Zwischensumme						
Gesamtsumme						

Stellen (Gesamtsumme der Minuten pro Jahr) / 92.5000 =	**TA**

3.1.	Berechnung der gesamten, nicht analysenbezogenen Personalkosten Akademisches Personal	Blatt 1

199.	Personalzeit Raster 1/4 Std.	Relat. Anteil	Personal-Kosten pro Jahr[1]
		100%	
B. Prae- und postanalytischeTätigkeiten, Methoden- und Geräteevaluation sowie -integration, Forschung			
Arbeitsplatzbezogen, Gesamtzeiten (aus Formular 2.1. Blatt 1)			
Probenentnahme			
Probenannahme, -verteilung			
Konsil, Beratung			
Einzelbefundung, Einzelvalidierung			
EDV			
Methoden- und Geräteevaluation sowie -integration			
Forschung[2]			

Bereichsbezogen, Gesamtzeiten (aus Formular 2.3. Blatt 1-3)			
Probenentnahme			
Probenannahme, -verteilung			
Konsil, Beratung			
Endkontrolle von Befunden			
EDV			
Methoden- und Geräteevaluation sowie -integration			
Projekt 1			
Projekt 2			
Projekt 3			
Forschung[2]			
Projekt 1			
Projekt 2			
Projekt 3			
Zwischensumme B.			

[1] aus Formular 3.2.

[2] Einsatz von Routinemethoden des Laboratoriums für wissenschaftliche Fragestellungen

3.1.	Berechnung der gesamten, nicht analysenbezogenen Personalkosten Akademisches Personal	Blatt 2

199.	Personalzeit Raster 1/4 Std.	Relat. Anteil	Personal-Kosten pro Jahr
Abteilungs-/Institutsbezogen, Gesamtzeiten (aus Formular 2.3. Blatt 1-3)			
Probenentnahme			
Probenannahme, -verteilung			
Konsil, Beratung			
Validierung, Endkontrolle von Befunden			
EDV			
Methoden- und Geräteevaluation sowie -integration			
Projekt 1			
Projekt 2			
Projekt 3			
Forschung[2]			
Projekt 1			
Projekt 2			
Projekt 3			
Summe B.			

[2] Einsatz von Routinemethoden des Laboratoriums für wissenschaftliche Fragestellungen

3.1.	Berechnung der gesamten, nicht analysenbezogenen Personalkosten Akademisches Personal	Blatt 3

199.	Personalzeit Raster 1/4 Std.	Relat. Anteil	Personal-Kosten pro Jahr
C. Overhead-Tätigkeiten (Management, Verwaltungs- und sonstige Tätigkeiten)			
Arbeitsplatzbezogen, Gesamtzeiten (aus Formular 2.1. Blatt 2)			
Verwaltungstätigkeit [1] Fortbildung, Einarbeitung, Sonstiges			
Bereichsbezogen, Gesamtzeiten (aus Formular 2.3. Blatt 4)			
Managementtätigkeiten Verwaltungstätigkeiten [1] Fortbildung, Einarbeitung, Sonstiges			
Abteilungs-/Institutsbezogen, Gesamtzeiten (aus Formular 2.3. Blatt 4)			
Managementtätigkeiten Verwaltungstätigkeiten [1] Fortbildung, Einarbeitung, Sonstiges			
Summe C.			
D. akadem. Lehre			
Gesamtsumme (B.+C.+D.)			

[1] Bestellungen, Lagerhaltung, Führen von Statistiken usw.

3.2.	**Berechnung des Anteils der analysenbezogenen Personalkosten Akademisches Personal**

(Gesamtkosten akad. Personal) x (errechnete Bereitschaftsdienststellen)/(besetzte Stellen)
= Kosten Bereitschaftsdienst (aus Formularen 1.2. und 2.5.)

199.	Personalzeit und -kosten		
	Std.	%	DM
Gesamtkosten Akadem. abzgl. Kosten Bereitschaftsdienst	~ ~	~ ~	 -
Gesamt Regeldienst Akadem. abzgl. nicht analysenbezogene Tätigkeiten (aus Formularen 2.3. bereichs-/institutsbezogen Blatt 4)		100%	
Untersuchungsbez. Personalzeiten und -kosten			

3.3.	**Berechnung der gesamten, nicht analysenbezogenen Personalkosten Med. Technisches Personal**	**Blatt 1**

199.	Personalzeit Raster 1/4 Std.	Relat. Anteil	Personal-Kosten pro Jahr[1]
		100%	
B. Prä-und postanalytische Tätigkeiten, Methoden- und Geräteevaluation sowie -integration, Forschung			
Arbeitsplatzbezogen, Gesamtzeiten (aus Formular 2.2. Blatt 1)			
Probenentnahme Probenannahme, -eintragung Ergebnisprotokollierung, -eintragung EDV Methoden- und Geräteevaluation sowie -integration Forschung			
Bereichsbezogen, Gesamtzeiten (aus Formular 2.4. Blatt 1-3)			
Probenentnahme Probenannahme, -verteilung Ergebnisprotokollierung, -eintragung EDV Methoden- und Geräteevaluation sowie -integration Projekt 1 Projekt 2 Projekt 3 Forschung[2] Projekt 1 Projekt 2 Projekt 3			
Zwischensumme			

[1] aus Formular 3.4.

[2] Einsatz von Routinemethoden des Laboratoriums für wissenschaftliche Fragestellungen

3.3.	Berechnung der gesamten, nicht analysenbezogenen Personalkosten Med. Technisches Personal	Blatt 2

199.	Personalzeit Raster 1/4 Std.	Relat. Antei	Personal-Kosten
Abteilungsbezogen, Gesamtzeiten (aus Formular 2.4. Blatt 1-3)			
Probenentnahme			
Probenannahme, -eintragung			
Ergebnisprotokollierung, -eintragung			
EDV			
Methoden- und Geräteevaluation sowie -integration			
Projekt 1			
Projekt 2			
Projekt 3			
Forschung[1]			
Projekt 1			
Projekt 2			
Projekt 3			

Summe B.			

[1] Einsatz von Routinemethoden des Laboratoriums für wissenschaftöliche Fragestellungen

3.3.	**Berechnung der gesamten nicht analysenbezogenen Personalkosten Med. Technisches Personal**	**Blatt 3**

199.

	Personalzeit Raster 1/4 Std.	Relat. Anteil	Personal-Kosten
C. Med.techn. Overhead-Tätigkeiten (Verwaltungs- und sonstige Tätigkeiten)			
Arbeitsplatzbezogen, Gesamtzeiten (aus Formular 2.2. Blatt 2)			
Verwaltungstätigkeit [1] Fortbildung, Einarbeitung, Sonstiges			
Bereichsbezogen, Gesamtzeiten (aus Formular 2.4. Blatt 3 und 4)			
Verwaltungstätigkeiten [1] Fortbildung, Einarbeitung, Sonstiges			
Abteilungsbezogen, Gesamtzeiten (aus Formular 2.4. Blatt 3 und 4)			
Verwaltungstätigkeiten [1] Fortbildung, Einarbeitung, Sonstiges			

Summe C.			

D. Mithilfe bei der Lehre		

Gesamtsumme (B.+C.+D.)		100%	

[1] Bestellungen, Lagerhaltung, Führen von Statistiken

3.4.	**Berechnung des Anteils der nicht analysenbezogenen Personalkosten Med. Technisches Personal**

(Gesamtkosten techn. Personal) x (errechnete Bereitschaftsdienststellen)/(besetzte Stellen)
= Kosten Bereitschaftsdienst (aus Formularen 1.2. und 2.6.)

199.	Personalzeit und -kosten		
	Std.	%	DM
Gesamtkosten TA	~	~	
(abzgl. Sekretariat aus Formular)			
abzgl. Kosten Bereitschaftsdienst (aus Formular)	~	~	
Gesamt Regeldienst med.techn.Dienst		100%	
abzgl. nicht analysenbezogene Tätigkeiten (aus Formularen 3.3. bereichs-/institutsbezogen Blatt 3)			
Analysenbezogene Personalzeiten und -kosten			

3.5.	Berechnung der analysenbezogenen Personalkosten Akademisches Personal

199.		Summe der absoluten und relativen Personalzeiten und -kosten		
		Std.	%	DM
Lfd. Nr.	Analysenbezogene Kostenstellen		100%	
Summe				

3.6.	Berechnung der analysenbezogenen Personalkosten Med. Technisches Personal

		Summe der absoluten und relativen Personalzeiten und -kosten		
		Std.	%	DM
Lfd. Nr.	Analysenbezogene Kostenstellen		100%	
Summe				

3.7.	Berechnung der gewichteten analysenbezogenen Personalkosten Med. Technisches Personal

Bereich:	Kostenstelle:

Meßgröße:	Serienlänge[1]	Zeit pro Serie[2] (min)	Zeit pro Analyse[3] (min)	Bruttostatistik[4]	Brutto x Zeit pro Analyse (min)	Relative Personalzeit[5]	Gewichtete direkte Personalkosten[6]
Summe					min	1.00	

[1] Durchschnittliche Serienlänge (Zahl der Analysen)

[2] Gemessene oder geschätzte Personalzeit pro durchschnittliche Serie (einschl. Vor- und Nachbereitung)

[3] Direkte Personalzeit pro Analyse = (Zeit pro Serie)/(Durchschnittl. Serienlänge)

[4] Bruttostatistik für den betrachteten Zeitraum z.B. Jahr

[5] Rel. Personalzeit = (Brutto x Zeit pro Analyse)/(Summe (Brutto x Zeit pro Analyse)

[6] Gewichtete direkte Personalkosten = Direkte Personalkosten d.Teilarbeitsplatzes x rel. Personalzeit.
Die Division durch die Netto-Untersuchungszahlen ergeben d. Stückkosten pro Untersuchung.

4.1.	Auswertungen Nicht-analysenbezogene Tätigkeiten Personalzeiten und -kosten	Blatt 1

199.

	Personalzeit pro Tag Raster 1/4 Std.	Personalkosten pro Jahr
B. Prä- und postanalytischer Bereich, ärztliche Beratungstätigkeiten, Forschung, Methoden- und Geräteevaluation sowie -integration, Sonstiges		
1. Konsil - Beratung		
Akademisches Personal		
Summe		

2. Befundung, Validierung und Endkontrolle von Befunden		
Akademisches Personal		
Summe		

3. Probennahme		
Akademisches Personal Technisches Personal		
Summe		

Zwischensumme 1		

4.1.	Auswertungen Nicht-analysenbezogene Tätigkeiten Personalzeiten und -kosten	Blatt 2

199.	Personalzeit pro Tag Raster 1/4 Std.	Personalkosten pro Jahr
Übertrag von Overhead 1		

4. Probennahme - Probenverteilung		
Akademisches Personal Technisches Personal Nicht-technisches Personal Verwaltungspersonal		
Summe		

5. Übergeordnete technische Tätigkeiten [1]		
Akademisches Personal Technisches Personal		
Summe		

6. Spüle		
Nicht-technisches Personal		
Summe		

Zwischensumme 2		

[1] Direkt nicht zuzuordnende Tätigkeiten wie allgemeine Auswertungen der statistischen Qualitätskontrolle, Reparaturen mit geringem Zeitaufwand am einzelnen Gerät usw.

4.1.	Auswertungen Nicht-analysenbezogene Tätigkeiten Personalzeiten und -kosten	Blatt 3

199.	Personalzeit pro Tag Raster 1/4 Std.	Personalkosten pro Jahr
Übertrag von Overhead 2		

7. Datenverarbeitung		
Akademisches Personal		
Med.Technisches Personal		
Nicht-technisches Hilfspersonal		
Verwaltungspersonal		
Summe		

8. Methoden- und Geräteevaluation sowie -integration		
Akademisches Personal		
Med. Technisches Personal		
Nicht-technisches Hilfspersonal		
Verwaltungspersonal		
Summe		

Zwischensumme 3		

4.1.	Auswertungen Nicht-analysenbezogene Tätigkeiten Personalzeiten und -kosten	Blatt 4

199.	Personalzeit pro Tag Raster 1/4 Std.	Personalkosten pro Jahr
Übertrag von Overhead 3		

9. Forschung		
Akademisches Personal Med. Technisches Personal Nicht-technisches Hilfspersonal Verwaltungspersonal		
Summe		

10. Sonstiges		
Akademisches Personal Technisches Personal Nicht-technisches Personal Verwaltungspersonal		
Summe		

Summe B.		

4.1.	Auswertungen Nicht-analysenbezogene Tätigkeiten Personalzeiten und -kosten	Blatt 5

199.	Personalzeit pro Tag Raster 1/4 Std.	Personalkosten pro Jahr
C. Management, Verwaltung, Sonstiges		

1. Management		
Akademisches Personal		
Summe		

2. Verwaltung		
Akademisches Personal Med. Technisches Personal Nicht-technisches Hilfspersonal Verwaltungspersonal		
Summe		

3. Fortbildung, Einarbeitung, Sonstiges		
Akademisches Personal Med. Technisches Personal		
Summe		

Zwischensumme 5		

4.1.	Auswertungen Nicht-analysenbezogene Tätigkeiten Personalzeiten und -kosten	Blatt 6

199.	Personalzeit pro Tag Raster 1/4 Std.	Personalkosten pro Jahr
Übertrag von Overhead 5		

4. Akademische Lehre		
Akademisches Personal Med. Technisches Personal		
Summe		

Summe B.		

Summe C.		

Summe B. + C.		

Summe B. + C. + D.		

4.2.	Auswertungen-Kostenarten	Blatt 1

Monat: 199.

1.1. Reagentien

	Kosten-summe	relativer Anteil
Gesamtsumme		

1.2. Material

	Kosten-summe	relativer Anteil
Gesamtsumme		

2. Personal

	pro Art	pro Gruppe	relativer Anteil %	Gesamt
Akademisches Personal	~			
Med. Technisches Personal	~			
Verwaltungspersonal	~			
EDV-Personal	~			
Gesamtsumme				

3.1. Geräte - Reparaturen

	Kosten-summe	relativer Anteil
Gesamtsumme		

4.2.	Auswertungen-Kostenarten	Blatt 2

3.2. Geräte - Wartungsverträge

	Kosten-summe	relativer Anteil
Gesamtsumme		

4. Fremduntersuchungen

	Kosten-summe	relativer Anteil
Gesamtsumme		

5. Krankenhausumlage

	Kosten-summe	relativer Anteil
Gesamtsumme		

6. Gesamtsumme

	Kosten-summe	relativer Anteil
Gesamtsumme		100%

4.2.	Auswertungen-Kostenarten	Blatt 3

7. Gesamtsumme der pflegesatzrelevanten Kosten

	Kosten-summe	relativer Anteil
Gesamtsumme		

8. Geräteabschreibungen

	Kosten-summe	relativer Anteil
Gesamtsumme		

9. Gesamtsumme der nicht pflegesatzrelevanten Kosten

	Kosten-summe	relativer Anteil
Gesamtsumme		

4.3.1.	Gesamtkosten je Untersuchung Brutto
Bereich:	Kostenstelle:

199.

			Variable Kosten				Fixkosten					
							Indirekte	Direkte				
Meßgröße/ Untersuchung	Menge	Gesamt-kosten	Reagenz	Material	Bereichs-Hilfskosten	Summe VK	Allgem. Kosten	Summe dir. FK	Personal	Reparatur Wartung	Abschrei-bungen	Sonstige
Summe												

4.3.2.	Einzelkosten je Untersuchung **Brutto**
Bereich:	Kostenstelle:

199.

			Variable Kosten				Fixkosten					
							Indirekte	Direkte				
Meßgröße/ Untersuchung	Menge	Gesamtkosten	Reagenz	Material	Bereichs-Hilfskosten	Summe VK	Allgem. Kosten	Summe dir. FK	Personal	Reparatur Wartung	Abschrei-bungen	Sonstige

4.4.1.	Gesamtkosten je Untersuchung Netto
Bereich:	Kostenstelle:

199.

			Variable Kosten				Fixkosten					
							Indirekte	Direkte				
Meßgröße/ Untersuchung	Menge	Gesamt-kosten	Reagenz	Material	Bereichs-Hilfskosten	Summe VK	Allgem. Kosten	Summe dir. FK	Personal	Reparatur Wartung	Abschrei-bungen	Sonstige
Summe												

4.4.2.	Einzelkosten je Untersuchung Netto
Bereich:	Kostenstelle:

199.

			Variable Kosten				Fixkosten					
							Indirekte	Direkte				
Meßgröße/ Untersuchung	Menge	Gesamtkosten	Reagenz	Material	Bereichs-Hilfskosten	Summe VK	Allgem. Kosten	Summe dir. FK	Personal	Reparatur Wartung	Abschrei-bungen	Sonstige

10.3 Weiterführende, betriebswirtschaftliche Literatur

Deuker J (1993) Kostenrechnung für Praktiker, Beck, München
Ebert G (1994) Kosten- und Leistungsrechnung, 7. Auflage, Gabler, Wiesbaden
Gabler-Wirtschafts-Lexikon (1993) 13. Auflage, Gabler, Wiesbaden
Gutenberg E (1970) Grundlagen der Betriebswirtschaftslehre, Band 1, 21. Auflage, Springer, Berlin
Hummel S, Männel W (1990), Kostenrechnung 1, Gabler, Wiesbaden
Hummel S, Männel W (1990), Kostenrechnung 2, Gabler, Wiesbaden
Kilger W (1992) Einführung in die Kostenrechnung, 3. Auflage, Gabler, Wiesbaden
Kloock J, Sieben G, Schildbach Th (1996) Kosten- und Leistungsrechnung, 8. Auflage, Werner, Düsseldorf
Kosiol E (1979) Kosten- und Leistungsrechnung, Springer, Berlin
Mellerowicz K (1973) Kosten und Kostenrechnung I, 5. Auflage, Springer, Berlin
Schönfeld H-M (1995) Kostenrechnung I, 8. Auflage, Kohlhammer, Stuttgart
Schweitzer M, Küpper H-U (1995) Systeme der Kostenrechnung, 6. Auflage, Moderne Industrie, Landsberg
Witt F-J, Witt K (1993) Controlling für Mittel- und Kleinbetriebe, Beck, München
Wöhe G (1993) Einführung in die allgemeine Betriebswirtschaftslehre, 18. Auflage, Vahlen, München

Sachverzeichnis

O

P

Q

R

S

T